Sadlier

Somos la Iglesia

Tercer curso

Nihil Obstat
Monsignor Michael F. Hull
Censor Librorum

Imprimatur
✠ Most Reverend Dennis J. Sullivan
Vicar General of the Archdiocese of New York
February 14, 2011

The *Nihil Obstat* and *Imprimatur* are official declaration that these books are free of doctrinal or moral error. No implications contained therein that those who have granted the *Nihil Obstat* and *Imprimatur* agree with the content, opinion or statements expressed.

Acknowledgments

Excerpts from the English translation of *The Roman Missal*, © 2010, International Committee on English in the Liturgy, Inc. All rights reserved.

Excerpts from the English translation of the Catechism of the Catholic Church for use in the United States of America, © 1994, United States Catholic Conference, Inc.-Libreria Editrice Vaticana. English translation of the Catechism of the Catholic Church: Modifications from the Editio Typica copyright © 1997, United States Catholic Conference, Inc.-Libreria Editrice Vaticana. Used with permission.

Scripture excerpts are taken from the New American Bible with Revised New Testament and Psalms Copyright © 1991, 1986, 1970, Confraternity of Christian Doctrine, Inc., Washington, D.C. Used with permission. All rights reserved. No part of the New American Bible may be reproduced by any means without permission in writing from the copyright owner.

Excerpts from *La Biblia* con Deuterocanónicos, versión popular, copyright © 1966, 1970, 1979, 1983, William H. Sadlier, Inc. Distribuido con permiso de la Sociedad Bíblica Americana. Reservados todos los derechos.

Excerpts from *La Biblia católica para jóvenes* © 2005, Instituto Fe y Vida. All rights reserved.

Excerpts from the English translation of *Rite of Baptism for Children* © 1969, International Committee on English in the Liturgy, Inc. (ICEL); excerpts from the English translation of *Lectionary for Mass* © 1969, 1981, ICEL; excerpts from the English translation of *Rite of Penance* © 1974, ICEL; excerpts from the English translation of *Rite of Confirmation, 2nd Edition* © 1975, ICEL; excerpts from the English translation of *A Book of Prayers* © 1982, ICEL; excerpts from the English translation of *Book of Blessings* © 1988, International Committee on English in the Liturgy, Inc. All rights reserved. Excerpts from the Ritual conjunto de los sacramentos © 1976, CELAM, Departamento de Liturgia Apartado Aéreo 5278, Bogotá, Colombia. Reservados todos los derechos.

Excerpts from the Misal Romano © 1993, Conferencia Episcopal Mexicana, Obra Nacional de la Buena Prensa, A.C. Apartado M-2181, 06000 México, D.F. Reservados todos los derechos.

Excerpts from *Catholic Household Blessings and Prayers* Copyright © 1988, United States Catholic Conference, Inc., Washington, D.C. (The selection in Chapter 14, page 161, has been adapted.) Used with permission. All rights reserved.

English translation of the Lord's Prayer, the Apostles' Creed, the Gloria in Excelsis, the Sursum Corda, the Sanctus, and the Gloria Patri are by the International Consultation on English Texts. (ICET)

"Ven, Espíritu Santo" © 1995, Jaime Cortez. Obra publicada por OCP Publications. Derechos reservados. "Salmo 39: Aquí estoy, Señor" © 1999, José Luis Castillo. Obra publicada por OCP Publications. Derechos reservados. "Yes, We Will Do What Jesus Says" © 1993, Daughters of Charity and Christopher Walker. Published by OCP Publications, 5536 NE Hassalo, Portland, OR 97213. All rights reserved. Used with permission. "We Celebrate with Joy" © 2000, Carey Landry. Published by OCP Publications, 5536 NE Hassalo, Portland, OR 97213. All rights reserved. Used with permission. "El Señor es tierno y compasivo" © 1989, Fernando Rodríguez. OCP Publications. Derechos reservados. "We Come to Ask Forgiveness" © 1986, Carey Landry and North American Liturgy Resources. All rights reserved. "Levántate" © 1989, Cesáreo Gabaráin. Obra publicada por OCP Publications. Derechos reservados. "Stay Awake" © 1988, 1989, 1990, Christopher Walker. Published by OCP Publications, 5536 NE Hassalo, Portland, OR 97213. All rights reserved. Used with permission. "Pan de vida" © 1988, 1995, 1999, Bob Hurd y Pia Moriarty. Obra publicada por OCP Publications. Derechos reservados. "Cantaré alabanzas al Señor" © 1973, Ricardo Mishler. Obra publicada por OCP Publications. Derechos reservados. "God Is Here" © 1990, Carey Landry and North American Liturgy Resources (NALR), 5536 NE Hassalo, Portland, OR 97213. All rights reserved. Used with permission. "Tu palabra me llena" © 1981, Raúl Carranza. OCP Publications. Derechos reservados. "Take the Word of God with You" text © 1991, James Harrison. Music © 1991, Christopher Walker. Text and music published by OCP Publications, 5536 NE Hassalo, Portland, OR 97213. All rights reserved. Used with permission. "Nosotros somos su pueblo/We Are God's People" © 1998, Jaime Cortez. Obra publicada por OCP Publications. Derechos reservados. "¡Aleluya! ¡Gloria a Dios!" © 1991, Carlos Rosas. Obra publicada por OCP Publications. Derechos reservados. "Alleluia, We Will Listen" © 1997, Paul Inwood. Published by OCP Publications, 5536 NE Hassalo, Portland, OR 97213. All rights reserved. Used with permission. "Vienen con alegría" © 1979, Cesáreo Gabaráin. Obra publicada por OCP Publications. Derechos reservados. "Rejoice in the Lord Always" this arrangement © 1975, North American Liturgy Resources. All rights reserved. "Hosanna" © 1997, Jaime Cortez. Obra publicada por OCP Publications. Derechos reservados. "Sing Hosanna" © 1997, Jack Miffleton. Published by OCP Publications, 5536 NE Hassalo, Portland, OR 97213. All rights reserved. Used with permission. "Santos del Señor" © 1993, Jaime Cortez. Obra publicada por OCP Publications. Derechos reservados. "Litany of Saints" music © 1992, John Schiavone. Published by OCP Publications, 5536 NE Hassalo, Portland, OR 97213. All rights reserved. Used with permission. "Amor de Dios/O Love of God" © 1994, 1995, 2000, Bob Hurd y Pia Moriarty. Obra publicada por OCP Publications. Derechos reservados. "Salmo 117: Este es el día" © 1968, Miguel Manzano. Obra publicada por OCP Publications. Derechos reservados. "This Is the Day" Text: Irregular; based on Psalm 118:24; adapt. by Les Garrett. Text and music © 1967, Scripture in Song (a division of Integrity Music, Inc.). All rights reserved.

Printed in the United States of America.

S® is a registered trademark of William H. Sadlier, Inc.
CREEMOS™ is a registered trademark of William H. Sadlier, Inc.

William H. Sadlier, Inc.
9 Pine Street
New York, NY 10005-4700

ISBN: 978-0-8215-6203-1
6789 WEBC 16 15 14

El subcomité para el Catecismo de la Conferencia de Obispos Católicos de los Estados Unidos consideró que esta serie catequética, copyright 2011, está en conformidad con el *Catecismo de la Iglesia Católica.*

The subcommittee on Catechism, United States Conference of Catholic Bishops, has found this catechetical series, copyright 2011, to be in conformity with the *Catechism of the Catholic Church.*

Photo Credits

Cover Photography: Alamy/Photodisc/Amos Morgan: *blond girl*; Ken Karp: *boy and girl*; Photolibrary/Ken Wardius: *hand with seedlng*; Punchstock/Photodisc: *bird bath, park*. Interior: age fotostock/Corbis RF/Randy Faris: 295. Aaron Rosenberg: 164 *bottom*, 314 *top*. Alamy/Jim Corwin: 119; Mode Images Ltd/Richard Gleed: 44, 45; Pontino: 237; Phil Seale: 171; Stockbyte: 297. Alexian Brothers Hospital Network: 220 *bottom*. Animals Animals/Earth Scenes/John Gerlach: 114 *top*. AP Photo/Steve Ruark: 109. Art Resource, NY/Giraudon: 290–291; Scala: 64, 276 *top*, 313. Jane Bernard: 83 *bottom*, 118, 124 top, 128 *top*, 131 *right*, 138 *bottom*, 177, 178, 179, 188, 189, 190, 191, 202, 203, 204, 222, 223, 266 *bottom*, 312. Bridge Building Images/Fr. John Guiliani: 277. The Bridgeman Art Library/Sant'Apollinare Nuovo, Ravenna, Italy/Lauros/Giraudon: 65. Karen Callaway: 38, 70 *bottom*, 71 *top*, 127, 128 *bottom*, 130, 165, 177, 182, 225, 233, 260. Corbis/Bowers Museum of Cultural Art, Santa Ana, CA: 276 *bottom*, 284 *bottom*; Lindsay Hebberd: 253 *top*; Ronnie Kauffman: 138 *top*; KIPA/Sergio Gaudenti: 116 *bottom*; Lawrence Manning: 136 *bottom*; Tom & Dee Ann McCarthy: 108; Norbert Schafer: 205; Sygma/Philippe Caron: 250–251 *background*. The Crosiers/Gene Plaisted, OSC: 82 *top*, 120 *top right*, 139, 150, 151, 152, 153, 156, 176–177, 208 *top*, 209, 220 *top*, 232. Used with permission from Diocese of Cleveland/ University of Mary Washington, Fredericksburg, VA Yearbook 1973: Jean Donovan 173 *top*. Dreamstime.com: 195 *bottom*. Courtesy, the Gallo Family: 100 *top*. Neal Farris: 22, 23, 24–25, 86, 87, 92–93, 110, 111, 115, 129 *bottom*, 148, 149, 154, 155, 174 *top*, 186–187, 298, 299, 305, 308. Getty Images/AFP: 209 *bottom*; The Image Bank/Terry Donnelly: 134–135 *background*; Getty Image News/William Thomas Cain: 194 *top*, 195 *top*; Photodisc: 77 *top*, 114 *center*, 114–115, 173 *bottom*, 198–199, 266–267, 268, 269, 245 *top*, 310 *center*; Stockbyte: 137 *top left*; Stone/Kim Blaxland: 256 *left*; Stone/Leland Bobbe: 252–253 *bottom*; Stone/Daniel Bosler: 114 *bottom*; Stone/Paul Chesley: 252 *top*; Stone/Chronis Jons: 104 *bottom*; Stone/John Lawrence: 256–257, 261; Stone/Silvestre Machado: 105 *top*; Stone/Will & Deni McIntyre: 80 *top*; Stone/Lori Adamski Peek: 101 *bottom*; Stone/Stuart Westmorland: 273 *bottom*; Stone+/Erik Dreyer: 172 *bottom*; Taxi/Chris Salvo: 168; Time & Life Pictures/Andreas Feininger: 90; Time & Life Pictures/Robert Nickelsburg: 116 *top*. Anne Hamersky: 117 *bottom*, 121. © 2008 Michael Hudson, All Rights Reserved. Stock usage permission granted for Catholic Health Association and Provena Health: 218. Image State: 245 *bottom*. The Image Works/Bob Daemmrich: 105 *bottom*; Journal Courier/Steve Warmowski: 40 *bottom left*. Jupiter Images/Digital Vision: 41; IT Stock International/eStock Photography: 294. Ken Karp: 10, 11, 26 *bottom*, 34, 35, 46, 47, 58, 59, 63 *center left*, 70 *top*, 78, 79, 98, 99, 122, 123, 125 *bottom*, 129 *top*, 134 *bottom left*, 135, 137 *bottom*, 142, 162, 163, 174 *bottom*, 175, 198, 199, 224, 250–251, 274, 275, 280–281, 282, 283, 286, 287, 296. Sr. Jane Keegan: 39. The Kobal Collection/New Line/Jaimie Trueblood: 285. Lonely Planet Images/Frances Linzee Gordon: 264 *bottom*; Diana Mayfield: 257 *bottom*. Greg Lord: 167 *bottom*, 210, 211, 217, 238, 239, 262, 263, 278, 279, 307, 309, 310 *bottom*. Courtesy of Maryknoll Fathers & Brothers/ Breen: 141. Maryknoll Mission Archives: Sister Maura Clarke 172 *top*, Sister Ita Ford 172 *center*. Natural Selection Stock Photography/Black Sheep/Kazuyoshi Onishi: 214–215. Norton Simon Art Foundation/Gift of Mr. Norton Simon, 1976, Pasadena, CA: 26 *top*. Karen Anderson-Pausar: 267 *bottom*. PhotoEdit, Inc./Tom Carter: 214; James Shaffer: 215. Photolibrary/age fotostock/Terrance Klassen: 133. Punchstock/Corbis: 273 *top*; Photodisc: 258; PictureIndia: 143. Reuters/Magnus Johansson: 272 *bottom*; Jayanta Shaw: 144. Chris Sheridan: 100, 101 *top*, 137 *top right*. Used under license from Shutterstock.com: 76, 183, 194 *bottom*, 256. St. Joseph's Abbey/Br. Emmanuel Morinelli, OSCO: 140. SuperStock/Lisette Le Bon: 71 *bottom*; Allan Friedlander: 90–91; Steve Vidler: 264 *top*. Lu Taskey: 267 *top*. Used with permission from Ursuline Sisters of Cleveland: Sister Dorothy Kazel 173 *center*. Randy Wells Photography: 132, 265 *top*. Wikipedia: 184, 185. W.P. Wittman Ltd: 27, 117 *top*, 136 *top*, 167 *top*, 216, 228, 229, 306, 314 *bottom*.

Illustrator Credits

Series Patterned Background Design: Evan Polenghi. Bernard Adnet: 210-211, 244, 245. Jo Lynn Alcorn: 274-275. Bassino & Guy: 18, 19, 42, 43, 54, 55, 56, 57. Teresa Berasi: 52-53. Lori Bilter: 46, 47. Don Bishop: 38, 39, 128, 129. Ken Bowser: 198-199. Carly Castillon: 174-175. Margaret Chodos-Irvine: 188-189. Anne Cook: 122-125. Laura DeSantis: 92-93. David Diaz: 14-15. Mena Dolobowsky: 20, 21, 206 *top*, 207 *top*. Patrick Faricy: 12, 13, 16, 17, 28, 29, 36, 37, 48-49, 60-61 *insets*, 62, 80-81, 88, 89, 112-113, 166, 170, 200-201, 212-213 *insets*, 240-241, 300-301, 311. Luigi Galante: 50, 51, 236 *left*. Mary Haverfield: 190-191. Donna Ingemanson: 86-87. Steve Johnson and Lou Fancher: 24-25. W.B. Johnston: 212-213 *background*, 304 *top*, 305 *top*. Ken Joudrey: 292-293. David Scott Meier: 238-239. Cheryl Mendenhall: 242-243. Bob Ostrom: 44, 45, 66, 67, 68, 69, 95, 108, 109, 206 *bottom*, 207 *bottom*, 246, 247, 248, 249, 284, 285. Leah Palmer Preiss: 192-193. Mark Reidy: 34, 35. Charlene Rendiero: 126-127. Ursula Roma: 70-75, 76, 77, 78-81 *background*, 82-83, 84, 85, 146-151, 152, 153, 154-159, 160, 161, 222-227, 228, 229, 230-235, 236 *right*, 237, 298-299, 300-301 *top*, 302-303, 304 *bottom*, 305 *bottom*. Nigel Sandor: 140-141. Stacey Schuett: 94, 180-181. Jane Shasky: 60-61 *background*. Victor Shatunov: 116-117. Gerardo Suzan: 288-289. Susan Swan: 10-11. Amanda Warren: 254-255. Andrew Wheatcroft: 30. Tom White: 138-139. Ann Wilson: 145. Nicholas Wilton: 290-291. Amy Wummer: 32, 33, 120, 121, 184, 185, 260, 261.

El programa Creemos/We Believe de Sadlier fue desarrollado por un reconocido equipo de expertos en catequesis, desarrollo del niño y currículo a nivel nacional. Estos maestros y practicantes de la fe nos ayudaron a conformar cada lección a la edad de los niños. Además, un equipo de respetados liturgistas, catequistas, teólogos y ministros pastorales compartieron sus ideas e inspiraron el desarrollo del programa.

Contribuyentes en la inspiración y el desarrollo de este programa:

Gerard F. Baumbach, Ed.D.
Director, Centro de Iniciativas Catequéticas
Profesor concurrente de teología
University of Notre Dame

Carole M. Eipers, D.Min.
Vicepresidenta y Directora Ejecutiva de Catequesis
William H. Sadlier, Inc.

Consultores en liturgia y catequesis

Reverendo Monseñor John F. Barry
Párroco, Parroquia American Martyrs
Manhattan Beach, CA

Mary Jo Tully
Canciller, Arquidiócesis de Portland

Reverendo Monseñor John M. Unger
Superintendente Catequesis y Evangelización
Arquidiócesis de San Luis

Consultores en currículo y desarrollo del niño

Hermano Robert R. Bimonte, FSC
Director ejecutivo
NCEA Departamento de Escuelas primarias

Gini Shimabukuro, Ed.D.
Profesora asociada
Institute for Catholic Educational Leadership
Escuela de Educación
Universidad de San Francisco

Consultores en la escritura

Reverendo Donald Senior, CP, Ph.D., S.T.D.
Miembro, Comisión Bíblica Pontificia
Presidente, Catholic Theological Union
Chicago, IL

Consultores en multicultura

Reverendo Allan Figueroa Deck, SJ, Ph.D., S.T.D.
Director ejecutivo
Secretariado de Diversidad Cultural en la Iglesia
Conferencia de obispos católicos de los Estados Unidos
Washington, D.C.

Kirk Gaddy
Consultor en educación
Baltimore, MD

Reverendo Nguyễn Việt Hưng
Comité vietnamita de catequesis

Dulce M. Jiménez Abreu
Directora de programas en español
William H. Sadlier, Inc.

Doctrina social de la Iglesia

John Carr
Director ejecutivo
Departamento de Desarrollo Social y Paz Mundial, USCCB
Washington, D.C.

Joan Rosenhauer
Directora asociada
Departamento de Desarrollo Social y Paz Mundial, USCCB
Washington, D.C.

Consultores en teología

Reverendísimo Edward K. Braxton, Ph.D., S.T.D.
Consultor teólogo oficial
Obispo de Belleville

Norman F. Josaitis, S.T.D.
Consultor teólogo

Reverendo Joseph A. Komonchak, Ph.D.
Profesor, Escuela de Estudios Religiosos
Catholic University of America

Reverendísimo Richard J. Malone, Th.D.
Obispo de Portland, ME

Hermana Maureen Sullivan, OP, Ph.D.
Profesora asistente de teología
St. Anselm College, Manchester, NH

Consultores en mariología

Hermana M. Jean Frisk, ISSM, S.T.L.
International Marian Research Institute
Dayton, OH

Traducción y adaptación

Dulce M. Jiménez Abreu
Directora de programas en español
William H. Sadlier, Inc.

Consultores en catequesis bilingüe

Rosa Monique Peña, OP
Arquidiócesis de Miami

Reverendísimo James Tamayo D.D.
Obispo de Laredo
Laredo, TX

Maruja Sedano
Directora, Educación Religiosa
Arquidiócesis de Chicago

Timoteo Matovina
Departamento de teología
University of Notre Dame

Reverendo José J. Bautista
Director, Oficina del Ministerio Hispano
Diócesis de Orlando

Equipo de desarrollo

Rosemary K. Calicchio
Vicepresidenta de Publicaciones

Blake Bergen
Director Editorial

Melissa D. Gibbons
Directora de Investigaciones y Desarrollo

Allison Johnston
Editor

Christian García
Escritor contribuyente

MaryAnn Trevaskiss
Supervisora de edición

Maureen Gallo
Editor

Kathy Hendricks
Escritora contribuyente

William M. Ippolito
Consultor

Joanne McDonald
Editor

Alberto Batista
Editor bilingüe

Margherita Rotondi
Asistente editorial

Consultores en medios y tecnología

Hermana Judith Dieterle, SSL
Ex Presidenta, Asociación Nacional de Profesionales en Catequesis y Medios

Hermana Jane Keegan, RDC
Consultora en tecnología

Michael Ferejohn
Director medios electrónicos
William H. Sadlier, Inc.

Robert T. Carson
Diseño medios electrónicos
William H. Sadlier, Inc.

Erik Bowie
Producción medios electrónicos
William H. Sadlier, Inc.

Consultores de Sadlier

Michaela M. Burke
Directora, Servicios de Consultoría

Judith A. Devine
Consultora nacional de ventas

Kenneth Doran
Consultor nacional de religión

Saundra Kennedy, Ed.D.
Consultora y especialista en entrenamiento

Víctor Valenzuela
Consultor nacional bilingüe

Equipo de edición y operaciones

Deborah Jones
Vicepresidenta, Publicaciones y Operaciones

Vince Gallo
Director creativo

Francesca O'Malley
Directora asociada de arte

Jim Saylor
Director fotográfico

Diseño y equipo fotográfico
Andrea Brown, Keven Butler, Debrah Kaiser, Susan Ligertwood, Cesar Llacuna, Bob Schatz

Equipo de producción
Diane Ali, Monica Bernier, Barbara Brown, Brent Burket, Robin D'Amato, Stephen Flanagan, Joyce Gaskin, Cheryl Golding, María Jiménez, Joe Justus, Vincent McDonough, Yolanda Miley, Maureen Morgan, Jovito Pagkalinawan, Monica Reece, Julie Riley, Martin Smith

Indice

UNIDAD 1

Jesús nos da la Iglesia

UNIDAD 2

Somos miembros de la Iglesia

TIEMPOS LITURGICOS

Contents

UNIT 1

Jesus Gives Us the Church

UNIT 2

We Are Members of the Church

Seasonal Chapters

UNIDAD 3

La Iglesia nos dirige en la adoración

UNIDAD 4

Somos llamados a ser discípulos

TIEMPOS LITURGICOS

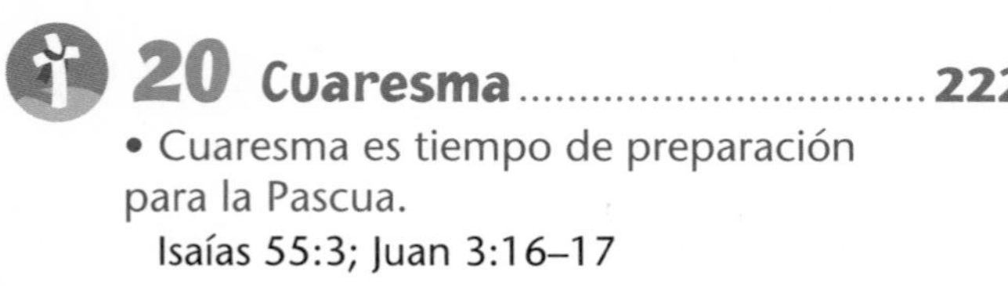

UNIT 3

The Church Leads Us in Worship

UNIT 4

We Are Called to Discipleship

Seasonal Chapters

1 Dios nos envía a su propio Hijo

NOS CONGREGAMOS

Líder: Vamos a estar muy quietos para escuchar esta historia cuando Dios invita a María a ser la madre de Jesús:

Lucas 1:26–35

En el sexto mes, el ángel Gabriel fue enviado a hablar con María. El ángel le dijo que ella iba a tener un hijo y le dijo: "Le pondrás por nombre Jesús" (Lucas 1:31). Este niño será el Hijo de Dios.

Todos: Dios de amor, gracias por el regalo de tu Hijo, Jesús. Gracias por escoger a María para ser su madre.

¿Hay alguien especial en tu vida? ¿Cómo muestras que esa persona es importante para ti?

CREEMOS

El Hijo de Dios se hizo uno de nosotros.

Creemos en la Santísima Trinidad. La **Santísima Trinidad** es tres Personas en un Dios: Dios Padre, Dios Hijo y Dios Espíritu Santo. Dios Padre quiere que conozcamos su amor. Así que nos envió a su único Hijo. Dios Hijo es la segunda Persona de la Santísima Trinidad, hecha hombre. Esta verdad es llamada **encarnación**.

God Sends Us His Own Son

1

WE GATHER

✝ **Leader:** Let us be very still and listen to this story of God's invitation to Mary to become the mother of Jesus:

Luke 1:26–35

In the sixth month, the angel Gabriel was sent to Mary. The angel told Mary that she would have a son and said to her, "You shall name him Jesus." (Luke 1:31) This child will be the Son of God.

All: Loving Father, thank you for the gift of your Son, Jesus. Thank you for choosing Mary to be his mother.

Who is someone special in your life? How do you show this person is important to you?

WE BELIEVE

God the Son became one of us.

We believe in the Blessed Trinity. The **Blessed Trinity** is the Three Persons in One God: God the Father, God the Son, and God the Holy Spirit. God the Father wants us to know his love. So he sent his only Son to be with us. God the Son, the Second Person of the Blessed Trinity, became man. This truth is called the **Incarnation**.

Dios escogió a María para ser la madre de su Hijo y a José para ser el padre adoptivo. El Hijo de Dios fue llamado Jesús. *Jesús* significa "Dios salva".

Jesús es verdadero Dios y verdadero hombre. El es verdaderamente el Hijo de Dios. Jesús es divino. *Divino* es una palabra usada para describir a Dios. Jesús es verdaderamente el hijo de María. Entonces Jesús es humano. El es como nosotros en todo, menos en el pecado.

¿Cómo Dios Padre nos muestra su gran amor?

Jesús creció en Nazaret.

Jesús creció en el pueblo de Nazaret en Galilea. El era judío. Durante el tiempo de Jesús, las mamás como María enseñaban a sus hijos a rezar. Ellas les contaban maravillosas historias de sus antepasados, el pueblo judío.

Los hijos aprendían el trabajo de sus padres. José era un carpintero. Jesús aprendió de José como trabajar la madera. En la Biblia Jesús es llamado "el hijo del carpintero". (Mateo 13:55)

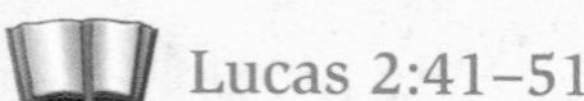

Lucas 2:41–51

Cuando Jesús tenía doce años fue, con María, José y sus familiares, a Jerusalén a celebrar una fiesta judía. Después de la celebración "el niño Jesús se quedó en Jerusalén, sin que sus padres se dieran cuenta". (Lucas 2:43)

María y José buscaron a Jesús por todas partes. Ellos no sabían que él estaba en el Templo hablando con algunos maestros. Todos estaban sorprendidos de las preguntas que Jesús hacía. Cuando María y José lo encontraron también se sorprendieron. Ellos querían que él regresara a Nazaret. Jesús obedeció y se fue con ellos.

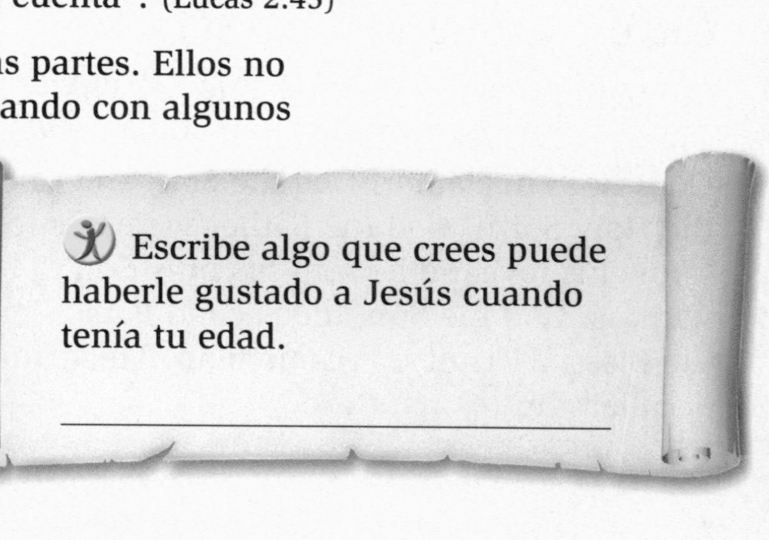

Escribe algo que crees puede haberle gustado a Jesús cuando tenía tu edad.

God chose Mary to be the Mother of his Son and Joseph to be his Son's foster father. The Son of God was named Jesus. *Jesus* means "God saves."

Jesus is true God and true man. He is truly the Son of God. So Jesus is divine. *Divine* is a word we use to describe God. Jesus is truly the son of Mary. So Jesus is human. He is like us in all things except this: He is without sin.

How did God the Father show us his great love?

Jesus grew up in Nazareth.

Jesus grew up in the town of Nazareth in Galilee. He was a Jew. During Jesus' time, mothers like Mary would teach their children how to pray. They would tell them wonderful stories of their ancestors, the Jewish People who lived before them.

Sons learned what their fathers did for a living. Joseph was a carpenter. Jesus learned from Joseph how to work with wood and build things. So in the Bible Jesus is called "the carpenter's son." (Matthew 13:55)

Luke 2:41–51

When Jesus was twelve years old, he went to Jerusalem to celebrate a Jewish feast with Mary, Joseph, and their relatives. After the celebration "the boy Jesus remained behind in Jerusalem, but his parents did not know it." (Luke 2:43)

Mary and Joseph searched everywhere for Jesus. They did not know that he was in the Temple talking with some teachers. Everyone was amazed at the questions Jesus asked. When Mary and Joseph found Jesus, they were surprised, too. They wanted him to return to Nazareth. Jesus obeyed and went with them.

Write about one thing you think Jesus might have enjoyed doing when he was your age.

____

Jesús empieza su trabajo.

Jesús tenía un primo llamado Juan. Juan era un profeta. Un **profeta** es alguien llamado por Dios para hablar al pueblo.

Juan preparó al pueblo para recibir a Jesús. El dijo: "Vuélvanse a Dios, porque el reino de Dios está cerca" (Mateo 3:2). **Arrepentirse** significa alejarse del pecado y pedir ayuda a Dios para ser mejor.

Juan, llamado el Bautista, bautizo a mucha gente. Este bautismo fue una señal de que se alejaban del pecado y regresaban a Dios.

Aun cuando Jesús no tenía pecado, él se dejo bautizar por Juan. Cuando Jesús salía del agua, Dios, Espíritu Santo, vino hasta él en forma de paloma. Se escuchó una voz diciendo: "Este es mi Hijo amado, a quien he elegido". (Mateo 3:17)

Jesús empezó su trabajo con el pueblo. Esto es llamado su **vida pública**.

Los profetas nos recuerdan que Dios nos ama y nos cuida. ¿Cuáles son algunas formas en que puedes recordar a la gente que Dios los ama?

Como católicos...

Los primeros seguidores de Jesús empezaron a llamarle *Señor* porque se dieron cuenta de que él era divino. Al llamar Señor a Jesús, la gente mostraba respeto y confianza en su poder divino. ¿Cuáles son otros títulos que tenemos para Jesús?

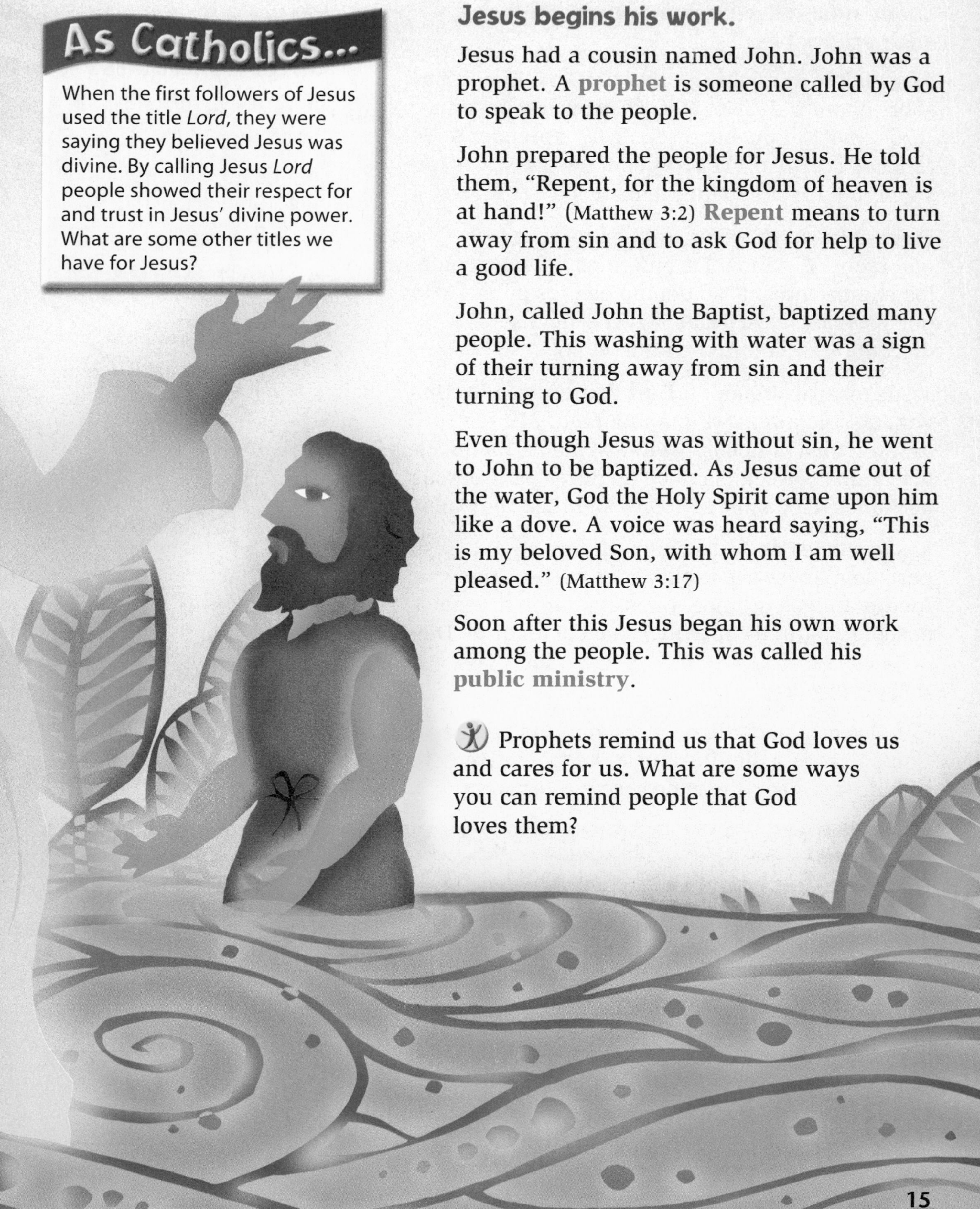

As Catholics...

When the first followers of Jesus used the title *Lord*, they were saying they believed Jesus was divine. By calling Jesus *Lord* people showed their respect for and trust in Jesus' divine power. What are some other titles we have for Jesus?

Jesus begins his work.

Jesus had a cousin named John. John was a prophet. A **prophet** is someone called by God to speak to the people.

John prepared the people for Jesus. He told them, "Repent, for the kingdom of heaven is at hand!" (Matthew 3:2) **Repent** means to turn away from sin and to ask God for help to live a good life.

John, called John the Baptist, baptized many people. This washing with water was a sign of their turning away from sin and their turning to God.

Even though Jesus was without sin, he went to John to be baptized. As Jesus came out of the water, God the Holy Spirit came upon him like a dove. A voice was heard saying, "This is my beloved Son, with whom I am well pleased." (Matthew 3:17)

Soon after this Jesus began his own work among the people. This was called his **public ministry**.

Prophets remind us that God loves us and cares for us. What are some ways you can remind people that God loves them?

Jesús nos muestra como vivir como sus seguidores.

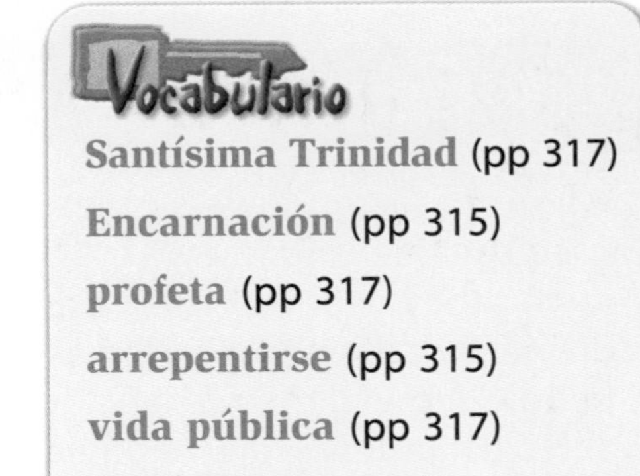

Vocabulario

Santísima Trinidad (pp 317)

Encarnación (pp 315)

profeta (pp 317)

arrepentirse (pp 315)

vida pública (pp 317)

discípulo (pp 315)

apóstol (pp 315)

Jesús llamó al pueblo a creer en Dios. El enseñó sobre el amor de Dios y curó a muchas personas. Jesús invitó al pueblo a seguirlo y aprender de él. Muchos aceptaron la invitación de Jesús. Los que siguieron a Jesús fueron llamados **discípulos**.

En su ministerio, Jesús trató de llegar a los ignorados. El sanó a los enfermos y dio de comer a los hambrientos. Pasó tiempo con los pobres y los que estaban solos. Jesús nos enseñó a ser sus discípulos en la forma en que vivió.

Jesús mostró su amor a Dios Padre rezando. Una vez fue solo a rezar a una montaña. Ahí rezó durante toda la noche. Al día siguiente llamó a sus discípulos y escogió a doce hombres para ser sus apóstoles. La palabra **apóstol** significa "enviado".

Los apóstoles de Jesús compartieron su vida y su obra de manera especial. Viajaron con Jesús y fueron amigos íntimos. Ellos ayudaron a Jesús a enseñar y a predicar el mensaje del amor de Dios.

RESPONDEMOS

Usa esta pantalla para diseñar una página web. Con palabras y dibujos muestra a la gente en el mundo algunas formas de seguir a Jesús.

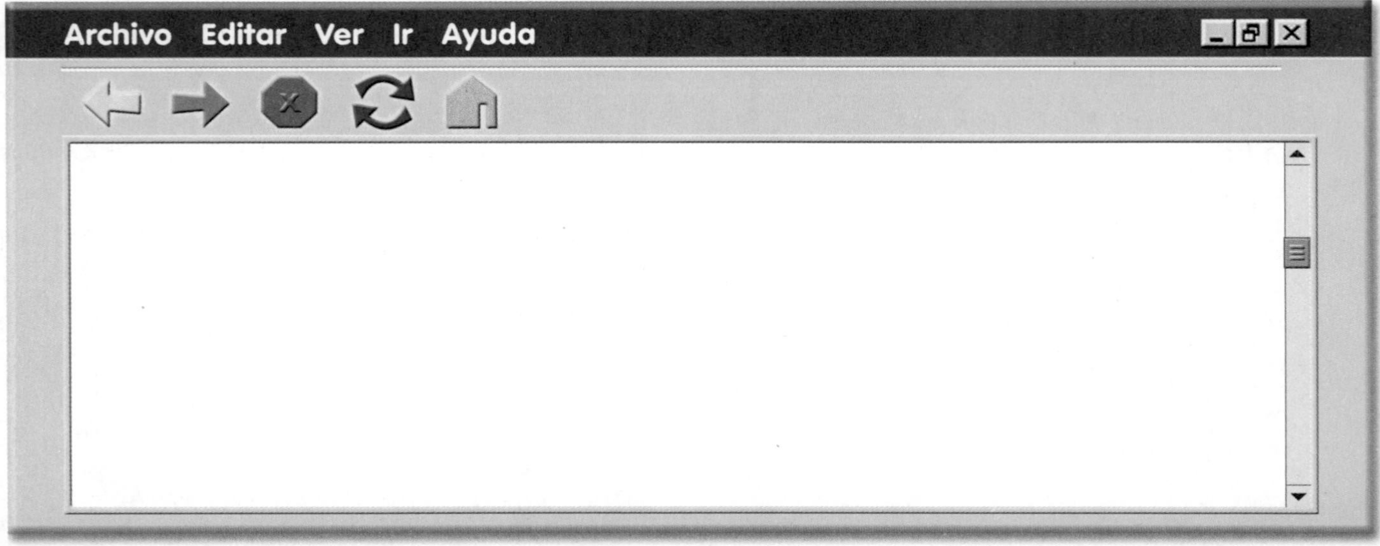

Jesus shows us how to live as his followers.

Jesus called people to believe in God. He taught about God's love and healed many people. Jesus invited people to follow him and learn from him. Many women and men said yes to Jesus' invitation. Those who followed Jesus were called his **disciples**.

In his ministry, Jesus tried to reach out to those who were ignored by others. He healed the sick and fed the hungry. He spent time with the poor and lonely. Jesus showed us how to be his disciples by the way he lived.

Jesus showed his love for God his Father by praying often. Once Jesus went by himself to a mountain to pray. He spent the whole night there in prayer. The next day, he called his disciples together and chose twelve men to be his Apostles. The word **Apostle** means "one who is sent."

Jesus' Apostles shared in his life and his work in a special way. They traveled with Jesus and became his close friends. They helped him teach and spread the message of God's love.

Key Words

Blessed Trinity (p. 318)
Incarnation (p. 319)
prophet (p. 320)
repent (p. 320)
public ministry (p. 320)
disciples (p. 318)
Apostle (p. 318)

WE RESPOND

Use the computer screen below to design a Web page. Use words and drawings to show people from all over the world some way to follow Jesus.

Curso 3 • Capítulo 1

HACIENDO DISCIPULOS

Muestra lo que sabes

Usa los números de las letras en el cuadro para encontrar las palabras del Vocabulario de este capítulo.

A	B	C	D	E	F	H	I	L	M	N	O	P	R	S	T	U	V
1	2	3	4	5	6	7	8	9	10	11	12	13	14	15	16	17	18

1 13 12 15 16 12 9

18 8 4 1   13 17 2 9 8 3 1

5 11 3 1 14 11 1 3 8 12 11

13 14 12 6 5 16 1

15 1 11 16 8 15 8 10 1   16 14 8 11 8 4 1 4

4 8 15 3 8 13 17 9 12 15

1 14 14 5 13 5 11 16 8 14 15 5

RETO PARA EL DISCIPULO Encierra en un círculo la palabra que dice lo que el profeta Juan pidió al pueblo hacer.

Investiga

La Asociación del Santo Niño invita a los niños a ayudarse unos a otros. Una forma de ayudar es recogiendo comida, juguetes, ropa o dinero para las familias en necesidad. Visita su sitio Web en www.hcakids.org.

PROJECT DISCIPLE

Show What you Know

Use the number code to find Key Words learned in this chapter.

A	B	C	D	E	H	I	L	M	N	O	P	R	S	T	U	Y
1	2	3	4	5	6	7	8	9	10	11	12	13	14	15	16	17

___ ___ ___ ___ ___ ___ ___
1 12 11 14 15 8 5

___ ___ ___ ___ ___ ___   ___ ___ ___ ___ ___ ___ ___ ___
12 16 2 8 7 3   9 7 10 7 14 15 13 17

___ ___ ___ ___ ___ ___ ___ ___ ___ ___ ___
7 10 3 1 13 10 1 15 7 11 10

___ ___ ___ ___ ___ ___ ___
12 13 11 12 6 5 15

___ ___ ___ ___ ___ ___ ___   ___ ___ ___ ___ ___ ___ ___
2 8 5 14 14 5 4   15 13 7 10 7 15 17

___ ___ ___ ___ ___ ___ ___ ___ ___
4 7 14 3 7 12 8 5 14

___ ___ ___ ___ ___ ___
13 5 12 5 10 15

DISCIPLE CHALLENGE Circle the word that tells what the prophet John asked people to do.

More to Explore

The Holy Childhood Association invites children to help one another. One way to help is by collecting food, toys, clothing, or money for families in need. Visit their Web site at www.hcakids.org.

HACIENDO DISCÍPULOS

Exprésalo

¿Qué significa el nombre Jesús? Colorea los espacios con una ● y encontrarás la respuesta.

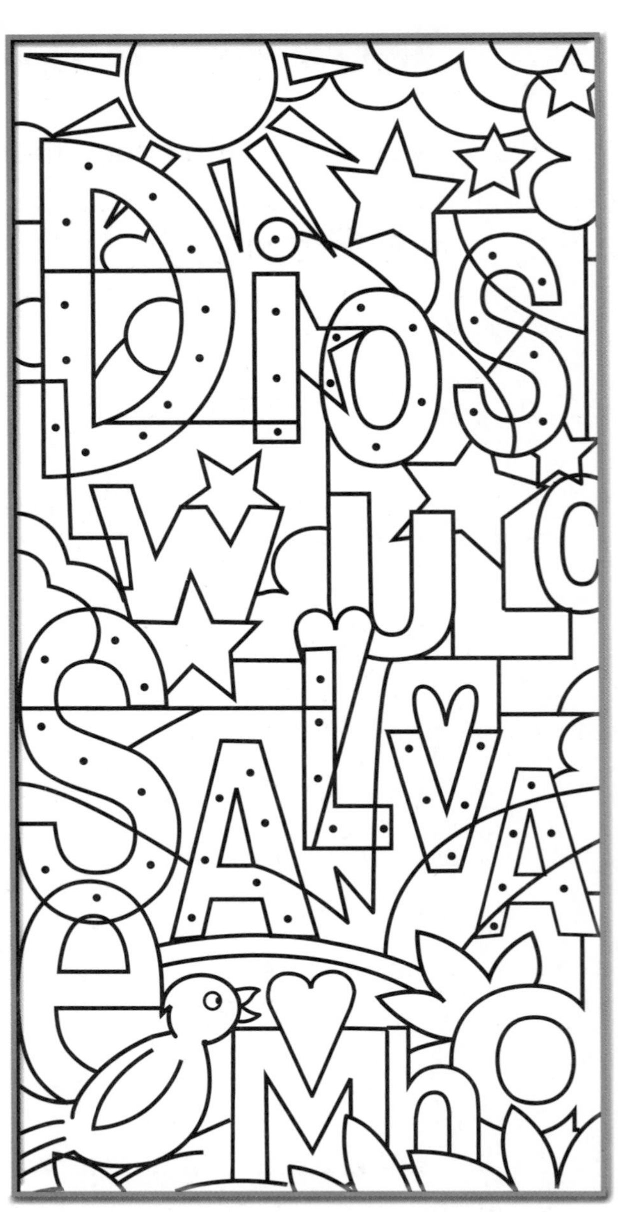

Reza

Reza esta oración como discípulo de Jesús.

Jesús, me invitas a ser tu discípulo.
Me mostraste como amar a Dios, el Padre,
con todo mi corazón,
con toda mi alma y con toda mi mente.
Me mostraste como amar a mi prójimo
y la importancia de amarme.

No es siempre fácil ser un discípulo.
Te agradezco el ejemplo que me diste.
Jesús, sigue guiándome
y fortaleciéndome en mi peregrinaje
en tu discipulado. Amén.

Compártelo.

Haz*lo*

Escribe una forma en que tu grupo puede ayudar a familias necesitadas en tu parroquia y vecindario.

____

Tarea

Jesús tomó tiempo para rezar todos los días. Mira la oración en *Reza*, haz una copia y ponla en tu casa. Rézala con tu familia esta semana.

PROJECT DISCIPLE

Picture This

What does the name Jesus mean? Color the spaces with a ● and you will find the answer!

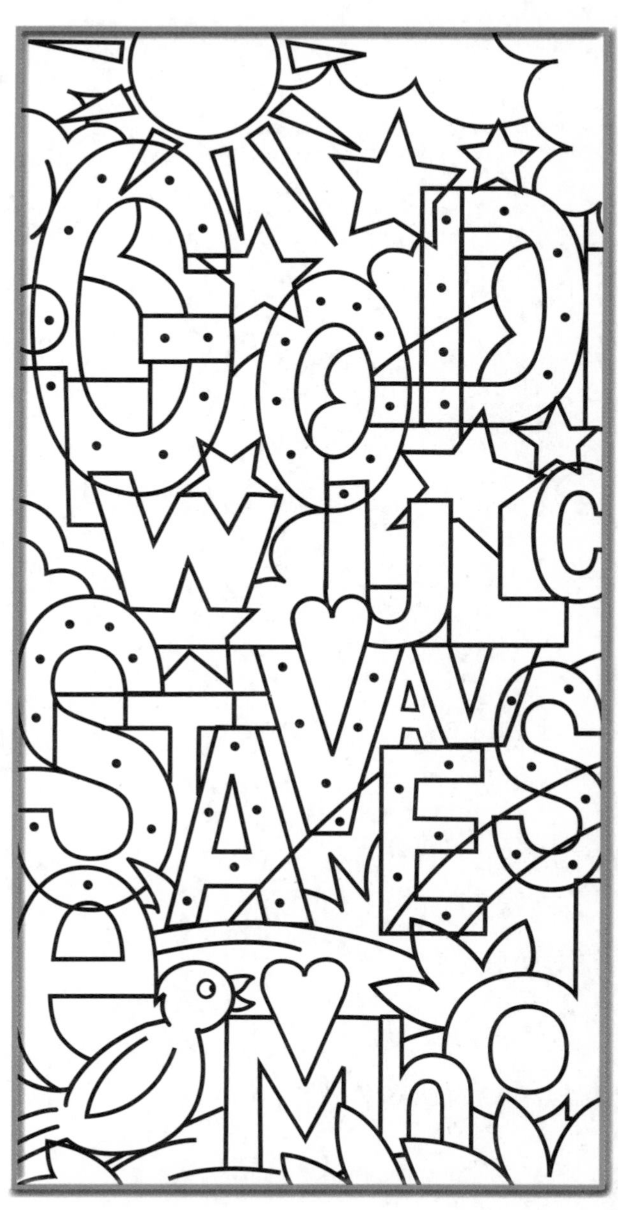

Pray Today

Pray this prayer as a disciple of Jesus.

Jesus, you invite me to be your disciple.
You showed me how to love God the Father
with all my heart, with all my soul,
and with all my mind.
You showed me how to love my neighbors
and the importance of loving myself.

It is not always easy to be a disciple.
I am grateful for the example you have given to me.
Jesus, continue to guide me
and strengthen me on my journey
to be your disciple. Amen.

Now, pass it on!

Make it Happen

Write one way that your class can help families in need in your parish and neighborhood.

____

Take Home

Jesus took time to pray every day. Look at the *Pray Today* prayer. Make a copy, and place it in your home. Pray it together this week.

Jesús nos enseña sobre el amor de Dios

✝ **Líder:** Vamos a rezar:

♫ **Dios es amor**

Todos: Dios es amor. Dios es amor.
Y el que vive en amor
vive en Dios y Dios en él.

El amor es la paciencia.
El amor es bienestar.
El amor es entendimiento
entre todos y en todo lugar.

Líder: El mismo Señor es Señor de todo, él responde a todo el que lo llama. Porque "Todos los que invoquen el nombre del Señor, alcanzarán la salvación". (Romanos 10:13)

Todos: Proclamemos el amor de Cristo.
Que todo el mundo adore su santo nombre.

¿Cómo puedes mostrar que amas a tu familia? ¿Cómo tus familiares muestran que te aman?

CREEMOS

Jesús nos dice lo mucho que Dios nos ama.

Jesús enseñó que Dios nos ama a cada uno. Hay muchos ejemplos sobre el gran amor de Dios. Podemos leerlos en la Biblia. La Biblia es una colección de libros sobre el amor de Dios por nosotros y sobre nuestro llamado a vivir como pueblo de Dios. Es también llamada *Escritura*.

Jesus Teaches Us About God's love

2

WE GATHER

Leader: Let us gather together to pray.

Lift High the Cross

All: Lift high the cross,
the love of Christ proclaim
Till all the world adore his
sacred name.

Leader: The same Lord is Lord of all, giving to all who call upon him. For "everyone who calls on the name of the Lord will be saved." (Romans 10:13)

All: Lift high the cross,
the love of Christ proclaim
Till all the world adore his sacred name.

How can you show that you love your family? How do your family members show their love for you?

WE BELIEVE

Jesus tells us how much God loves us.

Jesus taught that God loves each one of us. There are many examples of God's great love. We can read about them in the Bible. The Bible is a collection of books about God's love for us and about our call to live as God's people. It is also called *Scripture*.

La Biblia tiene dos partes llamadas *testamentos*. El Antiguo Testamento es sobre el pueblo de Dios antes de Jesús. El Nuevo Testamento es sobre la vida de Jesucristo y el inicio de la Iglesia.

Los escritores humanos de la Biblia fueron guiados por Dios, el Espíritu Santo, la tercera Persona de la Santísima Trinidad. Aunque los escritores humanos escogieron las palabras, ellos escribieron sobre cosas que Dios quería compartir con nosotros. Por eso en la **Biblia** es el libro donde está escrita la palabra de Dios.

Habla sobre tu historia bíblica favorita sobre Jesús.

Jesús enseña sobre el reino de Dios.

Jesús debió ser un maestro maravilloso. Leemos en la Biblia que multitudes lo seguían para escucharlo. Jesús enseñó sobre el **reino de Dios**, que es el poder del amor de Dios activo en el mundo. Jesús quería que todo el mundo cambiara su vida y regresara a Dios.

Jesús enseñó sobre el perdón y la misericordia de Dios. El enseñó sobre el amor y el respeto.

La enseñanza más importante de Jesús fue la forma en que vivió.

Jesús dijo: "Ni aun el Hijo del hombre vino para que le sirvan, sino para servir". (Marcos 10:45) El quiere que hagamos lo mismo. El quiere que amemos a los demás como él nos ama.

Termina esta oración:

El reino de Dios no es como los que leemos en los libros o vemos en las películas. El reino de Dios es

____

The Bible has two parts, called *testaments.* The Old Testament is about the people of God before the time of Jesus. The New Testament is about the life of Jesus Christ and the beginning of the Church.

The human writers of the Bible were guided by God the Holy Spirit, the Third Person of the Blessed Trinity. Though the human writers chose the words, they wrote about things that God wanted to share with us. So the **Bible** is the book in which God's Word is written.

Talk about your favorite story about Jesus from the Bible.

Jesus teaches about the Kingdom of God.

Jesus must have been a wonderful teacher. We learn from the Bible that crowds followed him to hear what he had to say. Jesus often taught about the **Kingdom of God**, which is the power of God's love active in the world. Jesus wanted everyone to change their lives and turn to God.

Jesus taught about God's forgiveness and mercy. He taught about love and respect for others.

Jesus' greatest teaching was the way he lived. Jesus said that he "did not come to be served but to serve." (Mark 10:45) He wants us to do the same. He wants us to love one another as he loves us.

Write your own ending to this sentence:

The Kingdom of God is not like the kingdoms we read about in books or see in movies. The Kingdom of God is

____

Jesús enseña sobre el don de la fe.

La **fe** es un don de Dios que nos ayuda a creer y a confiar en él. Jesús nos enseña sobre la fe en Dios en sus historias y sus obras.

Arbol de moras, Vincent van Gogh

Lucas 17:5–6

Un día Jesús estaba enseñando y sus apóstoles le pidieron que les diera más fe. Jesús respondió: "Si ustedes tuvieran fe, aunque sólo fuera del tamaño de una semilla de mostaza, podrían decirle a esta morera; 'Arráncate de aquí y plántate en el mar', y el árbol les haría caso". (Lucas 17:6)

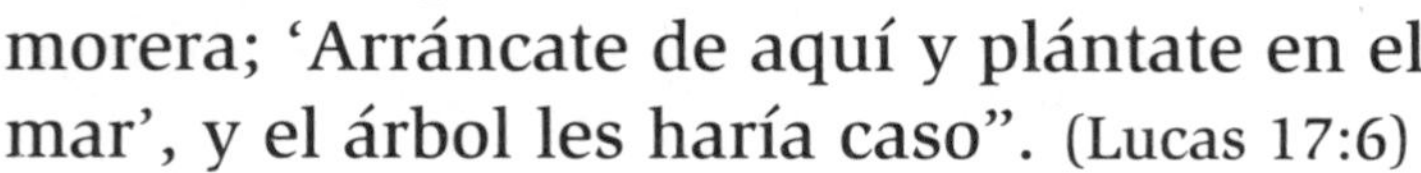

Una semilla de mostaza es muy pequeña. Es como del tamaño de la punta de un lápiz. Un árbol de mora es muy fuerte. Imagina ser capaz de hacer que ese árbol se levante y se vaya al mar.

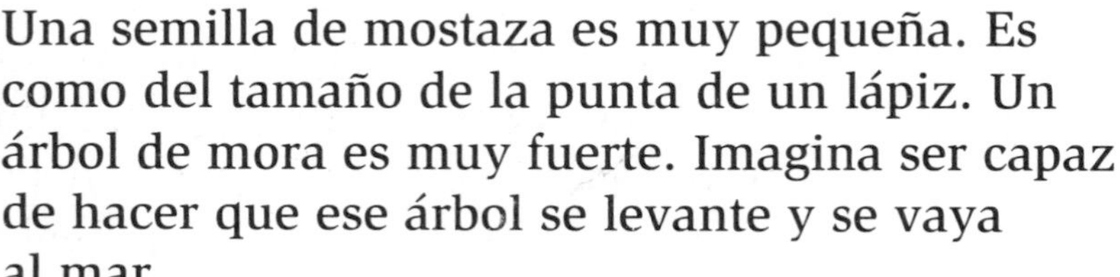

Jesús estaba diciendo a sus apóstoles que la fe es muy poderosa. La fe nos ayuda a creer lo que no podemos ver, sentir o tocar.

Como católicos...

María es el mayor ejemplo de fe. Durante toda su vida ella siempre creyó en Dios. Cuando el ángel Gabriel se le apareció a María le dijo que había sido escogida para ser la madre del Hijo de Dios, Jesús. Confiando en Dios, María dijo: "Yo soy esclava del Señor, que Dios haga conmigo como me has dicho" (Lucas 1:38).

Escribe una forma en que la gente comparte su fe contigo.

____

____

____

Jesus teaches about the gift of faith.

Faith is a gift from God that helps us to believe and trust in him. Jesus teaches us about faith in God by his stories and his actions.

 Luke 17:5–6

One day Jesus was teaching. His Apostles asked him to give them more faith. Jesus replied, "If you have faith the size of a mustard seed, you would say to [this] mulberry tree, 'Be uprooted and planted in the sea,' and it would obey you." (Luke 17:6)

A mustard seed is very tiny. It is about the size of the tip of a pencil. A mulberry tree is very strong. Imagine being able to make this tree lift itself into the sea!

Jesus was telling his Apostles that faith is very powerful. Faith allows us to believe what we cannot see or feel or touch.

As Catholics...

Mary is a great example of faith. Throughout her entire life she always believed in God. When the angel Gabriel appeared to her, Mary was told that God had chosen her to be the Mother of Jesus, God's own Son. Trusting in God, Mary said, "Behold, I am the handmaid of the Lord. May it be done to me according to your word." (Luke 1:38)

Write one way other people share their faith with you.

___

___

___

Vocabulario

Biblia (pp 315)

reino de Dios (pp 317)

fe (pp 315)

crucificado (pp 315)

resurrección (pp 317)

Jesús muere y resucita por nosotros.

Jesús vivió de tal forma que la gente se dio cuenta de que él amaba a Dios. Algunas personas poderosas no querían a Jesús por lo que decía y hacía.

Lucas 23:33, 34

Jesús fue arrestado y condenado a muerte como un criminal. Jesús fue **crucificado**, clavado en una cruz. Cuando estaba muriendo Jesús rezó: "Padre, perdónalos, porque no saben lo que hacen". (Lucas 23:34)

María, la madre de Jesús, y otras mujeres discípulos y Juan estuvieron con Jesús al pie de la cruz. Los demás discípulos se escondieron porque tenían miedo. Después de muerto el cuerpo de Jesús fue puesto en una tumba.

Lucas 24:1–12

Temprano el domingo, algunas mujeres fueron a la tumba. Ellas llevaban aceite y especias para ungir el cuerpo de Jesús. Cuando llegaron a la tumba, vieron que estaba vacía. El cuerpo de Jesús no estaba.

Dos hombres vestidos con ropas brillantes les dijeron: "No está aquí, sino que ha resucitado" (Lucas 24:6). Las mujeres fueron a contar la noticia a los apóstoles.

Llamamos **resurrección** a que Jesús volvió a la vida después de la muerte. Jesús murió y resucitó para que todos nos salváramos y viviéramos con Dios por siempre.

RESPONDEMOS

Piensa que estabas con las mujeres cuando fueron a la tumba. ¿Cómo te hubieras sentido? ¿Qué hubieras hecho y dicho? Dramatízalo.

Jesus dies and rises to save us.

Jesus lived his life in such a way that people knew he loved God. Some powerful people hated Jesus because of what he did and said.

Luke 23:33, 34

Jesus was arrested and put to death. Like a criminal, Jesus was **crucified**, nailed to a cross. Yet even as he was dying, Jesus prayed, "Father, forgive them, they know not what they do." (Luke 23:34)

Mary, the Mother of Jesus, and other women disciples stayed by Jesus' cross with John the Apostle. The other disciples hid because they were afraid. After Jesus died, his body was laid in a tomb.

 Luke 24:1–12

Early Sunday morning some women returned to the tomb. They were carrying oils and spices to anoint the body of Jesus. When they reached the tomb, they saw that it was empty. The body of Jesus was not there!

Two men in dazzling garments told the women, "He is not here, but he has been raised." (Luke 24:6) The women went and told the Apostles the news.

We call Jesus' being raised from the dead the **Resurrection**. Jesus died and rose so that all people could be saved and live with God forever.

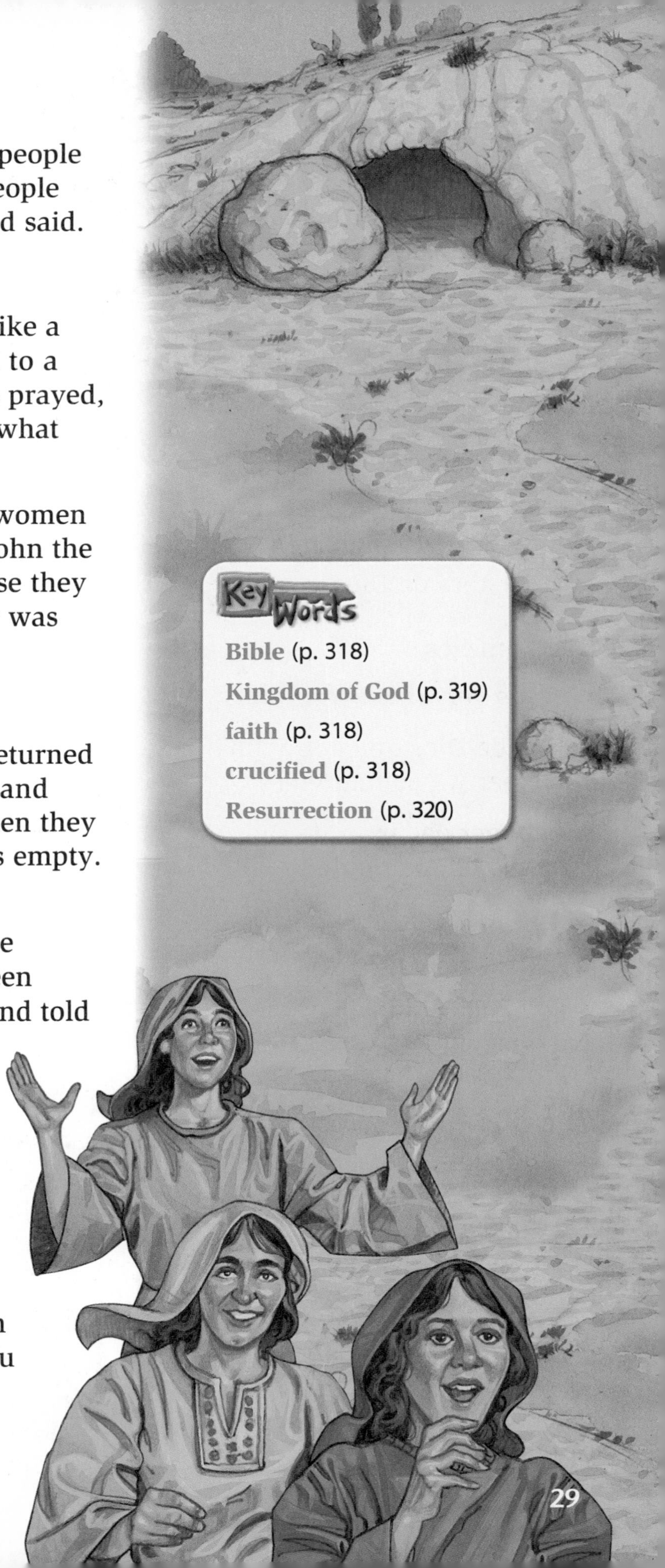

Key Words

Bible (p. 318)
Kingdom of God (p. 319)
faith (p. 318)
crucified (p. 318)
Resurrection (p. 320)

WE RESPOND

Pretend you were with the women who went to the tomb. How would you have felt? What would you have done and said? Act it out.

HACIENDO DISCÍPULOS

Muestra lo que sabes

Usa las palabras del Vocabulario para completar el crucigrama.

Verticales

1. la forma en que murió Jesús
2. libro donde está escrita la palabra de Dios

Horizontales

3. Jesús volvió a la vida
4. don de Dios que nos ayuda a creer y a confiar en él
5. el poder del amor de Dios activo en el mundo

Jesús enseñaba frecuentemente cerca del mar de Galilea, el lago más grande de Israel.

PROJECT DISCIPLE

Show What you Know

Use the Key Words to complete the crossword puzzle.

Down

1. the book in which God's Word is written
2. how Jesus was put to death

Across

3. Jesus being raised from the dead
4. a gift from God that helps us to believe and trust in him
5. the power of God's love active in the world

Jesus often taught near the Sea of Galilee, which is Israel's largest fresh water lake.

HACIENDO DISCIPULOS

Realidad

Chequea las formas en que podemos expandir el reino de Dios.

- ❏ dar la bienvenida a alguien nuevo en el vecindario
- ❏ ayudar a un amigo a entender la lección
- ❏ reírse de alguien
- ❏ rezar por los demás
- ❏ perdonar a alguien
- ❏ molestar a otros
- ❏ rezar por los demás

Compártelo.

Investiga

Una parte importante de nuestra fe católica es la Biblia, la palabra de Dios. Cuando celebramos los sacramentos, escuchamos lecturas de la Biblia. Durante estas celebraciones, escuchamos sobre el amor eterno de Dios por su pueblo. Cada día la palabra de Dios puede hacerse viva en nuestras vidas si escuchamos lo que Dios nos dice.

RETO PARA EL DISCIPULO La próxima vez que vayas a misa presta especial atención a las lecturas.

Tarea

Haz un marcador de libros para la Biblia de tu familia. Corta una tira de cartulina. Copia estas palabras en un lado:

"¡Den gracias al Señor,
porque es bueno,
porque es eterno su amor!"
Salmo 118:1

Decora ambos lados. Haz un hoyo en el centro en la parte de abajo y átale una cinta. Ponlo en tu Biblia.

PROJECT DISCIPLE

Reality Check

Check the ways we can help spread the Kingdom of God.

❑ welcome a new neighbor

❑ help a friend to understand this lesson

❑ lie about something

❑ pray for others

❑ forgive someone

❑ be a bully

❑ ______________________________

Now, pass it on!

More to Explore

An important part of our Catholic faith is the Bible, the Word of God. When we celebrate the sacraments, we listen to readings from the Bible. At these celebrations, we hear about God's never-ending love for his people. Each day the Word of God can come alive in our lives if we are listening to what God has to say to us.

DISCIPLE CHALLENGE The next time you are at Mass, pay special attention to the readings.

Take Home

Make a Bible bookmark for your family. Use a piece of stiff paper and cut out a long strip. On one side, copy these words:

"Give thanks to the Lord,
who is good,
whose love endures forever."
Psalm 118:1

Decorate both sides. Punch a small hole in the bottom center and tie a ribbon through the hole. Keep it in your Bible.

Cristo vendrá de nuevo

NOS CONGREGAMOS

Líder: Vamos a escuchar las palabras de Jesús en el Evangelio de Mateo:

Lector: "Pues tuve hambre, y ustedes me dieron de comer; tuve sed, y me dieron de beber; anduve como forastero, y me dieron alojamiento. Me faltó ropa, y ustedes me la dieron; estuve enfermo, y me visitaron; estuve en la cárcel, y vinieron a verme". (Mateo 25:35–36)

Palabra del Señor.

Todos: Gloria a ti, Señor Jesús.

Vendrá el Señor

Vendrá el Señor;
con su luz nos llenará.
Vendrá el Señor,
y a su pueblo salvará.

¿Has escuchado alguna vez sobre alguien que tiene poderes especiales? Describe lo que esa persona puede hacer.

CREEMOS

Jesús tiene poder sobre la vida y la muerte.

Jesús amó a sus amigos. Entre sus mejores amigos estaban Marta, María y su hermano Lázaro. Esta familia vivía en un pueblo llamado Betania.

Christ Will Come Again

WE GATHER

✝ **Leader:** Let us listen to the words of Jesus in Saint Matthew's Gospel:

Reader: "For I was hungry and you gave me food, I was thirsty and you gave me drink, a stranger and you welcomed me, naked and you clothed me, ill and you cared for me, in prison and you visited me." (Matthew 25:35–36)

The Gospel of the Lord.

All: Praise to you, Lord Jesus Christ.

♫ **Whatsoever You Do**

When I was hungry,
you gave me to eat;
When I was thirsty,
you gave me to drink.
Now enter into the home
of my Father.

Have you ever heard about someone who has special power? Describe what that person could do.

WE BELIEVE

Jesus has power over life and death.

Jesus loved his friends. Among his best friends were Martha, Mary, and their brother Lazarus. This family lived in a town called Bethany.

Juan 11:1–3, 17–44

Un día Lázaro enfermó de gravedad. Sus hermanas enviaron un mensaje a Jesús diciéndoselo. Cuando Jesús llegó a Betania, Lázaro ya había muerto y estaba enterrado.

Marta le dijo a Jesús que si él hubiera estado ahí, él hubiera curado a Lázaro. Jesús le dijo: "Yo soy la resurrección y la vida. El que cree en mí, aunque muera, vivirá". Marta le dijo: "Sí, Señor, yo creo que tú eres el Mesías, el Hijo de Dios, el que tenía que venir al mundo". (Juan 11:25, 27)

María la otra hermana de Lázaro, vino a saludar a Jesús. Estaba llorando. Las hermanas le mostraron a Jesús donde habían enterrado a Lázaro. Y Jesús empezó a llorar.

Una roca grande tapaba la entrada del lugar. Jesús gritó fuerte: "¡Lázaro, sal de ahí!" (Juan 11:43). Y Lázaro salió.

Jesús había resucitado a Lázaro y más personas empezaron a creer que Jesús era el Mesías, el Hijo de Dios.

Jesús es la Resurrección y la Vida. Si Jesús te preguntara: "¿Crees esto?" ¿Qué dirías?

Jesús vendrá de nuevo.

Un día los discípulos querían que Jesús les dijera cuando sería el fin del mundo. Jesús les dijo: "Manténganse ustedes despiertos, porque no saben en qué día va a venir su Señor" (Mateo 24:42).

Jesús no quiso decir que no debemos dormir nunca. El quiso decir que debemos estar preparados para su venida. Nos preparamos rezando y con las cosas que decimos y hacemos.

John 11:1–3, 17–44

One day Lazarus became very sick. His sisters sent a message to Jesus telling him about Lazarus. When Jesus reached Bethany, Lazarus had already died and been buried.

Martha cried to Jesus that if he had been there, he could have cured Lazarus. Jesus said, "I am the resurrection and the life; whoever believes in me, even if he dies, will live." Martha told Jesus, "I have come to believe that you are the Messiah, the Son of God." (John 11:25, 27)

Mary, Lazarus's other sister, came to greet Jesus. She was also crying. The sisters showed Jesus where Lazarus was buried, and Jesus began to cry.

A huge rock lay across the entrance to the place where Lazarus was buried. Jesus ordered that it be taken away. Then Jesus cried out in a loud voice, "Lazarus, come out!" (John 11: 43) With that, Lazarus came out.

Jesus had raised Lazarus from the dead and more people began to believe that Jesus was the Messiah, the Son of God.

Jesus is the Resurrection and the life. If he asked you, "Do you believe this?" what would you say?

Jesus will come again.

One day the disciples wanted Jesus to tell them when the world would end. But Jesus said, "Stay awake! For you do not know on which day your Lord will come." (Matthew 24:42)

Jesus did not mean that our bodies should never go to sleep. He meant that we should always be preparing for his coming. We do this through prayer and the things we say and do.

Jesús nació en Belén. Esa fue su *primera venida*. Jesús vendrá de nuevo al final de los tiempos, y lo veremos. Será un evento de gozo. Este es llamado la **segunda venida**.

Cuando Cristo vuelva nos llenaremos de gozo y felicidad. Conoceremos a Jesús porque lo veremos. Nuestra vida con el Cristo resucitado estará para siempre llena de gozo.

Podemos "mantenernos despiertos" para la segunda venida de Jesucristo, viviendo de la forma en que él nos enseñó. Escribe una forma en que te mantendrás despierto esta semana.

____

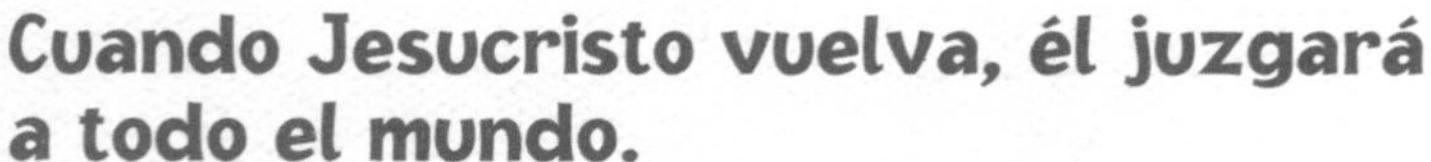

Cuando Jesucristo vuelva, él juzgará a todo el mundo.

La gente puede escoger estar con Dios o alejarse de Dios. Estas decisiones determinan si la persona estará con Dios en el cielo o no. **Cielo** es la vida eterna con Dios.

Mateo 25:31–43

Jesús dijo a sus seguidores que al final de los tiempos él vendrá en gloria con todos los ángeles. El separará a las personas en dos grupos, uno a su derecha y otro a su izquierda.

Entonces, él dirá a las personas a su derecha que son benditos por su Padre. El les dirá: "Pues tuve hambre, y ustedes me dieron de comer; tuve sed, y me dieron de beber; anduve como forastero, y me dieron alojamiento. Me faltó ropa, y ustedes me la dieron; estuve enfermo, y me visitaron; estuve en la cárcel, y vinieron a verme". Entonces las personas a su derecha les preguntarán cuando lo vieron asi. Y él les dirá: "Les aseguro que todo lo que hicieron por uno de estos hermanos míos más humildes, por mí mismo lo hicieron". (Mateo 25:35–36, 40)

extranjero

enfermo

solo

HAMBRE

Como católicos...

Fue un milagro que Jesús resucitara a Lázaro de la muerte. Los milagros de Jesús, caminar sobre las aguas, calmar el mar, sanar a los enfermos, fueron más allá del poder humano. Cada milagro fue una llamada a creer que Jesús fue enviado por Dios para salvar a su pueblo. Los milagros de Jesús fueron señales especiales para ayudar al pueblo a confiar y creer en Dios. Ellos mostraron a la gente que el reino de Dios estaba presente en sus vidas.

Jesus' birth in Bethlehem is called his *first coming*. Jesus will come again at the end of time, and we will see him for ourselves. Jesus' coming at the end of time will be a joyful event. It is called his **second coming**.

When Christ comes again, we will be filled with joy and happiness. We will know Jesus because we will see him. Our life with the risen Christ will go on in joy forever.

We can "stay awake" for the second coming of Jesus Christ by living each day the way he taught us. Write one way you will "stay awake" in faith this week.

____

When Jesus Christ comes again, he will judge all people.

People can choose to be with God or to turn away from God. These choices will determine whether people can be with God in Heaven or not. **Heaven** is life with God forever.

Jesus told his followers that at the end of time he will come in glory with all the angels. He will separate all the people into two groups, one to his right and one to his left.

Then he will tell the people on his right that they are blessed by his Father. He will say, "For I was hungry and you gave me food, I was thirsty and you gave me drink, a stranger and you welcomed me, naked and you clothed me, ill and you cared for me, in prison and you visited me." Then the people on his right will ask when they saw him like this. And he will say, "Amen, I say to you, whatever you did for one of these least brothers of mine, you did for me." (Matthew 25:35–36, 40)

HUNGER

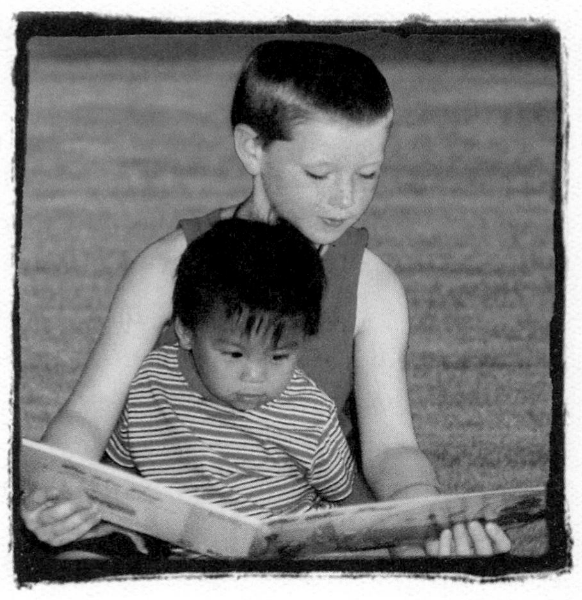

Stranger

lonely

As Catholics...

Jesus' raising Lazarus from the dead was a miracle. Jesus' miracles—walking on water, calming the seas, healing the sick—went beyond human power. Each miracle was a call to believe that Jesus was sent by God to save his people.

Jesus' miracles were special signs that helped people to trust and believe in God. Each showed people that God's Kingdom was present in their lives.

Entonces Jesús dirá a los que estén a su izquierda que se aparten de su lado para siempre porque ellos no se preocuparon por él cuando tenía hambre, sed, era extranjero, estaba enfermo, desnudo o en la cárcel.

Cuando escogemos amar y cuidar de otros, amamos y cuidamos de Jesús. Seremos juzgados por la forma en que tratamos a otros. El **juicio final** es la venida de Jesucristo al final de los tiempos para juzgar a todos.

 ¿Cómo tu parroquia cuida de otros?

____

____

Jesús nos enseña a amar a los demás.

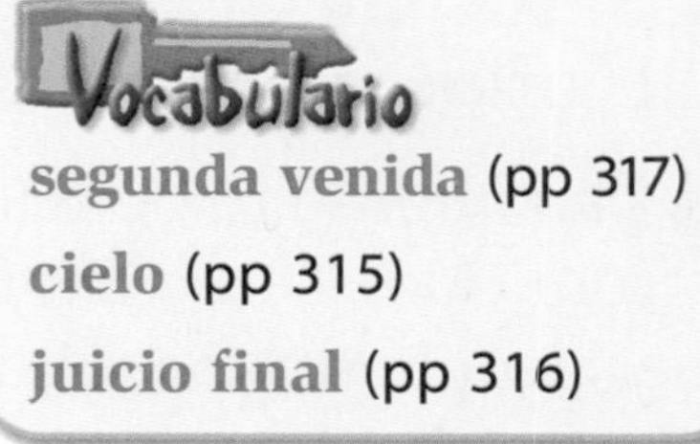

Vocabulario

segunda venida (pp 317)

cielo (pp 315)

juicio final (pp 316)

Jesús vivió su vida con amor perfecto a Dios, el Padre, y al servicio de los demás. El es nuestro ejemplo de santidad.

 Marcos 12:28–32

Un día, un hombre le preguntó a Jesús cual era el mandamiento más importante. Jesús le contestó: "Ama al Señor tu Dios con todo tu corazón, con toda tu alma, con toda tu mente y con todas tus fuerzas. Y el segundo es: 'Ama a tu prójimo como a ti mismo'. Ningún mandamiento es más importante que éstos" (Marcos 12:30–31).

Si amamos a Dios, a los demás y a nosotros mismos, hemos escogido seguir a Jesús. El puede ayudarnos a tomar las decisiones correctas. El puede darnos el valor para tratar bien a los demás.

RESPONDEMOS

En grupo hablen sobre porque creen que Jesús nos dijo que el amor es lo más importante.

Jesus will then tell those on his left to go away from him forever because they did not care for him when he was hungry, thirsty, a stranger, ill, unclothed, or in prison.

When we choose to love and care for other people, we love and care for Jesus. We will be judged by the way we treated others. The **Last Judgment** is Jesus Christ's coming at the end of time to judge all people.

 How does your parish care for others?

____

____

Key Words
second coming (p. 320)
Heaven (p. 319)
Last Judgment (p. 319)

Jesus teaches us to love others.

Jesus lived his life in perfect love of God the Father and in service to others. He is our example of holiness.

Mark 12:28–32

One day, a man asked Jesus which commandment was the greatest. Jesus replied, "'You shall love the Lord your God with all your heart, with all your soul, with all your mind, and with all your strength.' The second is this: 'You shall love your neighbor as yourself.' There is no other commandment greater than these." (Mark 12:30–31)

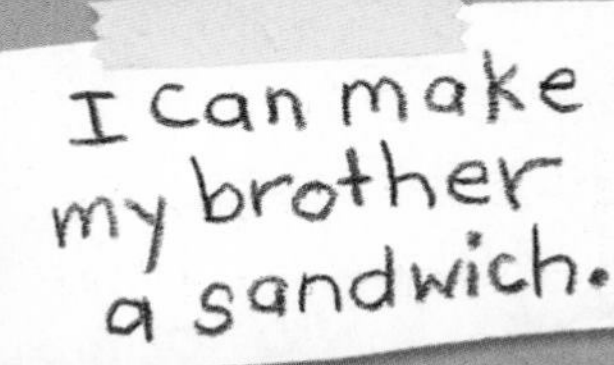

If we love God, and we love others as we love ourselves, we are choosing to follow Jesus. He can help us make the right choice. He can give us the courage to treat others.

WE RESPOND

In a group, talk about why you think Jesus told us that love is the most important thing of all.

HACIENDO DISCÍPULOS

Muestra lo que sabes

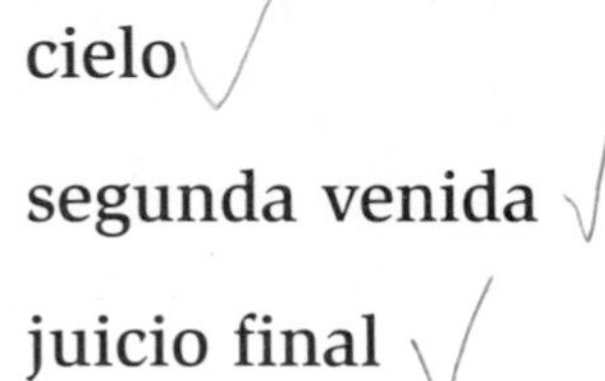

cielo ✓
segunda venida ✓
juicio final ✓

Escribe la palabra del Vocabulario correspondiente a la definición.

1. Venida de Jesús al final de los tiempos

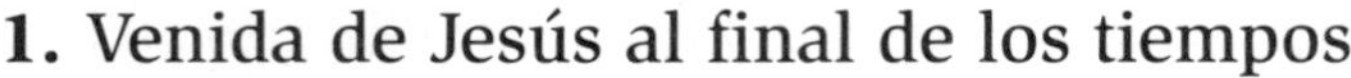

2. Venida de Jesucristo al final de los tiempos para juzgar a todos,

juicio final

3. Vida eterna con Dios

cielo

¿Qué harás?

Camina la ruta de un discípulo de hoy. Escribe lo que harías.

Inicio

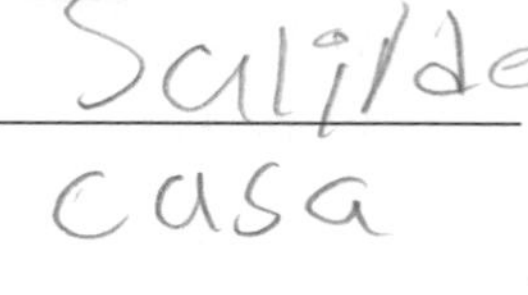

Tomar Lonche

Estudiar

Jugar

Dormir

PROJECT DISCIPLE

Show What you Know

Heaven ✓
second coming ✓
Last Judgment ✓

Write the Key Word that matches each definition.

1. Jesus' coming at the end of time

Second Comeing

2. Jesus Christ coming at the end of time to judge all people

Last Judgment

3. Life with God forever

Heaven

start

What Would you do?

Walk the path of a disciple today. Write what you will do.

get of home

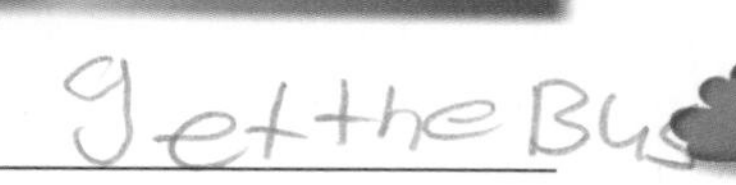

HACIENDO DISCÍPULOS

Hazlo

Jesús dijo a sus discípulos que "estuvieran alerta" para que estuvieran listos cuando él volviera. Despierta a la belleza a tu alrededor. Haz una "lista maravillosa". Cada día durante esta semana escribe sobre un don de la creación de Dios. Di como puedes cuidar y compartir ese don.

Una semana maravillosa

Domingo: Ir a misa

Lunes: Ir a la escuela

Martes: ______

Miércoles: ______

Jueves: ______

Viernes: ______

Sábado: ______

Celebra

Dirige tu familia o tu grupo en esta oración:

Vamos a proclamar nuestra fe.

Salvador del mundo sálvanos,
(Todos hacen una reverencia)

tú que nos ha librado
(Todos se ponen de pie.)

por tu cruz y resurrección.
(Todos baten sus manos en el aire)

Tarea

Pide a cada miembro de tu familia nombrar una forma de amar a Dios, a ellos mismos y a los demás.

PROJECT DISCIPLE

Make it Happen

Jesus told his disciples to "stay awake" so that they would be ready when he comes again. Wake up to the beauty of the world around you. Make a "wonder-full" list. Each day for a week, write about a gift of God's creation. Tell how you will take care of this gift, and how you can share this gift.

A Wonder-full Week

Sunday: ______________________________

____

Monday: ______________________________

____

Tuesday: ______________________________

____

Wednesday: ______________________________

____

Thursday: ______________________________

____

Friday: ______________________________

____

Saturday: ______________________________

____

Celebrate!

Lead your family or class in this prayer.

Let us proclaim our faith.

Save us, Savior of the world,
(*All bow from the waist.*)

for by your Cross and Resurrection,
(*All stand.*)

you have set us free.
(*All raise their hands in the air.*)

Take Home

Take a family poll. Ask each member of your family to name one way to love God, themselves, and others.

La Iglesia empieza

NOS CONGREGAMOS

✝ **María:** Vengan mis hijos, vamos a rezar.
Ahora viene el que nos va ayudar
y nos mostrará el camino.

Todos: Vamos a esperar y a rezar.

Pedro: Escuchen, escuchen, ¿oyen
soplar un viento fuerte y claro?

Andrés: Un viento que me quita
el miedo y me da valor.

Santiago: Miren, miren hay una
llama en la cabeza de todos.

Juan: Y tenemos un gran deseo
de predicar su palabra como fuego poderoso.

Todos: Espíritu de Jesús, llénanos
de tu vida y de amor. Amén.

Piensa en una vez en que tuviste miedo a algo. ¿Quién o qué te dio el valor de vencer el miedo?

CREEMOS

Jesús promete enviar al Espíritu Santo.

Jesús sabía que sus seguidores sentirían miedo cuando él los dejara. Así que les prometió enviarles una ayuda especial, el Espíritu Santo, quien siempre estaría con ellos.

The Church Begins

WE GATHER

✝ **Mary:** Come, my children, let us pray.
There will come to us this day
The Helper who will show the way.

All: Let us wait and let us pray.

Peter: Listen, listen, do you hear
A wind that is blowing strong and clear?

Andrew: A wind that seems to stir in me
No longer fear, but bravery.

James: Look, look, above each the same,
A burning fire, a glowing flame.

John: And we are filled with great desire
To spread his word like a mighty fire.

All: Spirit of Jesus, fill us all
with life and love. Amen.

Think back to a time when you were afraid of something. Who or what gave you the courage to overcome your fear?

WE BELIEVE

Jesus promises to send the Holy Spirit.

Jesus knew that his followers would be afraid when he had to leave them. So he promised to send them a special Helper, the Holy Spirit, who would always be with them.

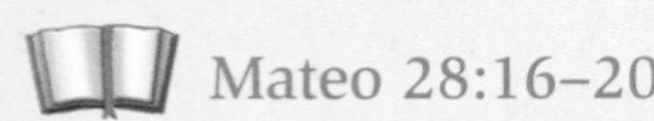

Mateo 28:16–20

Cuarenta días después de su resurrección, Jesús se encontró con sus apóstoles en Galilea. Ese fue su último encuentro en la tierra. Jesús dio a sus apóstoles una **misión**, un trabajo especial, para hacer discípulos en todo el mundo. Ellos debían bautizar en nombre de Dios el Padre, el Hijo y el Espíritu Santo, donde quiera que fueran. Jesús dijo: "Yo estaré con ustedes todos los días, hasta el fin del mundo". (Mateo 28:20)

Entonces, Jesús ascendió y regresó a su Padre en el cielo. Este evento es llamado **ascensión**. Después de la ascensión los apóstoles regresaron a Jerusalén. Ellos no sabían como iban a hablar sobre Jesús.

María, la madre de Jesús, también regresó a Jerusalén. Ella rezaba con los apóstoles y los discípulos mientras esperaban la venida del Espíritu Santo.

Piensa en la espera de los discípulos por la venida del Espíritu Santo. ¿Cómo crees que se sentían?

El Espíritu Santo viene a los discípulos.

Hechos de los Apóstoles 2:1–41

Dentro de la habitación donde estaban reunidos los discípulos escucharon un ruido como el de un viento fuerte. Vieron algo parecido a lenguas de fuego tocando las cabezas de todos. De repente, los discípulos fueron llenos del Espíritu Santo. Fueron cambiados de una forma maravillosa.

Una multitud estaba afuera. Los discípulos salieron del cuarto y empezaron a hablar acerca de Jesús con gran valor. Estonces Pedro, el líder, habló a todos. El les dijo que Dios había resucitado a Jesús. Pedro les dijo que ese Jesús crucificado y resucitado era verdaderamente el Señor, Jesucristo.

 Matthew 28:16–20

Forty days after his Resurrection, Jesus met his Apostles in Galilee. It was their last meeting with him on earth. Jesus gave his Apostles a **mission**, or special job, to make disciples of all nations. The Apostles were to baptize people everywhere in the name of God the Father, the Son, and the Holy Spirit. Jesus said, "Behold, I am with you always, until the end of the age." (Matthew 28:20)

Then Jesus ascended and returned to the Father in Heaven. This event is called the **Ascension**. After Jesus' Ascension, his Apostles returned to Jerusalem. They did not know how they would ever be able to tell the whole world about Jesus.

Mary, the mother of Jesus, also returned to Jerusalem. She prayed with the Apostles and disciples as they waited for the coming of the Holy Spirit.

Think about the disciples waiting for the Holy Spirit to come. How do you think they felt?

The Holy Spirit comes to the disciples.

Acts of the Apostles 2:1–41

Inside a room where they had gathered, the disciples heard a noise that sounded like a great wind. They saw what seemed to be flames of fire that spread out and touched each one of them. Suddenly, the disciples were filled with the Holy Spirit. They were changed in a wonderful way.

A large crowd was outside. The disciples came out of the room and began to speak about Jesus with great courage. Then Peter, the leader of all of the disciples, spoke to the people. He told them that God had raised Jesus from the dead. Peter told them that this Jesus who had been crucified and rose is truly the Lord, Jesus Christ.

Como católicos...

Los apóstoles y los primeros discípulos contaron la buena nueva de Jesucristo a todo el mundo. Esto se llama *evangelización*. Somos llamados a evangelizar. El papa y los obispos quieren que cada uno de nosotros sea parte de la "nueva evangelización". Esto quiere decir que la buena nueva de Jesús tiene el mismo efecto que tuvo durante el tiempo de los primeros discípulos.

Cuando Pedro habló a la multitud, el pueblo lo entendió en sus diferentes idiomas. Preguntaron que debían hacer. Pedro contestó: "Vuélvanse a Dios y bautícese cada uno en el nombre de Jesucristo, para que Dios les perdone sus pecados, y así él les dará el Espíritu Santo" (Hechos de los apóstoles 2:38). Muchos creyeron y cerca de tres mil fueron bautizados ese día.

El día en que el Espíritu Santo vino a los apóstoles es llamado **Pentecostés**. El Espíritu Santo viene a nosotros también. El Espíritu Santo nos ayuda a ser fieles seguidores de Jesús.

¿Cómo los discípulos fueron cambiados cuando el Espíritu Santo vino a ellos?

La Iglesia empieza en Pentecostés.

En Pentecostés, los discípulos compartieron su buena nueva sobre Jesús con los ahí reunidos. Pronto, muchas personas empezaron a bautizarse y a recibir al Espíritu Santo. Este fue el inicio de la Iglesia. La **Iglesia** es la comunidad de personas bautizadas y que siguen a Jesucristo.

Los creyentes escuchaban las enseñanzas de los apóstoles. Ellos se reunían a rezar y a "partir el pan" como lo hicieron Jesús y los apóstoles en la última cena (Hechos de los apóstoles 2:42). Ellos compartían todo lo que tenían. También cuidaban de los más pobres y necesitados. Trataban a todo el mundo con amor y respeto.

Después de la venida del Espíritu Santo los apóstoles y otros discípulos empezaron a viajar. Predicaban la buena nueva de Jesús a la gente de otros lugares. Nuevos creyentes crecían en todas partes. Los bautizados empezaron a ser llamados **cristianos**, porque seguían a Jesucristo.

Imagina que eres uno de los primeros cristianos. Trabaja con un compañero para preparar un discurso sobre Jesús.

When Peter spoke to the crowd, the people understood him in their different languages. They asked him what they should do. Peter replied, "Repent and be baptized, every one of you, in the name of Jesus Christ for the forgiveness of your sins; and you will receive the gift of the holy Spirit." (Acts of the Apostles 2:38) Many people accepted this message, and about three thousand people were baptized that day.

The day on which the Holy Spirit came to the Apostles is called **Pentecost**. The Holy Spirit comes to us, too. The Holy Spirit helps us to be brave followers of Jesus.

As Catholics...

The Apostles and the first disciples told the Good News of Jesus Christ to everyone. This is called *evangelization*. We are called to go out and evangelize, too. Our pope and bishops want each of us to be a part of the "new evangelization." This means that the Good News of Jesus makes as much of a difference today as it did in the time of the first disciples.

How were the disciples changed when the Holy Spirit came to them?

The Church begins on Pentecost.

On Pentecost, the disciples shared their Good News about Jesus with the people gathered around them. Soon, many people were baptized and received the Holy Spirit. This was the beginning of the Church. The **Church** is the community of people who are baptized and follow Jesus.

They listened to the teaching of the Apostles. They came together for prayer and for "the breaking of the bread" as Jesus and the Apostles did at the Last Supper. (Acts of the Apostles 2:42) They shared everything they owned with one another. They cared for those among them who were poor or in need. They treated everyone with love and respect.

Soon after the coming of the Holy Spirit, the Apostles and other disciples began to travel. They preached the Good News of Jesus to people in other places. Communities of new believers grew everywhere. Those people who were baptized began to be called **Christians**, because they were followers of Jesus Christ.

Imagine that you are one of the first Christians. Work with a partner to make a speech about following Jesus.

La primera Iglesia crece.

La Iglesia crecía y los que estaban en el poder empezaron a preocuparse porque muchas personas se hacían cristianas. Durante ese tiempo, el discípulo Esteban predicaba acerca de Jesús. El convirtió a muchos al cristianismo. Los enemigos de la Iglesia se enojaron mucho y apedrearon a muerte a Esteban.

Hecho de los Apóstoles 9:3–5

Saulo de Tarso era un hombre decidido a detener a los creyentes en Jesús. Un día Saulo viajaba por una calle y una brillante luz que venía del cielo lo envolvió. El cayó al suelo y escuchó una voz diciéndole: "Saulo, Saulo, ¿por qué me persigues?" Saulo quería saber quien le hablaba. Y escuchó: "Yo soy Jesús, el mismo a quien estás persiguiendo". (Hechos de los Apóstoles 9:4–5)

La vida de Saulo cambió para siempre. Tres días más tarde fue bautizado. Saulo, también conocido como Pablo, llegó a ser uno de los más grandes seguidores de Jesucristo en toda la historia.

Pablo hizo muchos viajes para construir comunidades cristianas en todo el mundo. Predicó y dio ejemplo de valor a muchos creyentes en Cristo. Su trabajo y el trabajo de muchos otros ayudó a la Iglesia a crecer. Personas de todas las razas, idiomas y nacionalidades creyeron en Cristo.

Respondemos

¿Como podemos mostrar a los demás en nuestro vecindario y a las familias de la parroquia que seguimos a Jesucristo?

Vocabulario

misión (pp 316)
ascensión (pp 315)
Pentecostés (pp 317)
Iglesia (pp 316)
cristianos (pp 315)

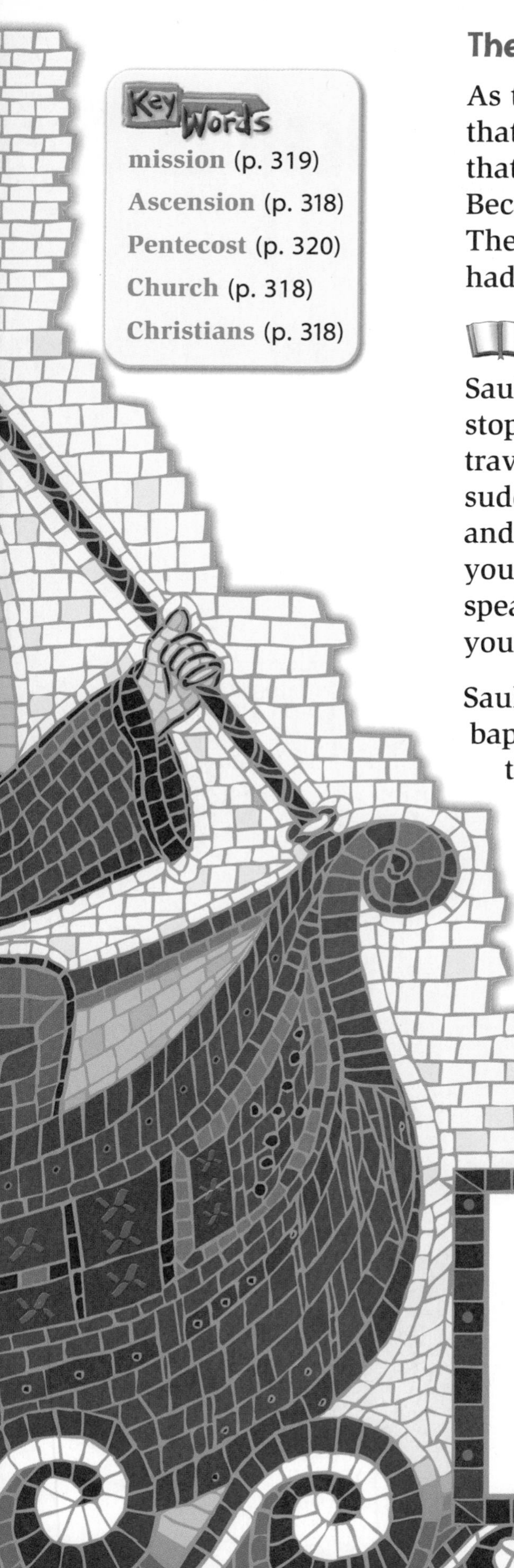

Key Words
mission (p. 319)
Ascension (p. 318)
Pentecost (p. 320)
Church (p. 318)
Christians (p. 318)

The early Church grows.

As the Church grew, people in power began to worry that too many people were becoming Christians. At that time the disciple Stephen preached about Jesus. Because of Stephen, many people became Christians. The enemies of the Church were very angry, and they had Stephen put to death.

Acts of the Apostles 9:3–5

Saul of Tarsus was one of the men determined to stop those who believed in Jesus. One day Saul was traveling along a road and a bright light from the sky suddenly flashed around him. He fell to the ground and heard a voice saying to him, "Saul, Saul, why are you persecuting me?" Saul wanted to know who was speaking to him. Then he heard, "I am Jesus, whom you are persecuting." (Acts of the Apostles 9:4, 5)

Saul's life changed forever. Three days later he was baptized. Saul, also known as Paul, became one of the greatest followers of Jesus Christ in history.

Paul made many trips to build up Christian communities throughout the world. His preaching and example encouraged many people to believe in Christ. His work and the work of many others helped the Church to grow. People of all races, languages, and nationalities came to believe in Jesus Christ.

WE RESPOND

How can we show the people in our neighborhood and parish family that we are followers of Jesus Christ?

HACIENDO DISCIPULOS

Muestra lo que sabes

Organiza las palabras de la columna A.
Aparea estas palabras con la clave en la columna B

	A		B
_____	**1.** raistniosc	__________	**a.** trabajo especial
_____	**2.** insacnoe	__________	**b.** regreso de Jesús al cielo
_____	**3.** snimio	__________	**c.** día en que el Espíritu Santo vino a los apóstoles
_____	**4.** noaeisnc	__________	**d.** comunidad de bautizados que siguen a Jesucristo
_____	**5.** gleslia	__________	**e.** bautizado que sigue a Jesucristo
_____	**6.** isdpislcuo	__________	
_____	**7.** etpescnoets	__________	

RETO PARA EL DISCIPULO Con las palabras que no se usaron en la columna A completa lo siguiente:

¿Cuál fue el trabajo especial de los apóstoles?

Hacer __________________ en todas las __________________.

La Iglesia proclama hoy la buena nueva de Jesús en toda la tierra y en todos los idiomas. No importa donde estés, el mensaje de Jesús siempre será el mismo.

PROJECT DISCIPLE

Show What you Know

Unscramble the words in column A.
Match these words with a clue in column B.

	A		B
______	**1.** TSCIHARNSI	______________	**a.** special job
______	**2.** INSATNO	______________	**b.** Jesus' returning to the Father in Heaven
______	**3.** SNIMSOI	______________	**c.** the day the Holy Spirit came upon the Apostles
______	**4.** NSOAEISNC	______________	**d.** community of people who are baptized and follow Jesus Christ
______	**5.** UHCRHC	______________	**e.** baptized people, followers of Jesus Christ
______	**6.** ISDEPISLC	______________	
______	**7.** ETPCNOETS	______________	

DISCIPLE CHALLENGE Use the unused words in column **A** to complete the following.

What was the Apostles' special job?

To make ______________ of all ______________.

Today the Church proclaims the Good News of Jesus everywhere on earth and in every language. No matter where you are, the message of Jesus will always be the same.

SPREAD THE WORD

HACIENDO DISCÍPULOS

Exprésalo

Piensa en lo que puede ayudar a un discípulo de Jesús a mantenerse sano, informado y acompañado en su peregrinaje. Llena la mochila con esas cosas.

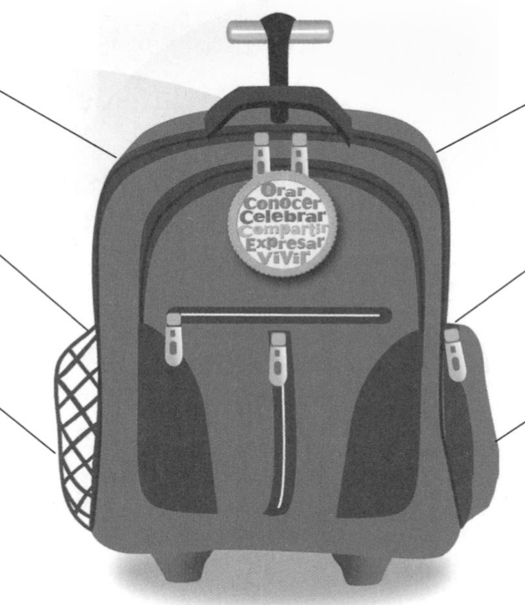

Hazlo

Comparte la buena nueva. Escribe un mensaje de texto diciendo a un amigo algo que aprendiste sobre tu fe en este capítulo.

Tarea

Piensa en un lugar en tu casa donde tu familia se puede reunir a rezar. Este será tu lugar de oración. ¿Cómo será?

PROJECT DISCIPLE

Picture This

Think about things that will help a disciple of Jesus stay healthy, keep the disciple informed, and lead the disciple on his or her journey of faith. Fill the backpack with these things.

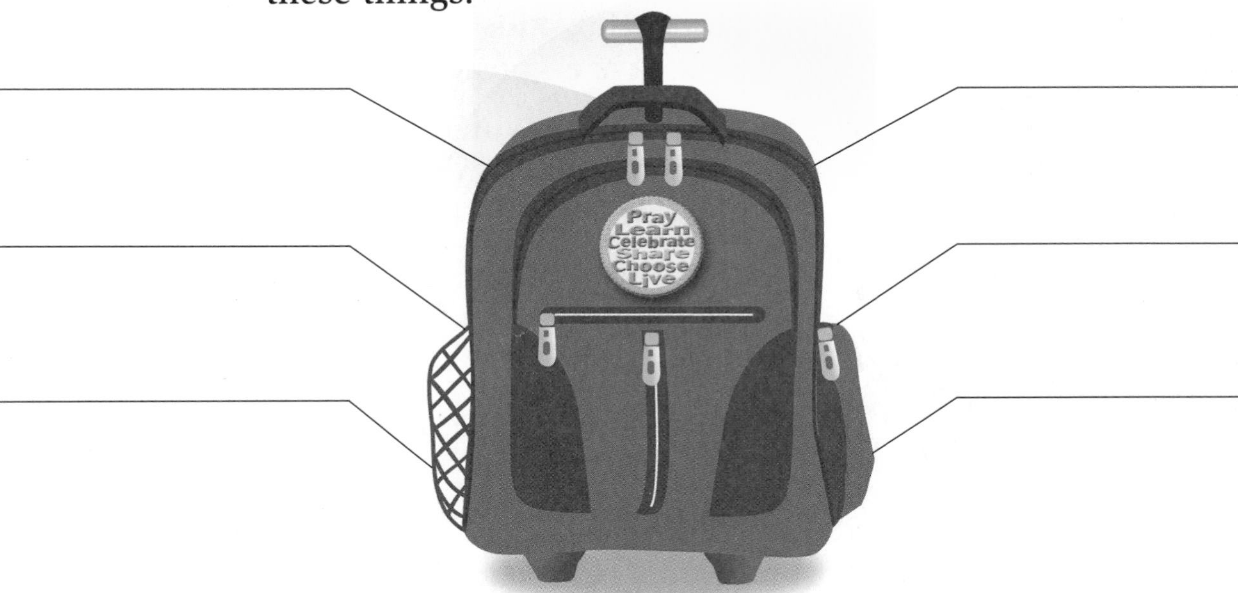

Make it Happen

Share the Good News! Write a text message to tell a friend something you learned about your faith in this chapter.

Take Home

Think of a place in your home where your family can gather to pray. This will be your prayer space. What will it look like?

Aprendemos sobre la Iglesia primitiva

NOS CONGREGAMOS

Líder: Hagamos un círculo para rezar. Siéntense en posición cómoda.

Aquiétense, aquiétense . . . aquiétense. Cierren los ojos. Ahora respirando, en silencio digan:

Jesús, Jesús, Jesús.

¿Has deseado ser el líder de un grupo?

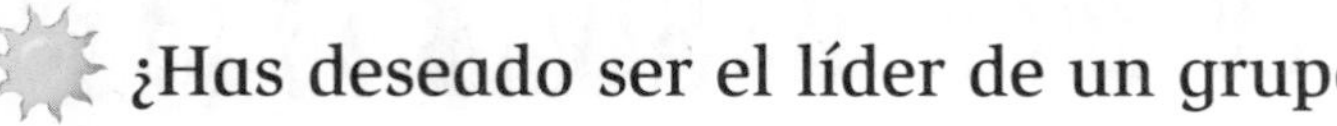

CREEMOS

Los apóstoles dirigieron la Iglesia.

Los apóstoles vivieron con Jesús durante tres años. Ellos sabían lo bueno y bondadoso que era. Ellos comieron y bebieron con él. Escucharon sus palabras todos los días. Lo vieron sanar enfermos y resucitar muertos.

Dondequiera que iban contaban a todo el mundo sobre Jesucristo. Ellos bautizaron a los que creyeron en Jesús. En cada lugar que visitaban los apóstoles, reunían a los nuevos cristianos. Así formaron la Iglesia. Como los apóstoles tenían que moverse para continuar el trabajo de Jesús, escogían líderes en cada lugar.

En el Nuevo Testamento hay un libro que nos cuenta la historia del trabajo de los apóstoles en los inicios de la Iglesia. Este libro es **Hechos de los apóstoles**. En el leemos que los primeros cristianos escucharon

We Learn About the Early Church

WE GATHER

✝ **Leader:** Let us gather in a prayer circle. Sit in a comfortable position.

Become still . . . still . . . still.
Close your eyes. Now, as you breathe out, whisper the name

Jesus, Jesus, Jesus.

Have you ever wanted to be a leader of a group or team?

WE BELIEVE

The Apostles led the Church.

The Apostles lived with Jesus for three years. They knew how kind and caring he was. They ate and drank with him. They heard his words every day. They saw him heal the sick and raise the dead.

Wherever they went, the Apostles began to tell everyone about Jesus Christ. They baptized all those who believed in Jesus. In each place that they visited, the Apostles gathered these new Christians together. This is how they formed the Church. The Apostles had to move on to continue the work of Jesus so they chose leaders in each place.

There is a wonderful book in the New Testament that tells the story of the work of the Apostles in the early Church. It is called the **Acts of the Apostles**. In that book, we read that the early Christians listened to the

las enseñanzas de los apóstoles y cuidaban uno del otro "Según las necesidades de cada uno". (Hechos de los apóstoles 2:45). La Iglesia creció porque los cristianos siguieron a Jesús, amándose y sirviéndose.

Nombra una forma en que los apóstoles fueron buenos líderes de la Iglesia.

Los discípulos de Jesús compartieron la buena nueva.

Los seguidores de Jesús querían que todo el mundo conociera la buena nueva de Jesucristo:

- Jesús es el Hijo de Dios. El vino al mundo y se hizo uno de nosotros para mostrarnos en persona el amor de Dios.
- Jesús es el Salvador del mundo. Todos hemos sido salvados por la vida, muerte y resurrección de Jesucristo.

Los que creyeron y aceptaron la buena nueva se bautizaron y se hicieron miembros de la Iglesia. Escucharon lo que los apóstoles decían de Jesús y sus enseñanzas. Se reunían a compartir la Eucaristía y "Lo que los apóstoles les enseñaban". (Hechos de los Apóstoles 2:42)

Otra palabra para "buena nueva" es evangelio. El **evangelio** es la buena nueva de que somos salvos por Jesucristo, el Hijo de Dios. Igual que los primeros discípulos somos llamados a compartir el evangelio.

Junto con un compañero, en una hoja de papel, escriban alguna buena nueva sobre Jesús que deseen compartir con alguien. Compartan la buena nueva con el grupo.

teachings of the Apostles and looked after one another "according to each one's need." (Acts of the Apostles 2:45) The Church grew because Christians followed Jesus, loving and serving one another.

Name one way the Apostles were good leaders of the Church.

The disciples of Jesus share the Good News.

The followers of Jesus wanted everyone they met to know the Good News of Jesus Christ:

- Jesus is the Son of God. He came into the world to become one of us and show us, in person, the love of God.
- Jesus is the Savior of the whole world. All of us have been saved by the life, Death, and Resurrection of Jesus Christ.

Those who believed and accepted the Good News were baptized and became members of the Church. They listened to what the Apostles told them about Jesus and his teachings. They gathered together to share the Eucharist and "devoted themselves to the teaching of the apostles." (Acts of the Apostles 2:42)

Another word for "good news" is *gospel*. The **Gospel** is the Good News that we are saved by Jesus Christ, the Son of God. Like the first disciples, we are called to share the Gospel.

Work with a partner. On a strip of paper, write some Good News about Jesus that you wish to share with someone. Gather in a circle and share your Good News.

Como católicos...

En griego, la palabra *pez, ichthus*, está formada de las primeras letras de "Jesús y Cristo", "Hijo de Dios" y "Salvador". El pez fue un símbolo importante para los primeros cristianos. Ponían este símbolo en las paredes de los lugares donde se reunían a celebrar su fe. También lo usaban para marcar los lugares donde eran enterrados los cristianos. Como era un símbolo que los romanos no usaban, los cristianos se sentían seguros usándolo. El símbolo era usado para el nombre y la buena nueva de Jesucristo.

Los seguidores de Jesús defendieron su fe.

La Iglesia empezó en un tiempo en que muchos países estaban bajo el Imperio Romano. Los romanos querían que todo el mundo adorara sus falsos dioses. Los cristianos adoraban a un solo y verdadero Dios. Muchos romanos pensaron que los cristianos eran una amenaza para el poder del emperador. Los cristianos fueron forzados a adorar a los dioses romanos o enfrentar la muerte.

Los líderes romanos trataron de hacer que los cristianos renegaran de su fe en Jesucristo. Muchos cristianos fueron apresados por no renegar. Algunos cristianos murieron por su fe. Llamamos **mártires** a los que mueren por su fe.

Nombra a alguien que conoces y que defiende su fe. Reza por esa persona.

____

Muchos de nuestros antepasados en la fe fueron ejemplos de santidad.

Millones de cristianos han vivido antes que nosotros. Ellos son nuestros antepasados en la fe. Porque vivieron vidas santas la Iglesia llama santos a algunos de ellos.

Santas Perpetua y Felícita fueron dos ejemplos de santidad. Ambas se hicieron cristianas en los inicios de la Iglesia. Fueron arrestadas y tratadas brutalmente por los guardias. Ambas se negaron a adorar dioses romanos. Siguieron creyendo en Jesús aun cuando fueron sentenciadas a muerte.

The followers of Jesus stood up for their faith.

The Church began at a time when many countries were part of the Roman Empire. The Romans wanted everyone to worship their false gods. But the Christians would worship only the one, true God. Many Romans thought the Christians were a threat to the emperor's power. Soon the Christians were forced to worship Roman gods or face death.

The Roman leaders tried to make the Christians give up their faith in Jesus Christ. Many Christians were put in prison because they would not. Some Christians even died for their faith. We call people who die for their faith **martyrs**.

Name someone you know who stands up for his or her faith. Pray for that person.

____

As Catholics...

In Greek the word *fish, ichthus*, is made up of the first letters of "Jesus Christ," "Son of God," and "Savior." The fish was an important sign for the early Christians. They put this sign on the walls of places where they gathered to celebrate their faith. They also used it to mark the places where Christians were buried. Because it was a sign that the Romans did not use, Christians felt safe in using it. This simple sign stood for both the name and Good News of Jesus Christ.

Many of our ancestors in faith are examples of holiness.

Millions of Christians have lived before us. They are our ancestors in faith. Because of their holy lives the Church calls some of them saints.

Saints Perpetua and Felicity are two examples of holiness. Both of them were preparing to become Christians in the early years of the Church. Because of this they were arrested and treated terribly by the guards. Yet they both refused to worship Roman gods. They continued to believe in Jesus even when they were put to death.

Benozzo Gozzoli (1420–1497), San Agustín

San Agustín vivió en el norte de Africa. Cuando joven era muy popular. Estaba tan ocupado gozando que no tenía tiempo para Dios. Según maduraba se dio cuenta de que su vida no tenía sentido.

Agustín se dio cuenta de que Dios podía dar sentido a su vida. Empezó a cambiar. Su amor y necesidad de Dios siguió creciendo. Agustín llegó a ser obispo y un gran escritor.

Aunque estos santos vivieron hace muchos años, la llamada a la santidad es la misma hoy día.

Hechos de los apóstoles (pp 316)

evangelio (pp 315)

mártires (pp 316)

RESPONDEMOS

Encuentra y encierra en un círculo las siguientes palabras:

Jesús	servir
rezar	justos
cantar	leales

J U S T O S M J
X S E R V I R E
W C A N T A R S
R E Z A R K L U
N Y L E A L E S

¿Cómo puedes imitar a lo santos?

Saint Augustine lived in North Africa. He was very popular when he was young. He was so busy enjoying himself that he never had time to think about God. As he grew older, he began to feel that his life had no meaning.

Augustine realized that God could give his life meaning. Augustine began to change. His love and need for God continued to grow. Augustine became a bishop and one of the Church's great writers.

These saints may have lived years ago, but their call to be holy is the same as ours is today.

Saints Perpetua and Felicity (mosaic, sixth century)

Acts of the Apostles (p. 318)

Gospel (p. 319)

martyrs (p. 319)

WE RESPOND

Find and circle the following words:

Jesus	help
worship	fair
pray	just

F	A	I	R	J	U	S	T
H	E	L	P	E	X	O	H
A	W	O	R	S	H	I	P
I	T	S	A	U	M	N	D
R	G	O	Y	S	R	U	O

How can we follow the saints?

HACIENDO DISCÍPULOS

Muestra lo que sabes

Empezando con la primera letra, tacha una letra sí y otra no para encontrar la palabra del Vocabulario de cada oración.

O H U E Y C J H L O R S R D J E B L K O P S U A K P R O R S I T F O D L M E M S

_____________________ es el libro de la Biblia que narra la historia del trabajo de los apóstoles en los inicios de la Iglesia.

N E P V K A K N B G W E D L T I D O

_____________________ es la buena nueva de que somos salvos por Jesucristo, el Hijo de Dios.

P M B A V R W T X I K R P E O S

_____________________ son personas que mueren por su fe.

Consulta

Imagina que se te pide entrevistar a uno de los primeros cristianos. Pregúntale cómo se siente el ser discípulo de Jesús en tiempos difíciles. Después escenifica tu entrevista.

PROJECT DISCIPLE

Show What you Know

Starting with the first letter, cross out (X) every other letter to find the Key Word for each sentence.

S A E C L T R S L O E F H T S H T E C A S P A O E S L T E L T E P S A

________________________ is the book in the Bible that tells the story of the work of the Apostles in the early Church.

L G E O P S G P O E S L G

________________________ is the Good News that we are saved by Jesus Christ, the Son of God.

S M R A Y R A T M Y A R T S Y

________________________ are people who die for their faith.

Imagine you were asked to interview one of the early Christians. Ask this person what it was like to be a disciple of Jesus during such difficult times. Then act out your interview.

HACIENDO DISCÍPULOS

Exprésalo

El pez era un signo importante para los primeros cristianos. Significaba el nombre y la buena nueva de Jesucristo. Decora el cartel para celebrar tu fe en Jesucristo.

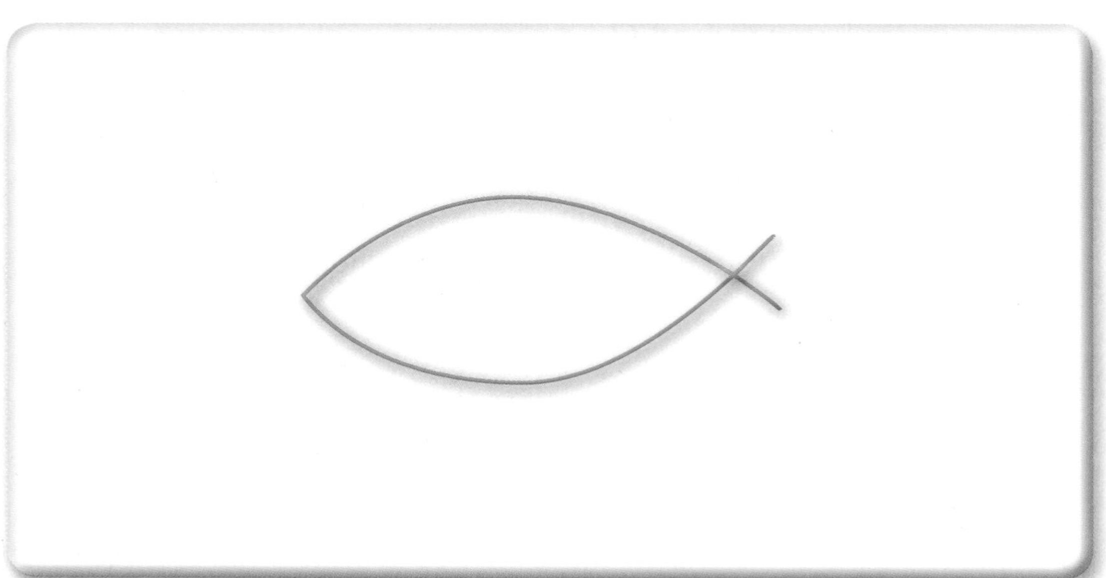

Celebra

La Iglesia celebra la fiesta de Todos los santos el 1 de noviembre. En ese día, la Iglesia recuerda a todos los santos que celebran la vida con Dios en el cielo. Escribe una oración de alabanza a Dios por los santos. Asegúrate de rezar por el santo que se celebra hoy.

____

____

____

____

Tarea

Junto con tu familia visiten *Vidas de santos* en **www.creemosweb.com**. Tomen tiempo este mes para aprender más sobre un santo cada semana. Recen por esos santos durante las comidas.

PROJECT DISCIPLE

Picture This

The fish was an important sign for the early Christians. It stood for both the name and the Good News of Jesus Christ. Decorate the poster to celebrate your faith in Jesus Christ.

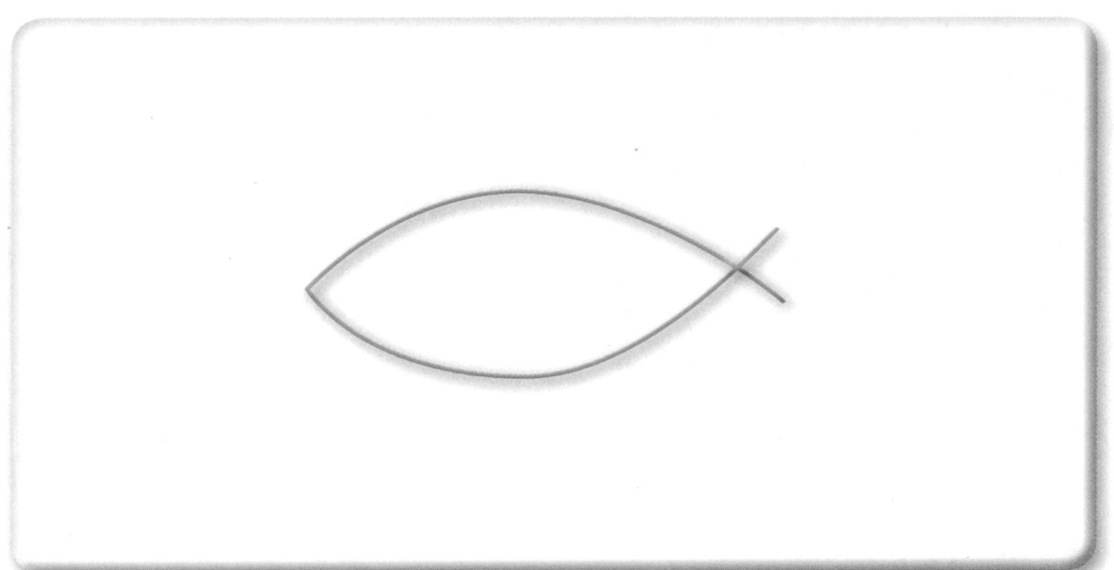

Celebrate!

The Church celebrates the Feast of All Saints on November 1. On this day, the Church remembers all the saints who are already celebrating God's life and love in Heaven. Write your own prayer of praise for all the holy men and women who have gone before us. Be sure to pray your prayer on All Saints' Day.

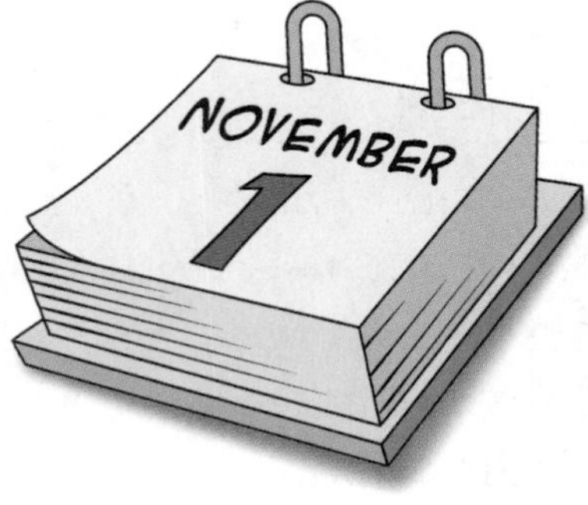

____

____

____

____

Take Home

With your family, visit *Lives of the Saints* on **www.webelieveweb.com**. Take time this month to learn about a saint each week. Pray to these saints at family meals.

El año litúrgico

El año litúrgico celebra a Jesús.

NOS CONGREGAMOS

¿Qué días de fiesta celebras con tu familia durante el año? ¿Qué días de fiesta celebras? Nombra algunos de tu días preferidos para celebrar.

CREEMOS

Durante el año nos reunimos para alabar y dar gracias a Dios por todos sus regalos. Recordamos y celebramos las cosas que hizo Jesús por nosotros. Los tiempos del año litúrgico nos ayudan a crecer como seguidores de Jesús. Los tiempos nos ayudan a crecer en la fe.

"¡Hosanna!
Bendito el que viene
en el nombre del Señor!"

Marcos 11:9

The Church Year

Advent | Christmas | Ordinary Time | Lent | Three Days | Easter | Ordinary Time

The Church year celebrates Jesus.

WE GATHER

What holidays do you and your family celebrate during the year? What holy days do you celebrate? Name some of your favorite days of celebration.

WE BELIEVE

All during the year, we gather to praise and thank God for his many gifts. We remember and celebrate the amazing things Jesus did for us. The seasons of the Church year help us to grow as followers of Jesus. The seasons help us to grow in faith.

"Hosanna!
Blessed is he who comes in
the name of the Lord!"

Mark 11:9

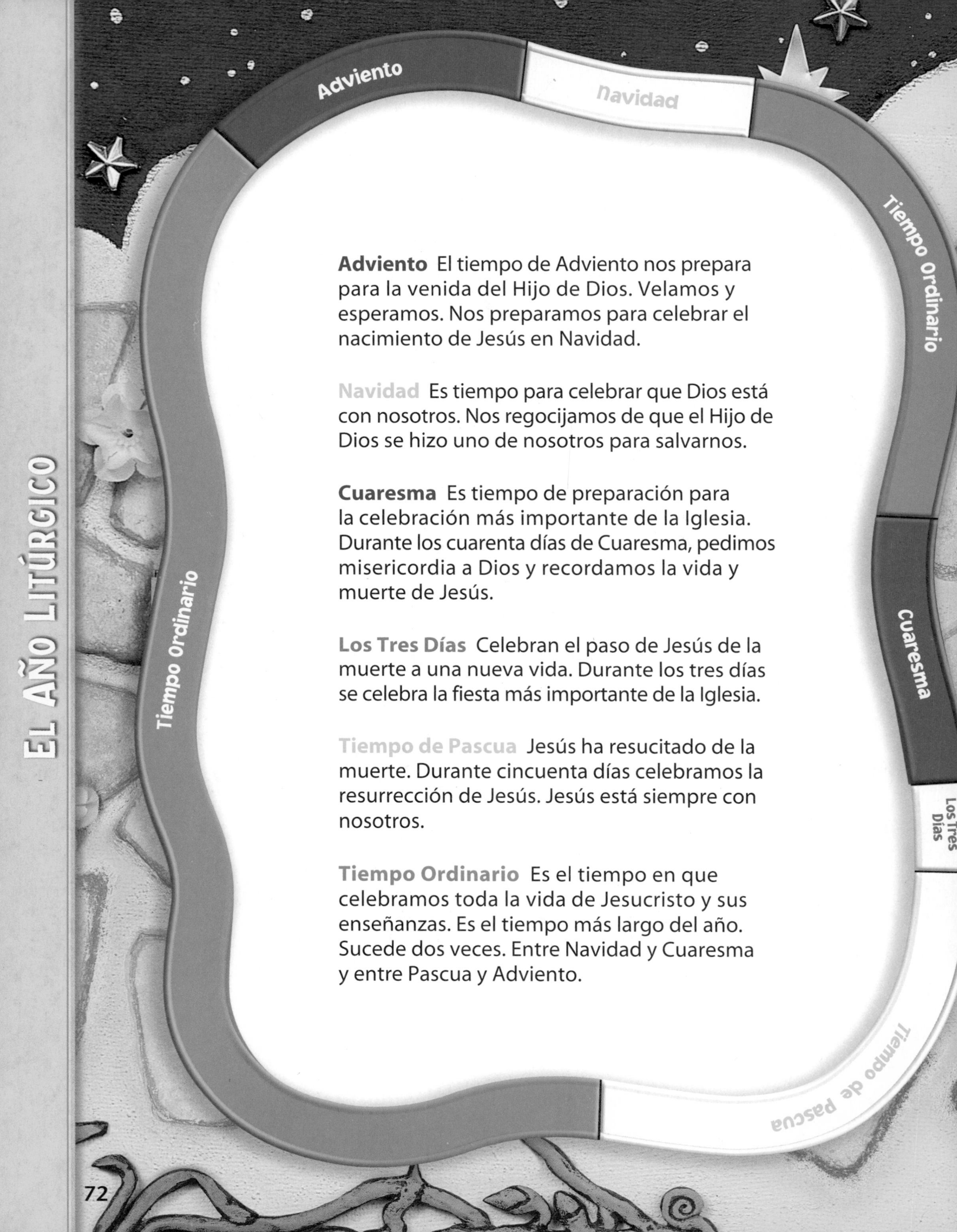

Adviento El tiempo de Adviento nos prepara para la venida del Hijo de Dios. Velamos y esperamos. Nos preparamos para celebrar el nacimiento de Jesús en Navidad.

Navidad Es tiempo para celebrar que Dios está con nosotros. Nos regocijamos de que el Hijo de Dios se hizo uno de nosotros para salvarnos.

Cuaresma Es tiempo de preparación para la celebración más importante de la Iglesia. Durante los cuarenta días de Cuaresma, pedimos misericordia a Dios y recordamos la vida y muerte de Jesús.

Los Tres Días Celebran el paso de Jesús de la muerte a una nueva vida. Durante los tres días se celebra la fiesta más importante de la Iglesia.

Tiempo de Pascua Jesús ha resucitado de la muerte. Durante cincuenta días celebramos la resurrección de Jesús. Jesús está siempre con nosotros.

Tiempo Ordinario Es el tiempo en que celebramos toda la vida de Jesucristo y sus enseñanzas. Es el tiempo más largo del año. Sucede dos veces. Entre Navidad y Cuaresma y entre Pascua y Adviento.

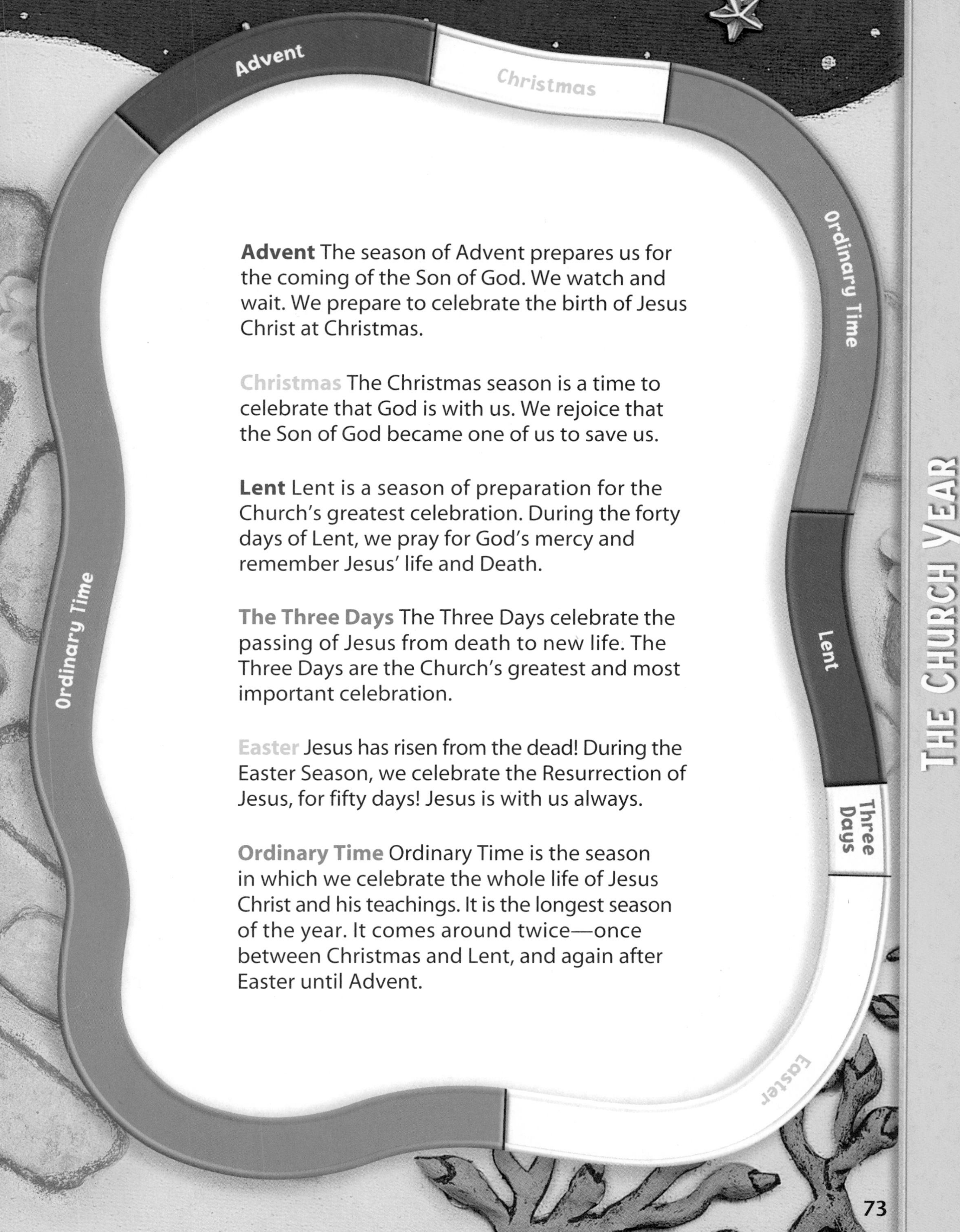

Advent The season of Advent prepares us for the coming of the Son of God. We watch and wait. We prepare to celebrate the birth of Jesus Christ at Christmas.

Christmas The Christmas season is a time to celebrate that God is with us. We rejoice that the Son of God became one of us to save us.

Lent Lent is a season of preparation for the Church's greatest celebration. During the forty days of Lent, we pray for God's mercy and remember Jesus' life and Death.

The Three Days The Three Days celebrate the passing of Jesus from death to new life. The Three Days are the Church's greatest and most important celebration.

Easter Jesus has risen from the dead! During the Easter Season, we celebrate the Resurrection of Jesus, for fifty days! Jesus is with us always.

Ordinary Time Ordinary Time is the season in which we celebrate the whole life of Jesus Christ and his teachings. It is the longest season of the year. It comes around twice—once between Christmas and Lent, and again after Easter until Advent.

RESPONDEMOS

Mira el año litúrgico en la página 72. Después escribe tu respuesta a esta pregunta.

¿Cuál es el tiempo más corto del año litúrgico y cuál el más largo?

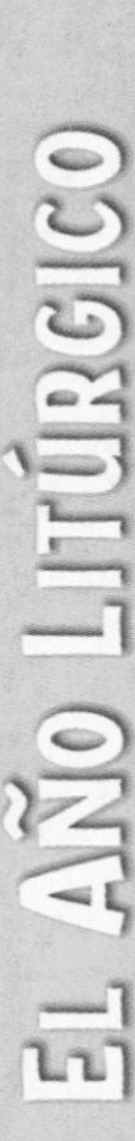

Respondemos en oración

Líder: Bendito sea el nombre del Señor.

Todos: Ahora y siempre.

Lector: Lectura del Evangelio de Mateo:

Jesús dijo: "Yo estaré con ustedes todos los días, hasta el fin del mundo". (Mateo 28:20)

Palabra del Señor.

Todos: Gloria a ti, Señor Jesús.

Líder: Gloria al Padre, y al Hijo, y al Espíritu Santo.

Todos: Ahora y siempre. Amén.

Cristo está conmigo

Cristo está conmigo
junto a mí va el Señor,
me acompaña siempre
en mi vida hasta el fin.

WE RESPOND

Look at the Church year time line on page 73. Then write the answers to these questions.

What is the shortest season of the year?
What is the longest season of the year?

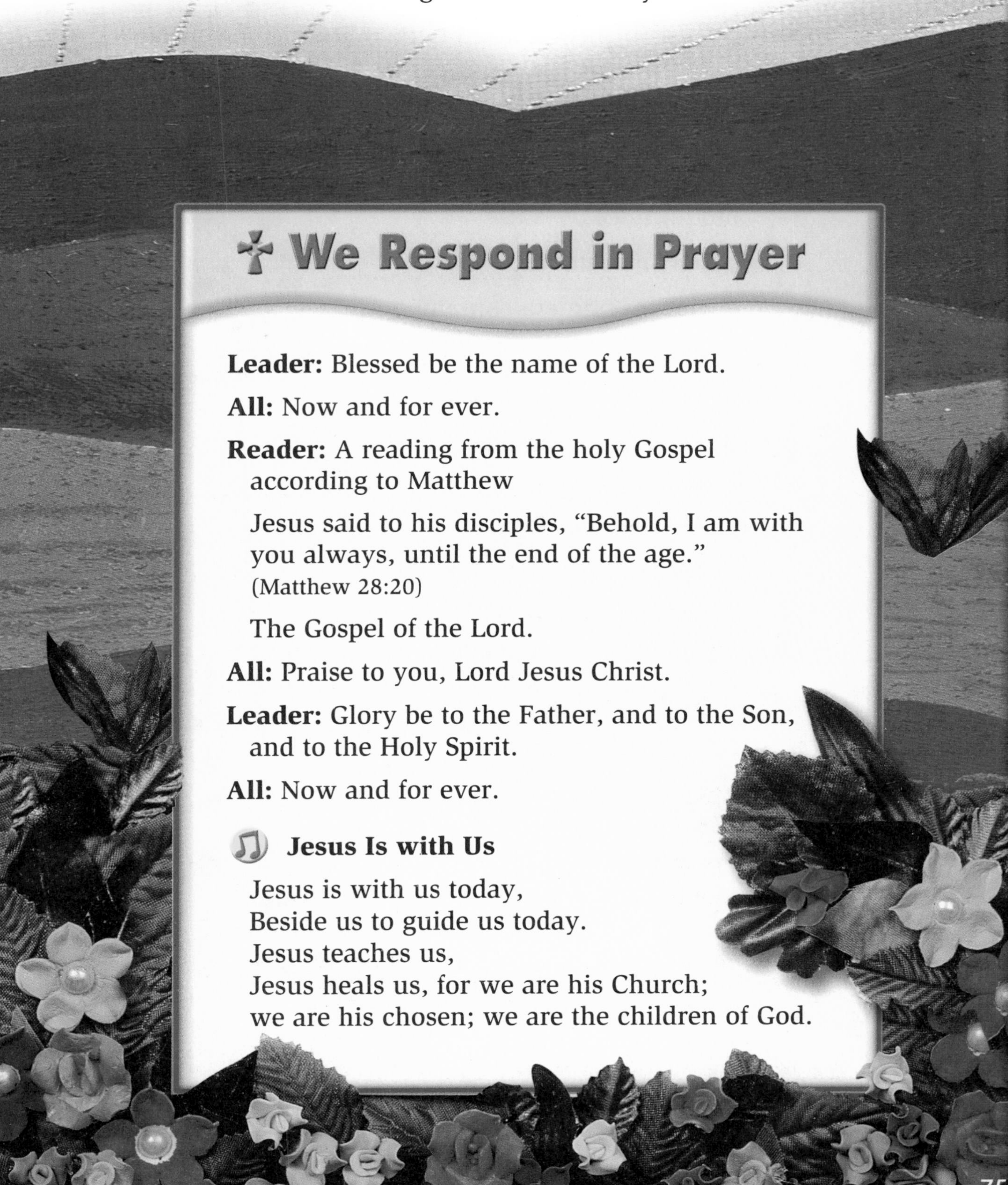

We Respond in Prayer

Leader: Blessed be the name of the Lord.

All: Now and for ever.

Reader: A reading from the holy Gospel according to Matthew

Jesus said to his disciples, "Behold, I am with you always, until the end of the age." (Matthew 28:20)

The Gospel of the Lord.

All: Praise to you, Lord Jesus Christ.

Leader: Glory be to the Father, and to the Son, and to the Holy Spirit.

All: Now and for ever.

Jesus Is with Us

Jesus is with us today,
Beside us to guide us today.
Jesus teaches us,
Jesus heals us, for we are his Church;
we are his chosen; we are the children of God.

HACIENDO DISCIPULOS

¿Cuál es tu tiempo litúrgico favorito?
Compártelo.

¿De qué forma creciste el pasado año litúrgico?

❏ Crecí en estatura.

❏ Hice mi primera comunión.

❏ Me nació un hermanito/a.

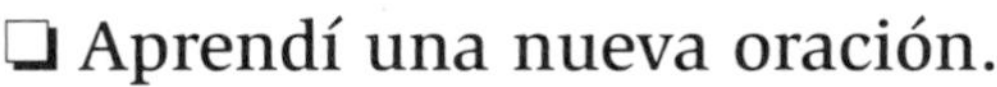
❏ Aprendí una nueva oración.

❏ Hice nuevos amigos.

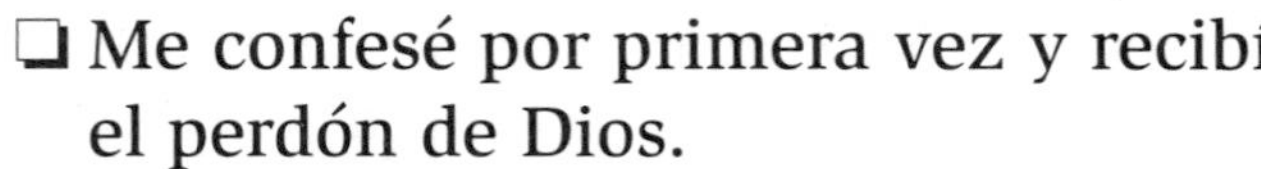
❏ Me confesé por primera vez y recibí el perdón de Dios.

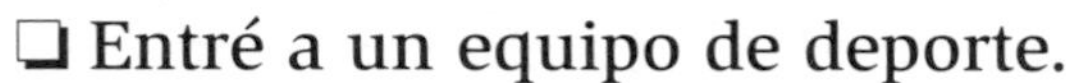
❏ Entré a un equipo de deporte.

❏ Aprendí algo nuevo sobre mi fe.

❏ Encontré un nuevo programa de TV.

❏ Tengo una mascota.

❏ Leí un buen libro.

Tarea

Este año, ¿en que tiempo litúrgico caen estos eventos de la familia?

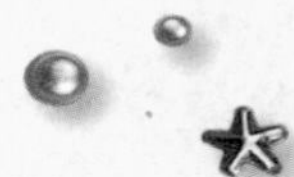

Evento	Tiempo litúrgico
Mi cumpleaños ______________	______________
El primer día de clases ______________	______________
El día de fiesta favorito de la familia ______________	______________

PROJECT DISCIPLE

Which is your favorite Church season?

Now, pass it on!

What are ways you have grown during the past Church year?

- ❑ I have grown taller.
- ❑ I received my First Holy Communion.
- ❑ I have a new baby brother or sister.
- ❑ I learned a new prayer.
- ❑ I made a new friend.
- ❑ I received God's forgiveness in the Sacrament of Penance for the first time.
- ❑ I joined a sports team.
- ❑ I learned something about my faith.
- ❑ I have a new favorite TV show.
- ❑ I have a new pet.
- ❑ I read a good book.

This year, in what season of the Church year do these family events fall?

Family Event	Season of the Church Year
My birthday ______________	______________
First day of school ______________	______________
My family's favorite holiday ______________	______________

Tiempo Ordinario

Adviento | Navidad | Tiempo Ordinario | Cuaresma | Tres Días | Tiempo de Pascua | Tiempo Ordinario

Durante el Tiempo Ordinario celebramos la vida y las enseñanzas de Jesucristo.

NOS CONGREGAMOS

¿Recuerdas los nombres de los tiempos del año litúrgico?

¿Cuál está celebrando la Iglesia ahora?

CREEMOS

El Tiempo Ordinario es un tiempo especial en la Iglesia. Durante este tiempo, celebramos todo sobre Jesús. Escuchamos sobre sus enseñanzas, su amor y su perdón. También aprendemos a seguirlo.

"Señor, es bueno darte gracias".

Salmo responsorial, octavo domingo del Tiempo Ordinario

Ordinary Time

Advent Christmas Ordinary Time Lent Three Days Easter Ordinary Time

In Ordinary Time, we celebrate the life and teachings of Jesus Christ.

WE GATHER

Can you remember the names of all the seasons in the Church year?

Which season is the Church in right now?

WE BELIEVE

Ordinary Time is a special time in the Church. During this season, we celebrate everything about Jesus! We hear about his teaching, his love, and his forgiveness. We also learn to be his followers.

"Lord, it is good to give thanks to you."

Responsorial Psalm, Eighth Sunday in Ordinary Time

El Tiempo Ordinario es el más largo del año litúrgico. Tiene treinta y tres o treinta y cuatro semanas. Es llamado Tiempo Ordinario porque las semanas están en orden, numeradas. Por ejemplo: el primer domingo del Tiempo Ordinario es seguido por el segundo domingo del Tiempo Ordinario y así sucesivamente.

Durante el Tiempo Ordinario el sacerdote viste de verde. El verde es señal de nueva vida y esperanza.

Durante el Tiempo Ordinario aprendemos sobre Jesús y sus enseñanzas escuchando las lecturas de la Escritura. Algunas veces escuchamos eventos de la vida de Jesús. Algunas veces escuchamos historias que él contó.

Juntos hagan una lista de los eventos en la vida de Jesús y una lista de historias contadas por él.

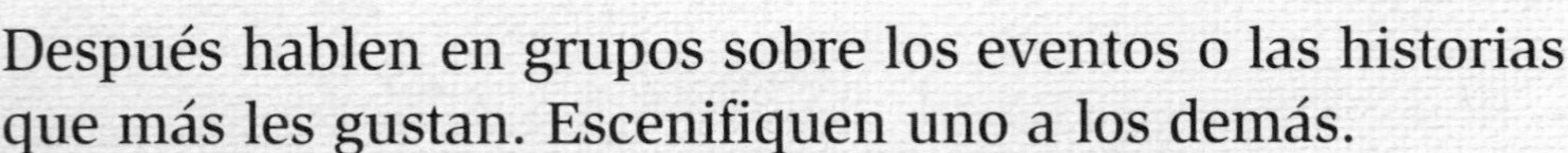

Después hablen en grupos sobre los eventos o las historias que más les gustan. Escenifiquen uno a los demás.

Durante el Tiempo Ordinario, aprendemos más sobre Jesús y sus enseñanzas para parecernos más a él. Por medio de los sacramentos compartimos su vida. Seguimos su ejemplo rezando, amando a los demás y trabajando por la justicia y la paz.

Ordinary Time is the longest season of the Church year. It lasts about thirty-three or thirty-four weeks. It is called Ordinary Time because the weeks are "ordered," or named in number order. For example, the First Sunday in Ordinary Time is followed by the Second Sunday in Ordinary Time, and so on.

On the Sundays of Ordinary Time, and on the weekdays, too, the priest wears green vestments. Green is a sign of new life and hope.

On Sundays and weekdays in Ordinary Time, we learn about Jesus and his teachings by listening to the Scripture readings. Sometimes we hear events in the life of Jesus. Sometimes we hear a story Jesus told.

Together make a list of events in the life of Jesus and a list of stories he told. In groups talk about your favorite events or stories. Act out one for the rest of the class.

__________ __________ __________ __________

During Ordinary Time, we learn more about Jesus and his teachings so that we can become more like him. Through the sacraments we share in his life. And we follow his example by praying, loving others, and working for justice and peace.

RESPONDEMOS

Los eventos en las vidas de los santos nos muestran como parecernos a Jesús. Durante el Tiempo Ordinario la Iglesia celebra muchas fiestas y recuerda las santas vidas de los santos. He aquí dos fiestas que la Iglesia celebra en septiembre:

San Pedro Claver (9 de septiembre)

San Pedro Claver nació en España. Se ordenó sacerdote jesuita. Fue enviado a Sur América. Ahí ayudó a los esclavos que llegaban de Africa.

Exaltación de la Santa Cruz
(14 de septiembre)

En esta fiesta celebramos la cruz de Jesucristo como señal de victoria. Somos signados en el Bautismo. Empezamos y terminamos nuestras oraciones con la señal de la cruz. Esta es signo del amor de Jesús.

✝ Respondemos en oración

Líder: Vamos a rezar en honor a la santa cruz de Jesús. Mientras cantamos un himno de gozo y victoria vamos a ir en procesión a nuestro lugar de oración.

♫ Cantaré alabanzas al Señor

Cantaré alabanzas al Señor,
cantaré, cantaré.

Toda la vida yo cantaré, cantaré.
Cantaré alabanzas al Señor.

Lector: "La gracia del Señor Jesucristo, el amor de Dios y la presencia constante del Espíritu Santo estén con todos ustedes".
(2 Corintios 13:14)

Todos: Amén.

Gozo

Gloria

WE RESPOND

The events in the lives of the saints show us how to become more like Jesus, too. During Ordinary Time, the Church celebrates many feasts and remembers the holy lives of the saints. Here are two feasts the Church celebrates in September.

The Feast of Saint Peter Claver (September 9)

Saint Peter Claver was born in Spain. He became a priest of the Society of Jesus. He was sent to South America. There he helped the slaves who were arriving on ships from Africa each day.

The Feast of the Exaltation of the Holy Cross (September 14)

On this feast, we celebrate the cross of Jesus Christ as a sign of victory. We are signed with the cross in Baptism. We begin and end our prayers with the Sign of the Cross. It is a sign of Jesus' love for us.

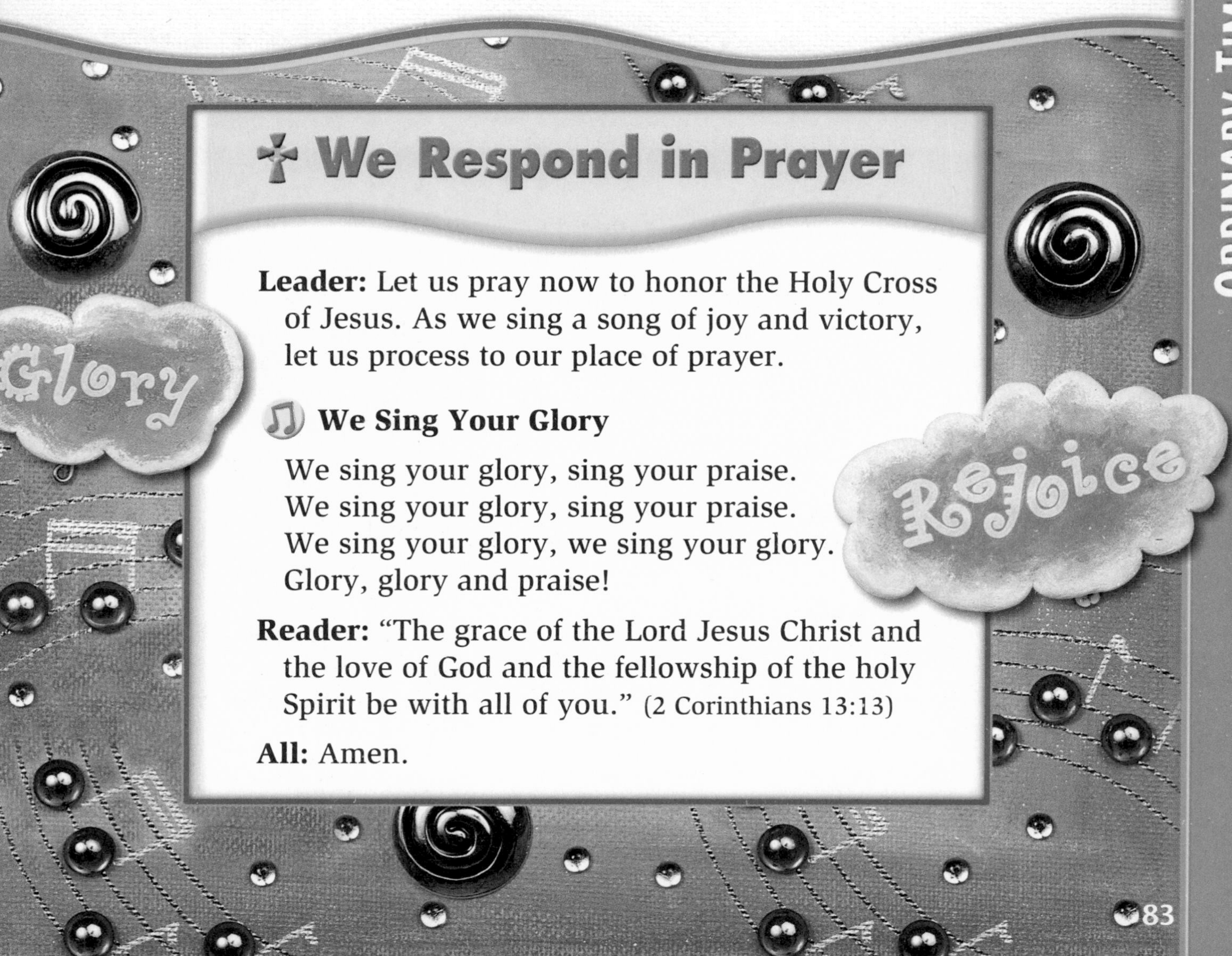

✝ We Respond in Prayer

Leader: Let us pray now to honor the Holy Cross of Jesus. As we sing a song of joy and victory, let us process to our place of prayer.

♫ **We Sing Your Glory**

We sing your glory, sing your praise.
We sing your glory, sing your praise.
We sing your glory, we sing your glory.
Glory, glory and praise!

Reader: "The grace of the Lord Jesus Christ and the love of God and the fellowship of the holy Spirit be with all of you." (2 Corinthians 13:13)

All: Amen.

HACIENDO DISCÍPULOS

Exprésalo

Durante el Tiempo Ordinario la Iglesia celebra la vida y las enseñanzas de Jesús. Dibuja una historia bíblica sobre Jesús.

Reza

Jesús nos pide ser signos de esperanza para los demás. Reza esta oración cada día esta semana.

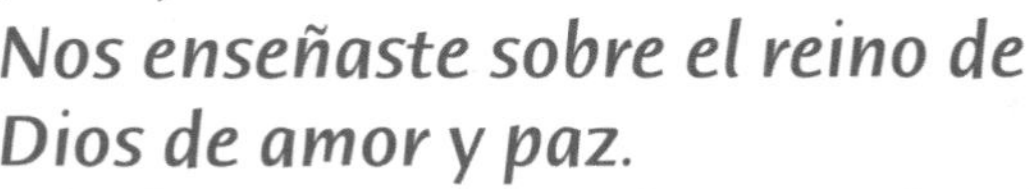

Jesús,
Nos enseñaste sobre el reino de Dios de amor y paz.
Ayúdame a ver hoy las señales de esperanza del reino de Dios.
Recuérdame mostrar amor por los demás a pesar del cansancio y la ocupación.
Déjame ser un signo de esperanza para todo aquel con quien me encuentre.
Lo pido en tu santo nombre.
Amén.

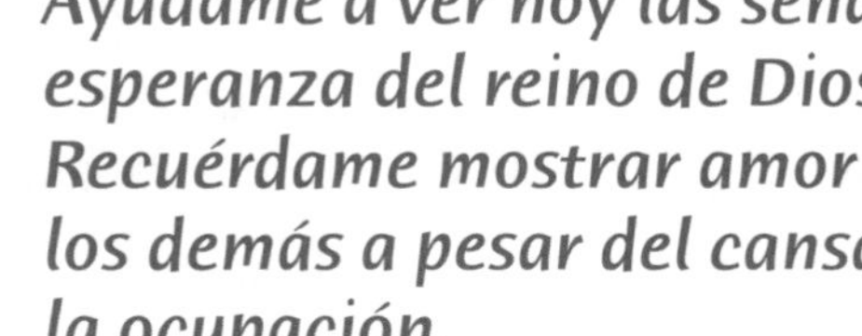

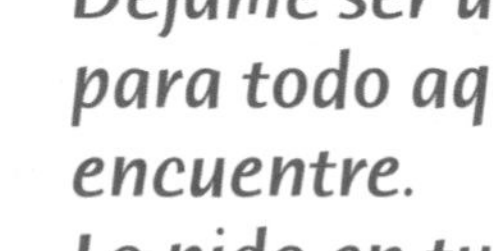

Compártelo.

Tarea

Durante el Tiempo Ordinario celebramos a Jesús, especialmente su amor y perdón. Diseña un aviso para pegar en el carro que anime a las familias a amar y a perdonar.

Usalo para empezar una conversación con tu familia. Conversen sobre las formas en que las familias pueden amar y perdonar más.

PROJECT DISCIPLE

During Ordinary Time the Church celebrates the life and teachings of Jesus. Draw a story about Jesus from the Bible.

Jesus asks us to be a sign of hope to others. Pray this prayer each day this week.

Jesus,
You taught about God's kingdom of love and peace.
Help me to watch for hopeful signs of that kingdom today.
Remind me to show my love for others even when I am tired or busy.
Let me be a sign of your hope to each person I meet.
I pray this in your holy name.
Amen.

Now, pass it on!

During the season of Ordinary Time, we celebrate everything about Jesus, especially his love and forgiveness. Make a bumper sticker that encourages families to love and forgive.

Use the bumper sticker to start a conversation with your family. Talk about the ways families can be more loving and forgiving.

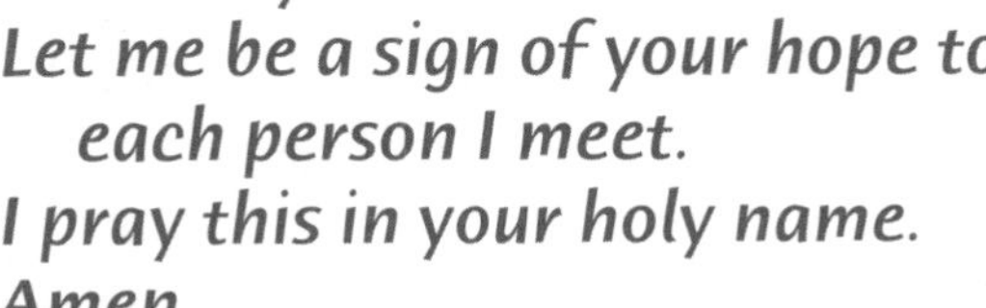

La Iglesia tiene cuatro características

NOS CONGREGAMOS

✝ **Líder:** Jesús habló a los que le seguían. También nos habla a nosotros. Vamos a escuchar sus palabras.

Lector: “Yo soy la luz del mundo”. (Juan 8:12)

¿Me seguirás?

Todos: Sí, Jesús, te seguiremos.

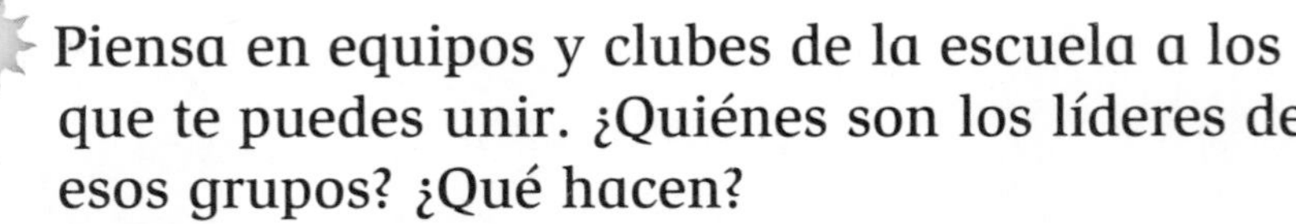

Piensa en equipos y clubes de la escuela a los que te puedes unir. ¿Quiénes son los líderes de esos grupos? ¿Qué hacen?

CREEMOS

Jesús escogió a los apóstoles para dirigir la Iglesia.

Uno de los apóstoles de Jesús se llamaba Simón. Jesús le cambió el nombre a Simón por el de Pedro, que quiere decir “roca”. Jesús escogió a Pedro para ser el líder de los apóstoles. El le dijo a Pedro: “Tú eres Pedro, y sobre esta piedra voy a construir mi iglesia”. (Mateo 16:18)

Los apóstoles eran Pedro, Andrés, Santiago y Juan (hijos de Zebedeo), Felipe, Bartolomé, Tomás, Mateo, Santiago (el hijo de Alfeo), Tadeo, Simón, y Judas Iscariote. Más tarde Matías tomó el lugar de Judas.

The Church Has Four Marks

8

✝ **Leader:** Jesus spoke to the crowds that followed him. He speaks to each of us, too. Let us listen to his words.

Reader: "I am the light of the world." (John 8:12)

Will you follow me?

All: Yes, Jesus, we will follow you.

Think about the school teams or clubs that you can join. Who are the leaders of these groups? What do they do?

WE BELIEVE

Jesus chose the Apostles to lead the Church.

One of Jesus' Apostles was named Simon. Jesus changed Simon's name to Peter, which means "rock." Jesus chose Peter to be the leader of the Apostles. He told Peter, "You are Peter, and upon this rock I will build my church." (Matthew 16:18)

The Apostles are Peter, Andrew, James and John (sons of Zebedee), Philip, Bartholomew, Thomas, Matthew, James (the son of Alphaeus), Thaddeus, Simon, and Judas Iscariot. Later Matthias took the place of Judas.

Después que Jesús ascendió al cielo, los apóstoles contaron a la gente todo lo que Jesús hizo y dijo. Ellos viajaron de lugar en lugar enseñando lo que Jesús les había enseñado.

En cada sitio que los apóstoles se reunían, bautizaban. La Iglesia creció y los primeros miembros vieron a Pedro y a los apóstoles como sus líderes.

¿Cómo contarás a la gente lo que sabes de Jesús?

El papa y los obispos son los sucesores de los apóstoles.

Igual que hizo Jesús, los apóstoles escogieron líderes para que los sucedieran. *Sucesor* es quien sigue en el lugar de otro, o toma su lugar. Estos nuevos líderes continuarían el trabajo de los apóstoles.

Los apóstoles les dieron a esos líderes la autoridad que Jesús les había dado a ellos. Fortalecidos por el Espíritu Santo, esos líderes sucedieron a los apóstoles.

Con el paso del tiempo a cada uno de esos líderes se les dio el título de obispo. **Obispos** son los sucesores de los apóstoles. Los obispos continúan dirigiendo la Iglesia. Ellos dirigen áreas locales dentro de la Iglesia llamadas **diócesis**.

El **papa** es el obispo de la diócesis de Roma en Italia. El continúa el liderazgo de Pedro. Junto a los demás obispos, él dirige y guía toda la Iglesia Católica.

Habla de lo que conoces sobre tu obispo, tu diócesis y el papa.

After Jesus' Ascension the Apostles told the people all that Jesus had said and done. They traveled from place to place teaching what Jesus had taught them.

In every location the Apostles gathered the baptized into communities. The Church grew, and the first members of the Church looked to Peter and the Apostles as their leaders.

 What will you tell people you know about Jesus?

The pope and bishops are the successors of the Apostles.

Like Jesus, the Apostles chose leaders to succeed them. A *successor* is one who succeeds, or takes the place of, another. These new leaders would take the place of the Apostles and continue their work.

The Apostles gave these leaders the same authority that Jesus had given to them. Strengthened by the Holy Spirit, these leaders became the successors of the Apostles.

As time passed, each of these leaders was given the title of bishop. **Bishops** are the successors of the Apostles. The bishops continue to lead the Church. They lead local areas of the Church called **dioceses**.

The **pope** is the bishop of the diocese of Rome in Italy. He continues the leadership of Peter. Together with all the bishops, he leads and guides the whole Catholic Church.

Talk about what you know about your bishop, your diocese, and the pope.

La Iglesia es una y santa.

La Iglesia es una, santa, católica y apostólica. Estas son las **características de la Iglesia**.

La Iglesia es *una* comunidad unida por Dios. Por medio de la Iglesia Dios nos fortalece para vivir y adorar juntos.

Todos los miembros de la Iglesia están unidos por el Bautismo. Juntos celebramos los sacramentos. Compartimos unos con otros y servimos juntos.

La Iglesia es *santa*. Dios es todo bondad y santidad. Dios comparte su santidad con la Iglesia. Por medio del Bautismo todos los miembros de la Iglesia reciben y comparten la vida de Dios. Compartir la vida de Dios nos hace santos.

Como miembros de la Iglesia crecemos en santidad cuando celebramos los sacramentos. También crecemos en santidad cuando amamos a Dios y a los demás como lo hizo Jesús.

¿De qué forma la Iglesia es una comunidad?

Vocabulario

obispos (pp 316)

diócesis (pp 315)

papa (pp 316)

características de la Iglesia (pp 315)

Como católicos...

El papa vive en la ciudad del Vaticano, en Roma, Italia. El es la cabeza de toda la Iglesia Católica. De alguna manera toda la Iglesia es su parroquia. El visita diferentes lugares en el mundo para enseñar la buena nueva de Jesucristo y para hablar de paz. El anima a todo el mundo a tratarse con respeto. También pide ayuda para los necesitados. Busque más información sobre el papa y La Ciudad del Vaticano en www.vatican.net

The Church is one and holy.

The Church is one, holy, catholic, and apostolic. We call these characteristics the **marks of the Church**.

The Church is *one*, a community called together by God. Through the Church, God strengthens us to live and worship together.

All members of the Church are united by Baptism. We gather to celebrate the sacraments. We share with one another and serve together.

The Church is *holy*. God is all good and holy. God shares his holiness with the Church. Through Baptism all members of the Church receive a share in God's life. This share in God's life makes us holy.

As members of the Church we grow in holiness when we celebrate the sacraments. We also grow in holiness when we love God and others as Jesus did.

What is one way the Church is a community?

As Catholics...

The Pope lives in Vatican City, in Rome, Italy. He is the leader of the whole Catholic Church. So in a way the whole world is his parish. He goes to places around the world to teach the Good News of Jesus Christ and to seek peace. He encourages people to treat one another with respect. He also asks for help for those who are in need.

Find out more about the pope and Vatican City. Check the Vatican Web site at www.vatican.net.

Key Words

bishops (p. 318)

dioceses (p. 318)

pope (p. 320)

marks of the Church (p. 319)

La Iglesia es Católica y apostólica.

La Iglesia es *católica*. La palabra católica significa "universal". La Iglesia está abierta a todo el mundo, es universal.

Jesús envió a sus apóstoles a ir por todo el mundo. Ellos predicaron el evangelio a todos y la Iglesia siguió creciendo. Hoy la Iglesia sigue invitando y dando la bienvenida a todos para que se hagan miembros. Hay católicos en todos los continentes y en todos los países.

La Iglesia es apostólica. La palabra *apostólica* quiere decir que viene de la palabra *apóstol*. Jesús escogió a los apóstoles para ser los primeros líderes de la Iglesia. Su misión fue enseñar la buena nueva y bautizar creyentes. Por el Bautismo todos los miembros de la Iglesia comparten el trabajo de predicar la buena nueva de Cristo.

Los obispos continúan la misión de los apóstoles de tres formas importantes:

- *Enseñan*. Ellos son los maestros oficiales de la Iglesia. Se aseguran de que todos los miembros de la Iglesia sepan y crean las enseñanzas de Jesús.
- *Dirigen*. Los obispos son los principales líderes de la Iglesia.
- *Santifican*. Ellos trabajan para santificar el pueblo de Dios. Llevan a cabo esta misión con sus oraciones, prédicas y celebrando los sacramentos.

RESPONDEMOS

Haz un dibujo que muestre una de las cuatro características de la Iglesia.

The Church is catholic and apostolic.

The Church is *catholic*. The word *catholic* means "universal." The Church is open to all people. It is universal.

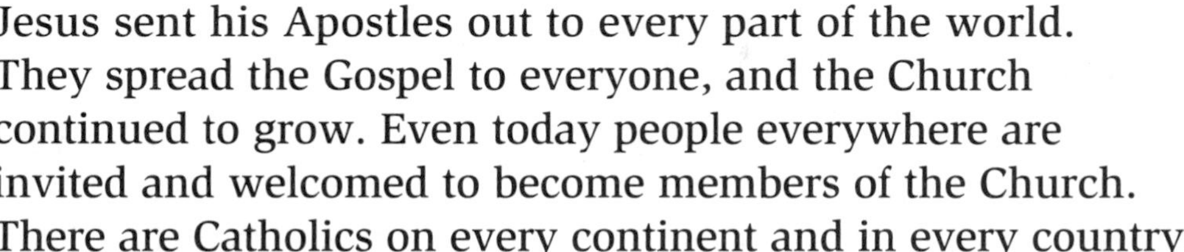

Jesus sent his Apostles out to every part of the world. They spread the Gospel to everyone, and the Church continued to grow. Even today people everywhere are invited and welcomed to become members of the Church. There are Catholics on every continent and in every country.

The Church is *apostolic*. The word *apostolic* comes from the word *apostle*. Jesus chose the Apostles to be the first leaders of the Church. Their mission was to teach the Good News and to baptize believers. By Baptism all members of the Church share in the work of spreading the Good News of Christ.

The bishops continue the mission of the Apostles in three very important ways.

- They *teach*. The bishops are the official teachers of the Church. They make sure that the members of the Church know and believe the teachings of Jesus.
- They *lead*. The bishops are the main leaders of the Church.
- They *sanctify*. The bishops work to make the People of God holy. They do this through prayer, preaching, and the celebration of the sacraments.

WE RESPOND

Draw a picture to show one of the four marks of the Church.

HACIENDO DISCÍPULOS

Muestra lo que sabes

Lee las claves. Escribe las respuestas en el crucigrama.

Horizontales

1. primera característica de la Iglesia
5. el obispo de Roma, quien dirige a toda la Iglesia Católica
6. área local de la Iglesia que dirige un obispo
7. apóstol cuyo nombre significa roca
8. segunda característica de la Iglesia

Verticales

2. cuarta característica de la Iglesia
3. tercera característica de la Iglesia
4. los sucesores de los apóstoles que dirigen la Iglesia

Grade 3 • Chapter 8

PROJECT DISCIPLE

Show What you Know

Read the clues. Write the answers in the crossword puzzle.

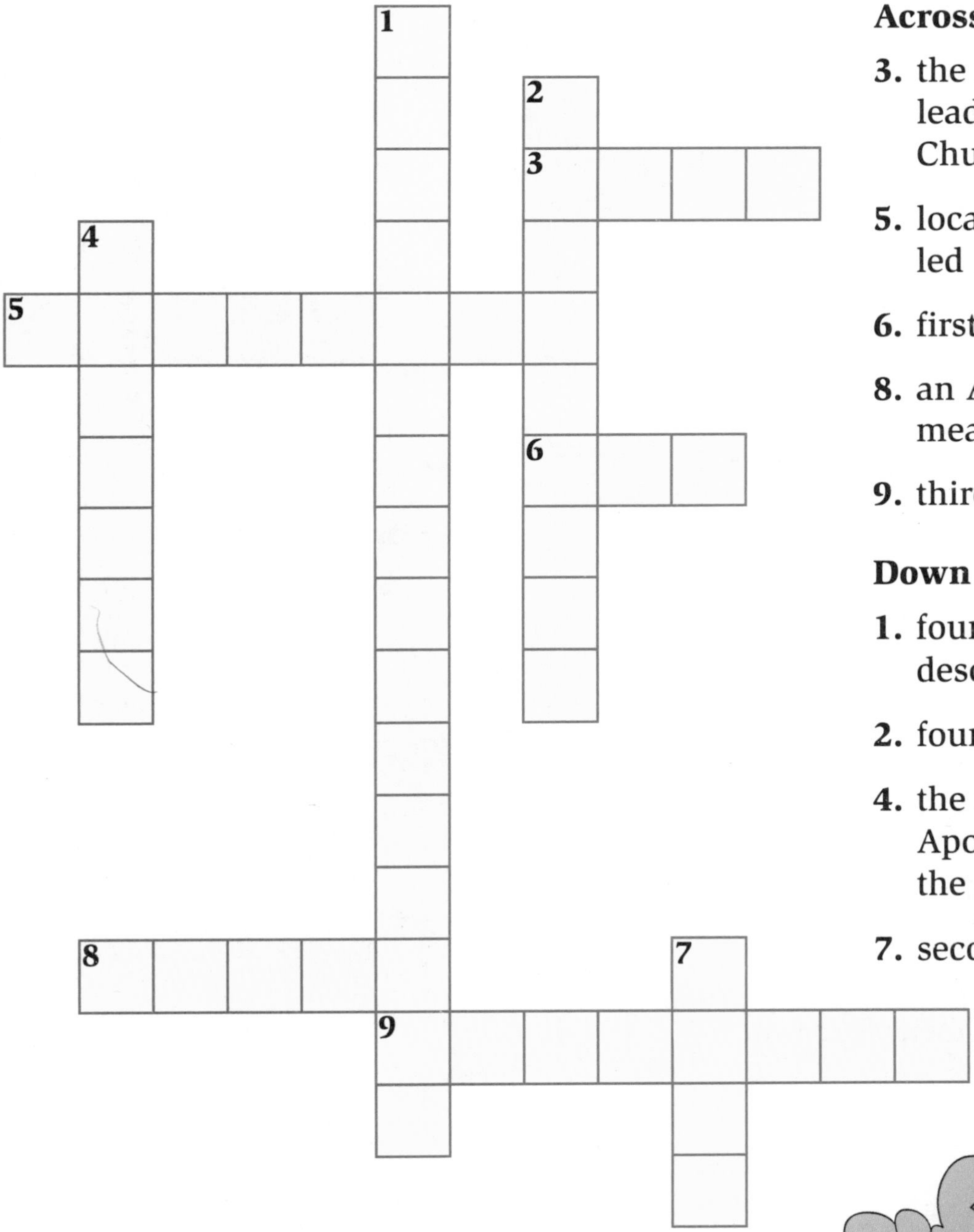

Across

3. the Bishop of Rome, who leads the whole Catholic Church
5. local areas of the Church led by bishops
6. first mark of the Church
8. an Apostle whose name means "rock"
9. third mark of the Church

Down

1. four characteristics that describe the Church
2. fourth mark of the Church
4. the successors of the Apostles who lead the Church
7. second mark of the Church

HACIENDO DISCIPULOS

Exprésalo

La Iglesia es universal. Esto quiere decir que está abierta a todo el mundo. Diseña una bandera que muestre que la Iglesia acoge a todos en todo el mundo.

Compártelo.

Hazlo

A los 76 años de edad, el papa Juan XXIII reunió a los obispos de todo el mundo en el Concilio Vaticano II (1962). Juntos trabajaron para fortalecer la Iglesia como una, santa, católica y apostólica.

RETO PARA EL DISCIPULO Decide una forma de vivir las características de la Iglesia.

____

____

Tarea

La Iglesia tiene cuatro características especiales. ¿Qué hace que tu familia sea especial? Escribe aquí las características de tu familia.

Las ______________ de mi familia

______________ ______________

______________ ______________

PROJECT DISCIPLE

Picture This

The Church is universal. This means it is open to all people. Design a pennant that shows that the Church welcomes people from all over the world.

Now, pass it on!

Make *it* Happen

At 76 years of age, Pope John XXIII gathered the bishops from all over the world for the Second Vatican Council (1962). Together they worked to strengthen the one, holy, catholic, and apostolic Church.

DISCIPLE CHALLENGE Decide on a way to live out one mark of the Church.

____

____

Take Home

The Church has four marks or special characteristics. What makes your family special? Write your family characteristics.

The ________________ Family

____________ ____________

____________ ____________

9 La Iglesia nos enseña

NOS CONGREGAMOS

✝ **Líder:** Dios, somos tu pueblo.

Todos: Somos tu Iglesia. Mantennos fieles a ti.

Somos todos el pueblo de Dios

Todos unidos en un solo amor,
somos todos el pueblo de Dios.
Y alabamos tu nombre, Señor.
Somos todos el pueblo de Dios.

Nombra algunas cosas buenas por pertenecer a tu familia o tu grupo.

CREEMOS

La Iglesia es el cuerpo de Cristo y el pueblo de Dios.

1 Corintios 12:14–21

San Pablo explicó a la gente que la Iglesia es el *cuerpo de Cristo* en la tierra. Todas las partes en el cuerpo de una persona trabajan juntas. Las orejas no dicen, "Como no soy ojo no soy del cuerpo". Los ojos no dicen a las manos: "No te necesito". (1 Corintios 12: 16, 21). Todas las partes del cuerpo se necesitan.

The Church Teaches Us

WE GATHER

✝ **Leader:** God, we are your people.

All: We are your Church. Keep us faithful to you.

♫ **We Are All the People of God/ Somos todos el pueblo de Dios**

We are united in God who is love,
we are all the people of God.
Lord, we sing praise to your holy name.
We are all the people of God.

Name some good things about being a member of your family or your class.

WE BELIEVE

The Church is the Body of Christ and the People of God.

1 Corinthians 12:14–21

Saint Paul explained to the people that the Church is the *Body of Christ* on earth. All the parts in a person's body work together. The ear does not say, "Because I am not an eye I do not belong to the body." The eye does not say to the hand, "I do not need you." (1 Corinthians 12:16, 21) Each part of the body needs all the other parts.

Igual que el cuerpo humano, la Iglesia tiene muchas partes, o miembros. Una parte no puede decir a la otra: "no te necesito" o "No eres como yo, así que estás de más". Todos en la Iglesia tienen una parte importante en el cuerpo de Cristo. Estamos unidos por nuestro amor y fe en Jesucristo.

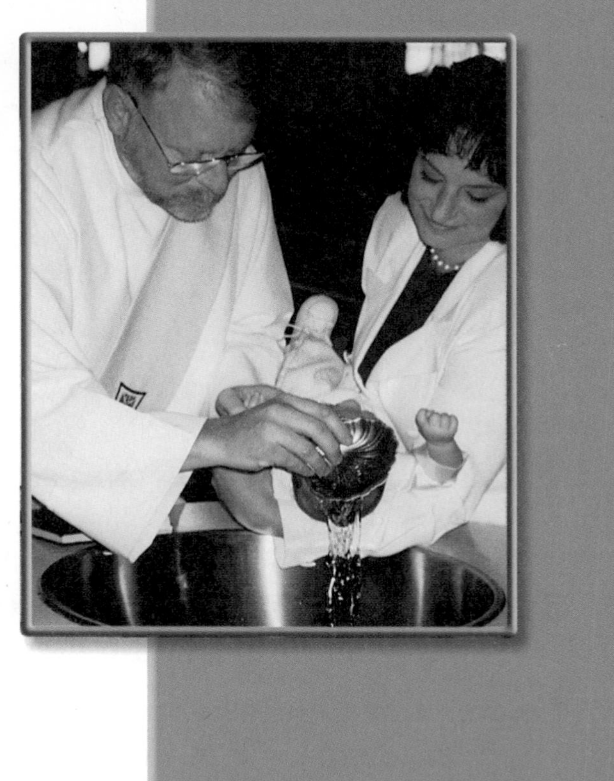

Dios nos escogió como sus hijos, hermanos en Jesús. Por nuestro Bautismo, somos acogidos en la Iglesia. En el Nuevo Testamento la Iglesia es descrita como "pueblo de Dios". (1 Pedro 2:10). Como *pueblo de Dios*, tratamos de amar a Dios y a los demás de la mejor manera que podamos. Tratamos de compartir la buena nueva de Jesús con todo el mundo.

Mira las fotos. ¿Cómo están las personas mostrando que son pueblo de Dios?

Profesamos nuestra fe en el Credo de los Apóstoles.

Según la Iglesia creció, las creencias en Jesús y sus enseñanzas fueron escritas en afirmaciones llamadas *credos*. Unos de los primeros credos es el **Credo de los apóstoles**. Este credo está basado en las enseñanzas de Jesucristo y la fe de los apóstoles.

Cada vez que rezamos el Credo de los Apóstoles, profesamos nuestra fe. *Profesar* quiere decir "afirmar lo que creemos".

Junto con un compañero hablen sobre formas en que podemos mostrar nuestras creencias católicas.

Like a human body, the Church has many parts, or members. One part cannot say to another, "I do not need you!" or "You are not like me, so you do not belong." Everyone in the Church is an important part of the Body of Christ. We are united through our love for and belief in Jesus Christ.

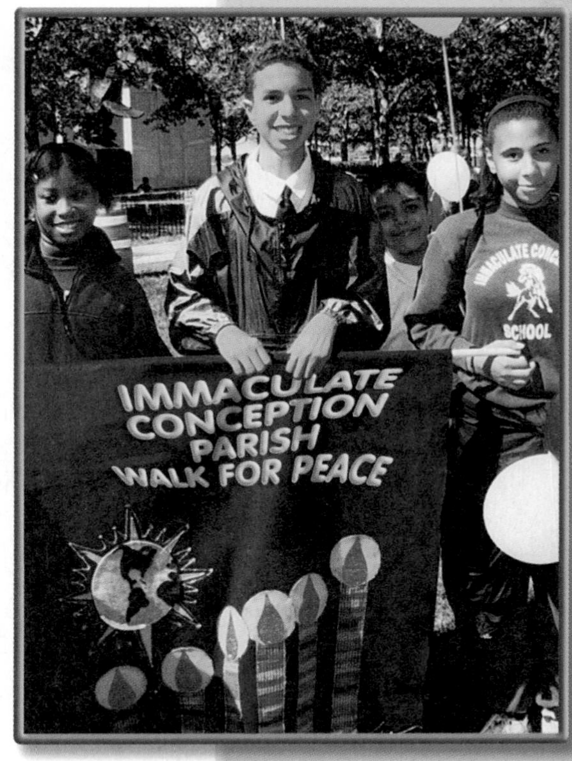

God has chosen us to be his children, brothers and sisters of Jesus. Through our Baptism, we are brought into the Church. In the New Testament the Church is described as "God's people." (1 Peter 2:10) As the *People of God,* we try our best to love God and love one another. We try to share the Good News of Jesus with everyone in the world.

Look at the pictures. How are these people showing that they are the People of God?

We profess our faith through the Apostles' Creed.

As the Church grew, the beliefs about Jesus and his teachings were written down in statements called *creeds*. One of the first creeds is called the **Apostles' Creed**. It is based on the teachings of Jesus Christ and the faith of the Apostles.

Each time we pray the Apostles' Creed, we profess our faith. To *profess* means "to state what we believe."

With a partner talk about the ways we show our Catholic beliefs.

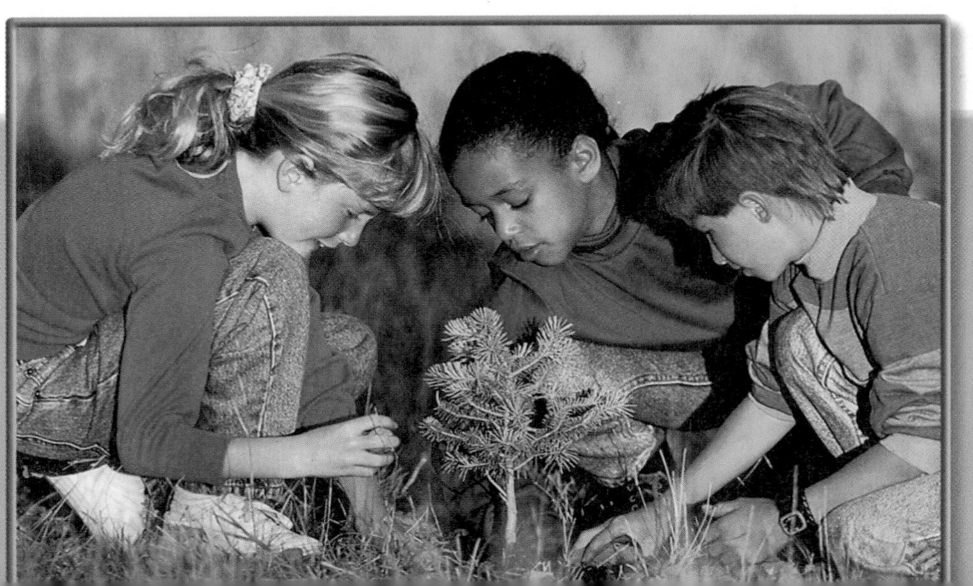

Credo de los Apóstoles

Creo en Dios, Padre todopoderoso,
Creador del cielo y de la tierra.

Creo en Jesucristo, su único Hijo, nuestro Señor,
que fue concebido por obra y gracia del
Espíritu Santo,
nació de santa María Virgen,
padeció bajo el poder de Poncio Pilato,
fue crucificado, muerto y sepultado,
descendió a los infiernos,
al tercer día recitó de entre los muertos,
subió a los cielos
y está sentado a la derecha de Dios, Padre
todopoderoso.
Desde allí ha de venir a juzgar a vivos y muertos.

Creo en el Espíritu Santo,
la santa Iglesia católica,
la comunión de los santos,
el perdón de los pecados,
la resurrección de la carne
y la vida eterna. Amén.

Afirmamos nuestra creencia en la Santísima Trinidad: Dios el Padre, Dios el Hijo y Dios el Espíritu Santo.

Afirmamos nuestra creencia en que Dios Hijo, la segunda Persona de la Santísima Trinidad, se hizo uno de nosotros y murió para salvarnos.

Afirmamos nuestra creencia en una Iglesia santa, católica dada por Jesús. Cuando rezamos el Credo de los Apóstoles, juntos como Iglesia, decimos que estamos unidos en fe y amor.

El Espíritu Santo guía a la Iglesia.

Jesús sabía que a los apóstoles les sería difícil recordar todo lo que él les había enseñado. Por eso les prometió que "El Espíritu Santo, el defensor que el Padre va a enviar en mi nombre, les enseñará todas las cosas y les recordará todo lo que les he dicho" (Juan 14:26) Con la ayuda del Espíritu Santo, los apóstoles pudieron hablar la verdad sobre Jesús.

El Espíritu Santo continúa guiando a la Iglesia. También guía al papa y a los obispos para enseñar la verdad sobre Jesús. Esto lo hacen con palabras, escritos y obras. El papa y los obispos son los maestros oficiales de toda la Iglesia.

Algunas veces el papa se reúne con los obispos del mundo. Ellos toman decisiones importantes sobre la fe y la vida de la Iglesia. Con frecuencia el papa escribe cartas a la Iglesia y a todo el mundo. Esas cartas son acerca de las verdades católicas y como vivir como católicos en el mundo hoy.

 ¿Qué has aprendido sobre Jesús y la Iglesia?

The Apostles' Creed

I believe in God, the Father almighty,
Creator of heaven and earth,
and in Jesus Christ,
his only Son, our Lord,
who was conceived by
the Holy Spirit,
born of the Virgin Mary,
suffered under Pontius Pilate,
was crucified, died and was buried;
he descended into hell;
on the third day he rose again from the dead;
he ascended into heaven,
and is seated at the right hand
of God the Father almighty;
from there he will come to judge
the living and the dead.

I believe in the Holy Spirit,
the holy Catholic Church,
the communion of saints,
the forgiveness of sins,
the resurrection of the body,
and life everlasting. Amen.

We state our belief in the Blessed Trinity: God the Father, God the Son, and God the Holy Spirit.

We state our belief that God the Son, the Second Person of the Blessed Trinity, became one of us and died to save us.

We state our belief in the holy Catholic Church that Jesus gave us. When we pray the Apostles' Creed we say together as the Church that we are one in faith and love.

The Holy Spirit guides the Church.

Jesus knew it would be difficult for the Apostles to remember everything he had taught them. So he promised the Apostles that "the holy Spirit that the Father will send in my name—he will teach you everything and remind you of all that [I] told you." (John 14:26) With the help of the Holy Spirit, the Apostles were able to speak the truth about Jesus.

Today the Holy Spirit continues to guide the Church. The Holy Spirit guides the pope and bishops to teach the truth about Jesus. They do this by their words, writings, and actions. The pope and the bishops are the official teachers for the whole Church.

At certain times the pope gathers together all the bishops throughout the world. They make important decisions about the Church's faith and life. Often the pope writes letters to the Church and to the whole world. These letters are about Catholic beliefs and how to live as Catholics in the world today.

 What have you learned about Jesus and the Church?

Como católicos...

Francisco de Asís era el hijo de un rico comerciante. Pero él sintió la llamada de Dios para vivir una vida diferente. Empezó a regalar sus bienes y a vivir una vida simple, pobre. El ayunaba, rezaba, ayudaba a los pobres y predicaba al pueblo para que siguiera a Dios. Otros jóvenes lo siguieron y compartieron su vida de ayuno, pobreza y paz. En 1210, Francisco empezó una comunidad religiosa que se conoce como Franciscanos.

Clara, quien también nació en Asís, escuchó predicar a Francisco. Ella quiso vivir, por Cristo, una vida simple igual que Francisco. Con la ayuda de Francisco, ella empezó una orden religiosa, las Pobres Clarisas. Ambas comunidades siguen sirviendo a los necesitados en el pueblo de Dios.

La fiesta de San Francisco se celebra el 4 de octubre y la de Santa Clara el 11 de agosto.

Credo de los apóstoles (pp 315)

justicia (pp 316)

La Iglesia continúa enseñando el verdadero mensaje de Jesús.

La Iglesia enseña lo que Jesús enseñó:

- Dios ama y cuida de todo el mundo.
- Debemos amar a Dios con todo nuestro corazón.
- Debemos amar a nuestro prójimo como a nosotros mismos.

Algunas de las enseñanzas de la Iglesia son conocidas como *doctrina social de la Iglesia.* Estas enseñanzas nos dicen que todos somos creados a imagen de Dios y que tenemos derechos humanos. Por ejemplo, todos tenemos derecho a vivir, a comer, a tener seguridad y alojamiento. Tenemos el derecho a la educación y a un trato igualitario.

Esos derechos humanos son parte importante de la justicia. **Justicia** es tratar a todo el mundo justamente y con respeto. La justicia que Jesús enseñó nos recuerda que todos somos parte de la familia humana. Lo que ayuda o hiere a una parte de la familia afecta a todos.

Todos tenemos ciertas responsabilidades para con los demás. Por ejemplo, tenemos la responsabilidad de vivir juntos en paz. Tenemos la responsabilidad de compartir las cosas buenas del mundo. Tenemos la responsabilidad de respetar y cuidar uno del otro.

RESPONDEMOS

¿Qué puedes hacer esta semana para tratar justamente a alguien en tu casa, en la escuela, en tu parroquia?

____

____

The Church continues to teach the true message of Jesus.

The Church teaches what Jesus taught:

- God loves and cares for everyone.
- We are to love God with our whole heart.
- We are to love our neighbors as ourselves.

Some of the Church's teaching is known as *Catholic social teaching*. This teaching tells us that we are all made in God's image and have certain human rights. For example, we all have the right to life, food, housing, and safety. We have the right to be educated and to be treated equally.

These human rights are an important part of justice. **Justice** is treating everyone fairly and with respect. The justice that Jesus taught reminds us that we are all part of the human family. What helps or hurts one part of the family affects everyone.

We all have certain responsibilities to one another. For example, we have a responsibility to live together in peace. We have a responsibility to share the good things of the world. We have a responsibility to respect and care for one another.

WE RESPOND

What can you do this week to treat everyone fairly at home? in school? in your parish?

____

____

Key Words

Apostles' Creed (p. 318)

justice (p. 319)

As Catholics...

Francis of Assisi was the son of a rich merchant. But he felt God calling him to a different way of life. He gave up his wealth and began to live a simple, poor life. He fasted, prayed, helped the poor, and preached to people about following God. Other men joined Francis and shared his life of fasting, poverty, and peace. In 1210, Francis began a religious community now known as the Franciscans.

Also born in Assisi, Clare heard Francis preach. She wanted to live a simple, poor life for Christ like Francis. With the help of Francis, she began a religious order of nuns, the Poor Clares. Both communities continue to serve the needs of God's people.

Saint Francis's feast day is October 4, and Saint Clare's is August 11.

HACIENDO DISCÍPULOS

super 100% star!

Muestra *lo* que sabes

Organiza las letras en la columna de la izquierda. Después úsalas para completar las oraciones en la columna de la derecha.

DRECO Credo

CSUTIJAI Justicia

CODRTANI CSAOLI ____________ ____________

ERDOC ED SLO APTLESOSO Credo De los Apostoles

AIGELSI iglesia

La iglesia es el cuerpo de Cristo en la tierra.

Profesamos nuestra fe cada vez que rezamos el credo.

____________ es tratar a todos con respeto.

Un credo es una afirmación de fe.

La ____________ de la Iglesia nos enseña que somos creados a imagen de Dios y que tenemos derechos humanos.

Celebra

Lee las palabras de la canción "Somos todos el pueblo de Dios" en la página 98. Escribe tu propia canción diciendo otras formas de mostrar que somos cristianos.

Compártelo.

Grade 3 • Chapter 9

PROJECT DISCIPLE

Show What *you* Know

Unscramble the letters in the left column. Then match the words to complete the sentences in the right column.

DERCE Credo ●	● The ____________ is the Body of Christ on earth.
CSUTJEI Jusicia ●	● We profess our faith each time we pray the ____________.
HICLAOCT CSAOLI ________ ________ ●	● ____________ is treating everyone fairly and with respect.
OSLSPTAE ERDEC ________ ________ ●	● A ____________ is a statement of beliefs.
HRCHCU ____________ ●	● ____________ teaching tells us that we are made in God's image and have certain human rights.

Celebrate!

Read the words to the song, "We Are All the People of God". Write your own song that tells of other ways that show we are Christians.

Now, pass it on!

____

____

____

____

____

HACIENDO DISCIPULOS

Todos somos parte de la familia humana. Esto quiere decir que todos tenemos ciertas responsabilidades unos con otros. ¿Cuáles son tus responsabilidades?

❑ ayudar en la casa

❑ ser un buen amigo

❑ compartir con mis compañeros de clase

❑ participar en la misa

❑ otros ____________________

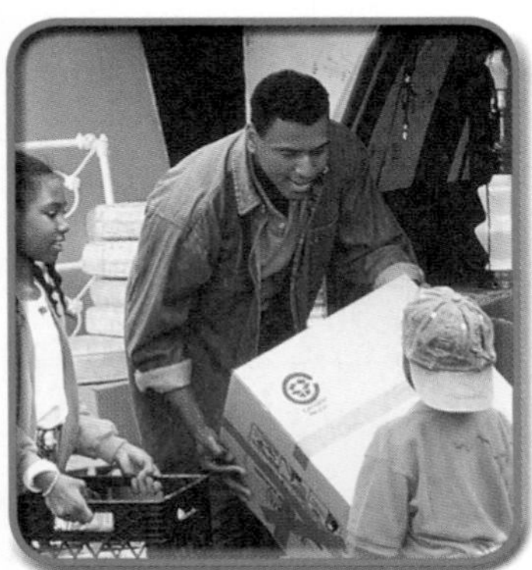

Investiga

Caridades católicas USA ayuda a más de diez millones de personas necesitadas en los Estados Unidos cada año. Ofrece comida a los necesitados, consejería, programas de cuidado de niños y entrenamiento para trabajo. También trabaja por la justicia para todos.

RETO PARA EL DISCIPULO Aprende sobre Caridades católicas en (www.catholiccharitiesusa.org), y comparte con tu grupo.

Haz *lo*

Piensa en alguien que te ha enseñado sobre la fe.

Di lo que aprendiste. ______________

____

______________________________.

Compártelo.

Tarea

En familia actúen con justicia. Escribe formas en que en la familia se pueden mostrar respeto uno por el otro.

____

____

____

PROJECT DISCIPLE

Reality Check

We are all part of the human family. That means we all have certain responsibilities to one another. What are your responsibilities?

- ❏ helping at home
- ❏ being a good friend
- ❏ sharing with your classmates
- ❏ participating at Mass
- ❏ other ______________________

More to Explore

Catholic Charities USA helps over ten million needy people throughout the United States each year. They offer groceries for those in need, counseling, daycare programs, and job training. They also work for justice for all people.

DISCIPLE CHALLENGE Learn about Catholic Charities (www.catholiccharitiesusa.org), and share with your group.

Make it Happen

Think of someone who has taught you about your faith.

Tell what you learned ________________

____

______________________________________.

Now, pass it on!

Take Home

As a family act justly. Write ways your family can show respect for one another this week.

____

____

____

La Iglesia reza

Nos congregamos

✝ **Líder:** Vamos a quedarnos muy tranquilos. Ponga sus manos sobre sus rodillas con las palmas hacia arriba.

Hablen con Dios en silencio. Pueden decir lo que quieran. Pidan lo que necesiten y que bendiga a sus seres queridos.

Todos: (rezan en silencio)

Líder: Levanten sus manos como señal de que sus oraciones suben a Dios.

Todos: "Sea mi oración como incienso en tu presencia". (Salmo 141:2a)

¿Cómo puedes seguir en contacto con uno de tus seres queridos que está lejos?

Creemos

Jesús enseñó a sus seguidores a rezar.

Jesús es el Hijo de Dios. Jesús es divino porque él es Dios. El también es hijo de María. Jesús es humano igual que nosotros en todo, menos en el pecado.

Jesús tuvo que aprender a caminar, a hablar, a leer y a escribir. María y José también enseñaron a Jesús como hablar a Dios en oración. **Orar** es escuchar y hablar con Dios.

Jesús rezaba en la **sinagoga**, el lugar donde los judíos rezan y aprenden sobre Dios. Jesús también alababa en el Templo en Jerusalén. Otras veces se distanciaba sólo para orar. Algunas veces rezaba con su familia y sus discípulos.

The Church Prays 10

WE GATHER

✝ **Leader:** Be still and quiet. Place your hands on your knees with your palms up.

Talk to God in your heart. Tell him anything you wish. Ask God for what you need, and ask his blessing on those you love.

All: (Pray quietly.)

Leader: Lift up your hands as a sign of your prayer rising to God.

All: "Let my prayer be incense before you." (Psalm 141:2a)

When someone you love is far away, how can you stay in touch?

WE BELIEVE

Jesus teaches his followers how to pray.

Jesus is the Son of God. Jesus is divine because he is God. He is also Mary's son. Jesus is human like us in every way except he is without sin. Jesus had to learn how to walk, talk, read, and write. Mary and Joseph also taught Jesus how to talk to God in prayer. **Prayer** is listening and talking to God.

Jesus prayed in the **synagogue**, the gathering place where Jewish people pray and learn about God. Jesus also worshiped in the Temple in Jerusalem. Other times he went off by himself to pray. Sometimes he prayed with his family or his disciples.

Los discípulos querían aprender a rezar como Jesús. Un día le pidieron: "Señor, enséñanos a orar". (Lucas 11:1) Jesús les enseñó esta oración:

Padre nuestro, que estás en el cielo,
santificado sea tu Nombre;
venga a nosotros tu reino;
hágase tu voluntad en la tierra como en el cielo.
Danos hoy nuestro pan de cada día;
perdona nuestras ofensas,
como también nosotros perdonamos a los que nos ofenden;
no nos dejes caer en la tentación,
y líbranos del mal. Amén.

Esta oración es el Padrenuestro. Es el mejor ejemplo de oración de la Iglesia.

Con tus propias palabras explica lo que rezamos cuando rezamos el Padrenuestro.

Podemos rezar con otros o solos.

Con frecuencia nos reunimos para alabar a Dios. Nos reunimos con otros a celebrar la **liturgia**, la oración pública y oficial de la Iglesia. Cada celebración litúrgica es una acción de toda la Iglesia. Juntos como Iglesia, adoramos a la Santísima Trinidad Rezamos con Cristo y con toda la Iglesia, el cuerpo de Cristo.

Algunas veces rezamos solos, como lo hizo Jesús. Esto es la oración personal. Podemos rezar en cualquier momento y en cualquier lugar. Podemos hacer oraciones tales como el Padrenuestro o el Ave María. Podemos también rezar con nuestras propias palabras. Dios nos escucha cuando rezamos. El sabe lo que necesitamos.

Dibuja una forma en que a tu familia le gusta rezar.

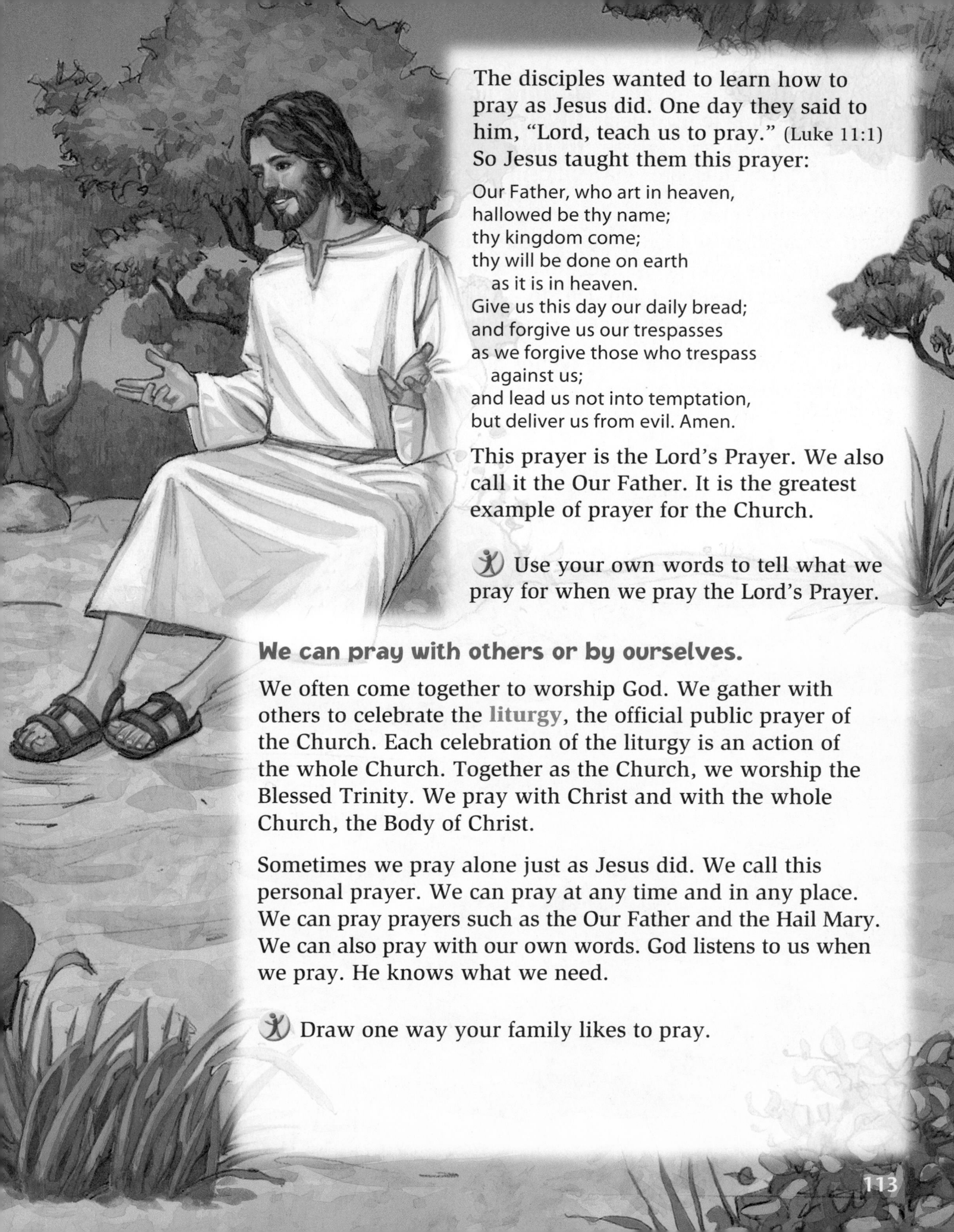

The disciples wanted to learn how to pray as Jesus did. One day they said to him, "Lord, teach us to pray." (Luke 11:1) So Jesus taught them this prayer:

Our Father, who art in heaven,
hallowed be thy name;
thy kingdom come;
thy will be done on earth
  as it is in heaven.
Give us this day our daily bread;
and forgive us our trespasses
as we forgive those who trespass
  against us;
and lead us not into temptation,
but deliver us from evil. Amen.

This prayer is the Lord's Prayer. We also call it the Our Father. It is the greatest example of prayer for the Church.

Use your own words to tell what we pray for when we pray the Lord's Prayer.

We can pray with others or by ourselves.

We often come together to worship God. We gather with others to celebrate the **liturgy**, the official public prayer of the Church. Each celebration of the liturgy is an action of the whole Church. Together as the Church, we worship the Blessed Trinity. We pray with Christ and with the whole Church, the Body of Christ.

Sometimes we pray alone just as Jesus did. We call this personal prayer. We can pray at any time and in any place. We can pray prayers such as the Our Father and the Hail Mary. We can also pray with our own words. God listens to us when we pray. He knows what we need.

Draw one way your family likes to pray.

Hay diferentes tipos de oración.

Piensa en un día en que algo era tan hermoso o sorprendente que te hizo decir "¡WOW!" Esa admiración puede convertirse en una *oración de alabanza*. "¡Oh Dios, eres maravilloso!"

Piensa en un día en que pasaste una prueba difícil o cuando te sentiste mejor después de una enfermedad. Te sentiste agradecido de que Dios había sido tan bueno contigo. Dijiste, "¡Gracias, Señor!". Esta es una *oración de acción de gracias.*

Cuando pecamos, sabemos que hemos hecho algo malo. Pedimos perdón a Dios. Esta es una *oración de petición*.

Generalmente hacemos una oración antes de las comidas. Pedimos a Dios que bendiga el regalo de nuestra comida. Esta es una *oración de bendición*.

Podemos pedir a Dios que ayude a nuestras familias, amigos y a todo el mundo. Esta es una *oración de intercesión*.

Mira las fotos en estas páginas. Escribe debajo de cada una el tipo de oración que se está rezando: alabanza, acción de gracias, petición, bendición o intercesión.

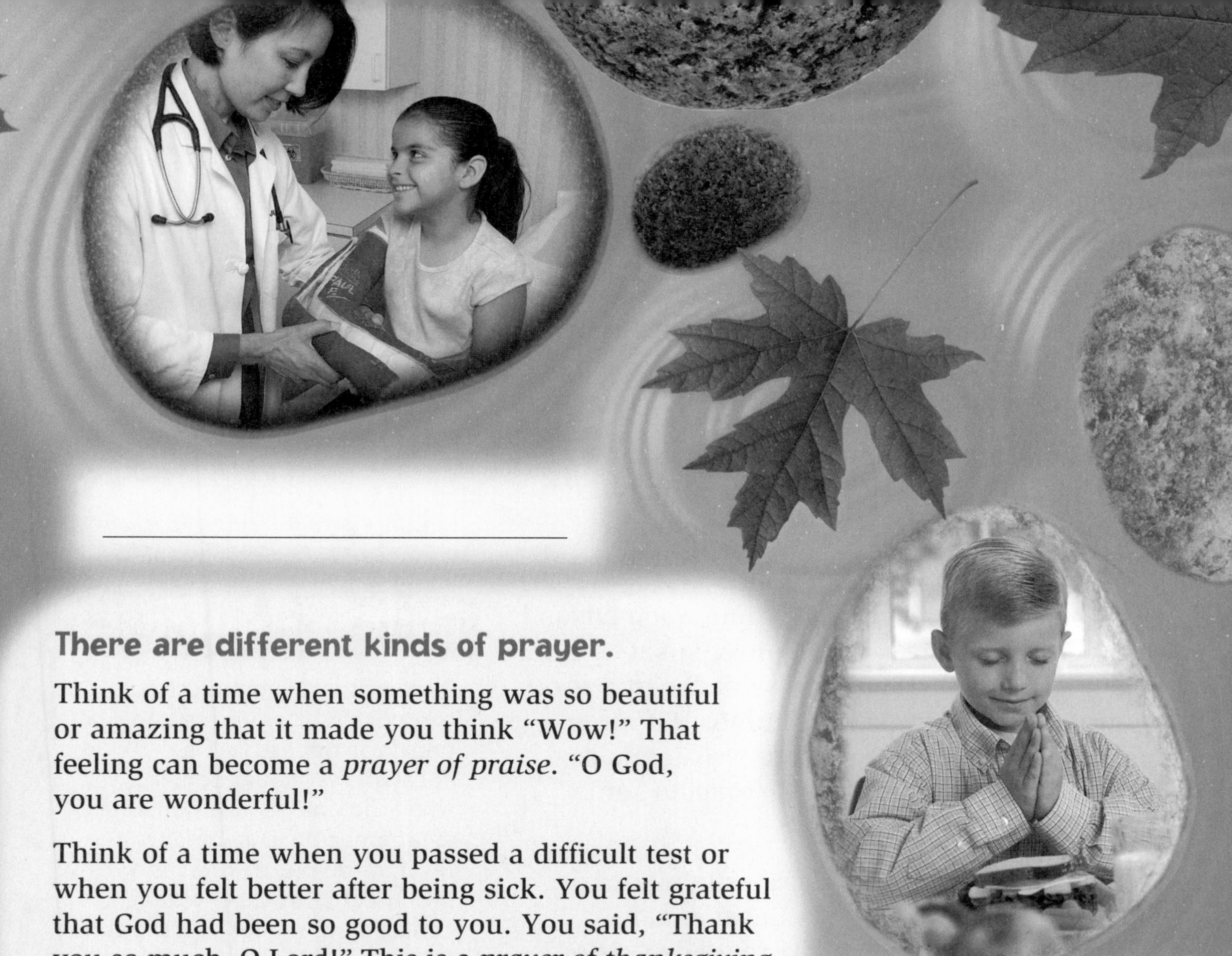

There are different kinds of prayer.

Think of a time when something was so beautiful or amazing that it made you think "Wow!" That feeling can become a *prayer of praise*. "O God, you are wonderful!"

Think of a time when you passed a difficult test or when you felt better after being sick. You felt grateful that God had been so good to you. You said, "Thank you so much, O Lord!" This is a *prayer of thanksgiving.*

There are other times when we know that we have done wrong, when we have sinned. We ask God for forgiveness. This is a *prayer of petition.*

A prayer is often prayed before a meal. We pray to God to bless the gift of our food. This is a *prayer of blessing.*

We can ask God to help our families, friends, and all the people in the world. This is a *prayer of intercession.*

Look at the pictures. Under each picture write the type of prayer that might be said: praise, thanksgiving, petition, blessing, or intercession.

La Iglesia reza siempre.

¿Sabes que la Iglesia siempre reza? En alguna parte del mundo, los niños empiezan su día orando. Al mismo tiempo en otras partes del mundo, otros niños están rezando para acostarse.

Hay oraciones especiales llamadas Liturgia de las Horas. Estas oraciones se rezan siete veces al día. Así que en algún lugar del mundo siempre alguien está rezando la Liturgia de las Horas.

Si viajamos por el mundo, podemos rezar en diferentes idiomas y de diferentes formas. Por ejemplo, en algunos países, la gente reza bailando.

Otras personas pueden rezar caminando en las calles en procesiones. En algunos países podemos ver a personas que se detienen a rezar en grutas a lo largo de los caminos. En otros lugares podemos ver a personas visitando a lugares santos. Estos viajes de oración son llamados **peregrinaciones**.

La mayor oración de la Iglesia es la misa. La misa es la celebración de la Eucaristía, el sacramento del Cuerpo y la Sangre de Cristo. Esta nos une a todos y nos guía para vivir como discípulos de Jesús.

Como católicos...

Podemos rezar con nuestros cuerpos. Mostramos respeto a la presencia de Jesús en la Eucaristía santiguándonos o haciendo una genuflexión ante el tabernáculo. Durante la misa rezamos de pie, de rodillas o sentados. Otras veces rezamos con nuestras manos juntas o con los brazos abiertos. Algunas personas rezan bailando.

¿Cómo te gusta rezar?

RESPONDEMOS

En grupo hablen sobre algunas formas en que su parroquia reza. ¿Cómo esto ayuda a la gente a acercarse más a Dios? Escenifiquen una de ellas para el resto del curso.

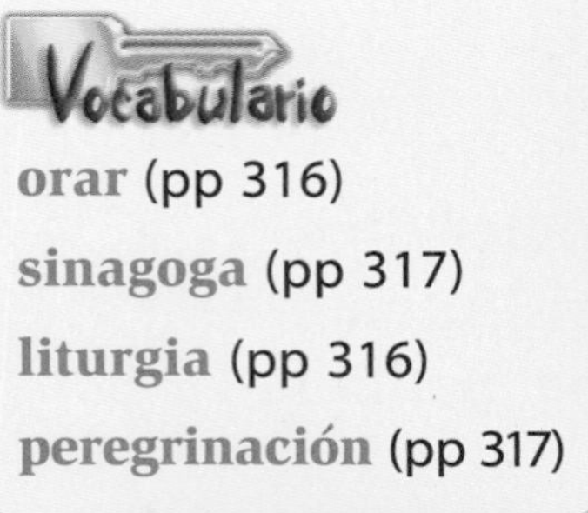

Vocabulario

orar (pp 316)
sinagoga (pp 317)
liturgia (pp 316)
peregrinación (pp 317)

The Church prays at all times.

Did you know that the Church is always at prayer? In one part of the world, children are beginning their school day by praying. Yet at the same time in another part of the world, children are saying their prayers before going to bed.

There are special prayers called the Liturgy of the Hours. These prayers are prayed seven different times during the day. So somewhere in the world, people are always praying the Liturgy of the Hours.

If we could travel around the world, we would be able to pray in different languages and in different ways. For example, in some countries, people pray by taking part in dances.

We would see other people praying by walking through the streets in processions. In some countries, we would see people praying at shrines set up along the roads. In other places, we would see people making journeys to holy places. These prayer-journeys are called **pilgrimages**.

The greatest prayer of the Church is the Mass. The Mass is the celebration of the Eucharist, the sacrament of the Body and Blood of Christ. It unites us all and leads us to live as Jesus' disciples.

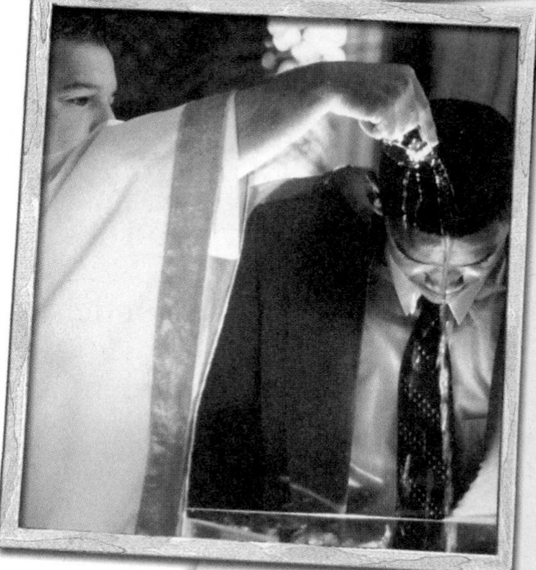

WE RESPOND

In groups talk about some of the ways your parish prays. How do these ways help people to grow closer to God? Act out one of these ways for the rest of the class.

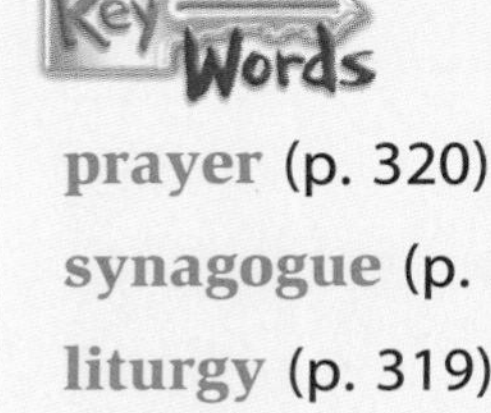

Key Words

prayer (p. 320)
synagogue (p. 320)
liturgy (p. 319)
pilgrimages (p. 320)

As Catholics...

We can pray with our bodies. We show respect for Jesus present in the Eucharist by genuflecting or bowing before the tabernacle. During Mass we pray by standing, kneeling, and sitting. At other times we pray with hands folded or with arms open wide. Sometimes people even pray by dancing!

How do you pray?

HACIENDO DISCÍPULOS

Muestra lo que sabes

Encierra en un círculo la respuesta en el cuadro de letras. Escribe las letras que se usaron en las líneas en blanco. Si las mantienen en orden encontrarás un mensaje sobre algo que aprendiste en este capítulo.

1. Paseo a un lugar santo.
2. Oración que dice cuan maravilloso es Dios.
3. Lugar donde el pueblo judío se reúne para rezar.
4. Lo que pedimos a Dios hacer antes de comer.
5. Oración pública y oficial de la Iglesia.
6. Oración pidiendo perdón a Dios.
7. Hablar y escuchar a Dios.

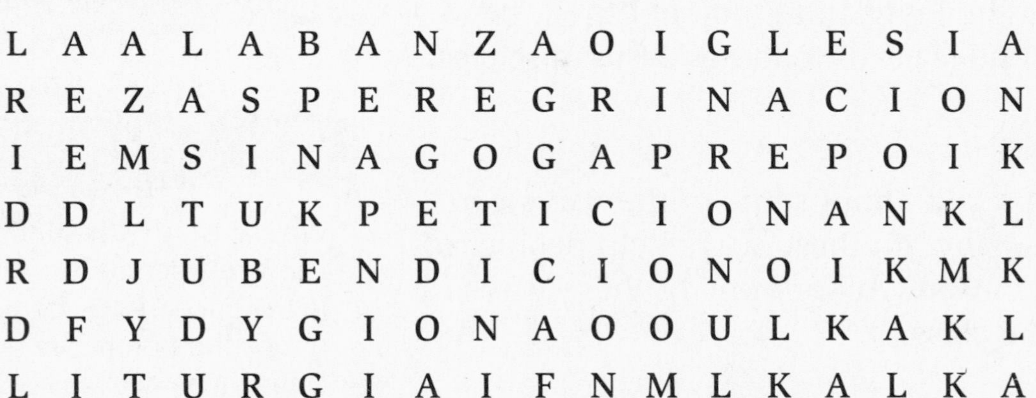

L	A	A	L	A	B	A	N	Z	A	O	I	G	L	E	S	I	A
R	E	Z	A	S	P	E	R	E	G	R	I	N	A	C	I	O	N
I	E	M	S	I	N	A	G	O	G	A	P	R	E	P	O	I	K
D	D	L	T	U	K	P	E	T	I	C	I	O	N	A	N	K	L
R	D	J	U	B	E	N	D	I	C	I	O	N	O	I	K	M	K
D	F	Y	D	Y	G	I	O	N	A	O	O	U	L	K	A	K	L
L	I	T	U	R	G	I	A	I	F	N	M	L	K	A	L	K	A

__ __   __ __ __ __ __ __ __

__ __ __ __   __ __ __ __ __ __ __.

PROJECT DISCIPLE

Show What *you* Know

Circle the answer to the clue in the letter box. Write the unused letters on the bottom blank lines. If you keep them in order, you will have a message you learned in this chapter.

1. Prayer journeys to a holy place.
2. Prayer that tells God he is wonderful.
3. A gathering place where Jewish People pray.
4. We ask God to do this before enjoying a meal.
5. Official public prayer of the Church.
6. Prayers asking for God's forgiveness.
7. Listening and talking to God.

T	H	E	C	P	E	T	I	T	I	O	N
P	I	L	G	R	I	M	A	G	E	S	H
U	R	C	H	A	P	R	A	Y	S	A	T
A	L	L	S	Y	N	A	G	O	G	U	E
T	I	M	E	E	P	R	A	I	S	E	S
L	I	T	U	R	G	Y	B	L	E	S	S

___ ___ ___   ___ ___ ___ ___ ___ ___

___ ___ ___ ___ ___   ___ ___

___ ___ ___   ___ ___ ___ ___ ___.

HACIENDO DISCIPULOS

Rezamos en cualquier momento y lugar. Llena esta encuesta sobre tus formas favoritas de rezar.

Es mi lugar favorito para rezar ____________________

Es mi momento favorito para rezar ________________

Es mi oración favorita ______________________________

Escritura

"Que suba mi oración como incienso hasta ti". (Salmo 141:2)

Incienso es una resina de algunos árboles y especias. Cuando se pone sobre carbón encendido se quema y hace un humo oloroso que sube. Para el escritor de este salmo, quemar incienso era una imagen de cómo su oración se elevaba a Dios.

RETO AL DISCIPULO

¿Qué oración te gustaría "subir" a Dios? Escríbela aquí.

____

Datos

En cada misa rezamos la *Oración universal*. Rezamos por los líderes de la Iglesia; por los líderes del mundo y las situaciones mundiales; por nuestro prójimo; los enfermos y todos los que han muerto. Podemos también ofrecer nuestras propias oraciones.

Tarea

Aprendiste que hay cuatro formas de rezar. Piensa en una persona en tu familia que está en necesidad de oración. Escribe dos formas diferentes de rezar por esa persona.

Oración de ____________ por __________

____

Oración de ____________ por __________

____

PROJECT DISCIPLE

We can pray at any time and in any place. Fill out the survey about your favorite ways to pray.

My favorite place to pray ____________________

My favorite time to pray ____________________

My favorite prayer ____________________

What's the Word?

"Let my prayer be incense before you." (Psalm 141:2a)

Incense is resin from certain trees and spices. When sprinkled on hot coals it burns and makes smoke that rises up into the air. For the writer of this psalm, burning incense was an image of how our prayer rises to God.

DISCIPLE CHALLENGE

- What prayer would you like to "rise to God"? Write it on the line.

____

Fast Facts

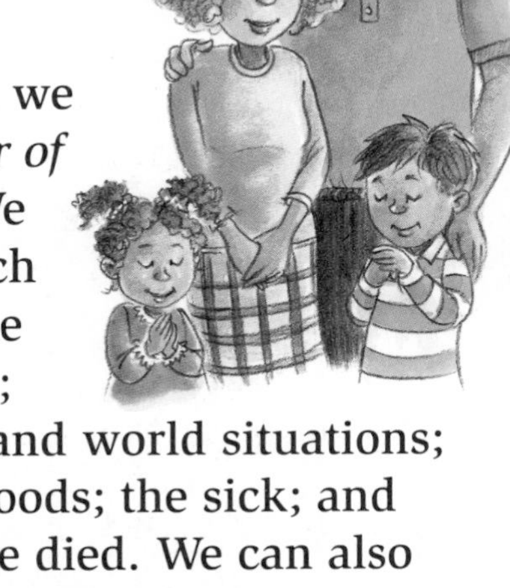

At every Mass, we pray the *Prayer of the Faithful.* We pray for: Church leaders and the whole Church; world leaders and world situations; our neighborhoods; the sick; and those who have died. We can also offer our own personal prayers.

Take Home

You learned that there are four forms of prayer. Think of a person in your family who is in need of prayer. Write two different kinds of prayer for this person.

Prayer of ____________ for ____________

____

Prayer of ____________ for ____________

____

11 La parroquia es nuestro hogar

Somos la Parroquia de San Lucas

NOS CONGREGAMOS

✝ **Líder:** Escuchemos las palabras de Jesús.

Lector: "Los llamo mis amigos. Así como yo los amo a ustedes, así deben amarse ustedes los unos a los otros". (Juan 15:15; 13:34)

Todos: Gracias, Jesús, por llamarnos a ser tus amigos y seguidores en la Iglesia.

¿Cuándo se reúne toda tu familia? ¿Por qué?

CREEMOS

Pertenecemos a una parroquia.

Una parroquia es como una familia. Una **parroquia** es una comunidad de creyentes que adoran y trabajan juntos. Está compuesta de católicos que generalmente viven en el mismo vecindario. Es parte de una diócesis que es dirigida por un obispo.

The Parish Is Our Home

WE GATHER

✝ **Leader:** Let us listen to the words of Jesus.

Reader: "I have called you friends. As I have loved you, so you also should love one another." (John 15:15; 13:34)

All: Thank you, Jesus, for calling us to be your friends and followers in the Church.

When does your whole family get together? Why?

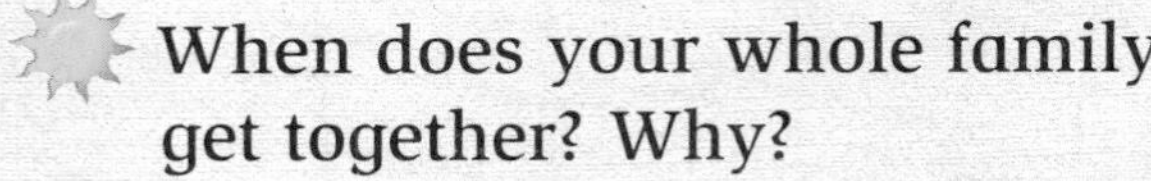

WE BELIEVE

We belong to a parish.

A parish is like a family. A **parish** is a community of believers who worship and work together. It is made up of Catholics who usually live in the same town or neighborhood. It is part of a diocese which is led by a bishop.

Thank You JESUS!

Tina

Francis

Maria

Francis

Los miembros de una parroquia comparten la misma fe en Jesucristo. Los miembros de la parroquia se reúnen:

- para celebrar la misa y los demás sacramentos
- para rezar, aprender y crecer en la fe
- para trabajar por las necesidades de su parroquia
- para dar la bienvenida a personas que quieren ingresar a la Iglesia. Esas personas aprenden de otros sobre la fe católica. Ellas se preparan para los sacramentos de el Bautismo, la Confirmación y la Eucaristía.

Perteneces a una parroquia. En tu parroquia hay muchas formas de vivir y crecer como católico.

Dibuja o escribe sobre una vez que participaste en una actividad parroquial.

Muchas personas sirven en nuestra parroquia.

Por nuestro bautismo Dios nos llama. El nos llama a hacer su trabajo. Este trabajo es llevar la buena nueva de Jesucristo a otros. Ayudar en nuestra parroquia es una forma de servir a Dios y a la Iglesia.

The members of a parish share the same faith in Jesus Christ. Parish members:

- come together for the celebration of the Mass and other sacraments
- come together to pray, learn, and grow in faith
- work together to meet the needs of their parish
- welcome people who want to become members of the Church. These people learn from others about the Catholic faith. They prepare for the Sacraments of Baptism, Confirmation, and Eucharist.

You belong to a parish. In your parish there are many ways to live and grow as a Catholic.

Draw or write about one time you took part in a parish activity.

Many people serve our parish.

Through our Baptism God calls each one of us. He calls us to do his work. This work is to bring the Good News of Jesus Christ to others. Helping in our parish is a way to serve God and the Church.

Párroco es el sacerdote que dirige a una parroquia en adoración, oración y enseñanza. Su trabajo más importante es dirigir a la parroquia en la celebración de la misa. La parroquia puede tener otros sacerdotes que trabajan con el párroco. Ellos ayudan celebrando los sacramentos y en otras actividades.

Algunas veces la parroquia tiene un diácono. **Diácono** es un hombre que no es sacerdote pero que ha recibido el sacramento del Orden. El sirve a la parroquia predicando, bautizando y ayudando a los obispos y a los sacerdotes.

Hay muchas formas de servir en tu parroquia. Estas son llamadas *ministerios*. Algunos ministerios son: catequista, director de servicios a los jóvenes, director de ministerios sociales, ministros extraordinarios de la Sagrada Comunión, director musical, acólitos y lectores.

¿Cómo pueden tú y tu familia ayudar y servir en tu parroquia?

Como católicos...

Algunas parroquias no tienen sacerdotes. En este caso el obispo de la diócesis selecciona un *administrador pastoral* para servir a la parroquia. Este administrador dirige las actividades de la parroquia. Guía a la parroquia en la educación religiosa y la oración. Sin embargo, el obispo siempre asigna a un sacerdote para celebrar la misa y los demás sacramentos.

¿Conoces alguna parroquia que tenga un administrador pastoral?

Nuestra comunidad parroquial se reúne para alabar.

Las celebraciones son partes importantes de la vida de la parroquia. La Iglesia siempre se ha reunido para celebrar la vida, la muerte y la resurrección de Jesús. Participar en la misa es parte importante de pertenecer a la Iglesia.

Jesús dijo: "Donde dos o tres se reúnen en mi nombre, allí estoy yo en medio de ellos". (Mateo 18:20) Así que cuando nos reunimos como parroquia, estamos en la presencia de Jesús. Nos reunimos a adorar, a dar gracias y a alabar a Dios.

Cada vez que, como parroquia, celebramos la misa y los sacramentos mostramos nuestra fe en Jesús. Mostramos nuestro amor por él y por los demás.

Nombra algo que te gusta del culto de tu parroquia.

A **pastor** is the priest who leads the parish in worship, prayer, and teaching. His most important work is to lead the parish in the celebration of the Mass. The parish might have other priests who work with the pastor. They also lead the parish in the celebration of the sacraments and in parish activities.

Sometimes the parish has a deacon. A **deacon** is a man who is not a priest but has received the Sacrament of Holy Orders. He serves the parish by preaching, baptizing, and assisting the pastor.

There are many ways of serving in your parish. These are called *ministries*. Some ministries are: catechist, director of youth services, director of social ministries, extraordinary ministers of Holy Communion, director of music, altar server, and reader.

How can you and your family help and serve your parish?

As Catholics...

Some parishes do not have priests to serve them. So the bishop of the diocese selects a *pastoral administrator* to serve the parish. This administrator leads parish activities. He or she guides the parish in religious education and prayer. However, the bishop always assigns a priest to celebrate Mass and the other sacraments at these parishes.

Do you know of any parishes with a pastoral administrator?

Our parish worships together.

Celebrations are an important part of parish life. The Church has always gathered to celebrate the life, Death, and Resurrection of Jesus. Participating in Mass is an important part of belonging to the Church.

Jesus said, "Where two or three are gathered together in my name, there am I in the midst of them." (Matthew 18:20) So when we gather as a parish, we are in the presence of Jesus. We gather to worship, to give thanks and praise to God.

Every time we celebrate Mass and the sacraments as a parish, we show our faith in Jesus. We show our love for him and for one another.

Name one thing you enjoy about worshiping with your parish.

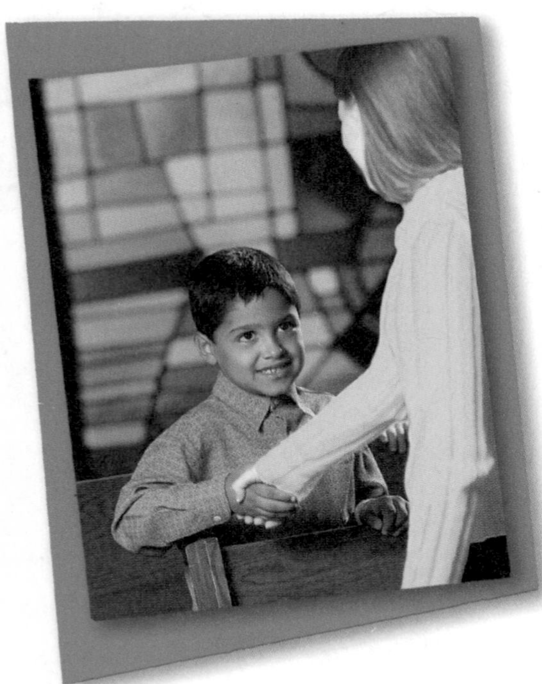

Nuestra parroquia ayuda a otros.

La alabanza en nuestra parroquia nos anima a ayudar a otros. Al final de la misa el sacerdote o el diácono nos envia a compartir el amor de Dios con otros. El puede decir: "Pueden ir en paz". Contestamos: "Demos gracias a Dios". Pero nuestra verdadera respuesta es el esfuerzo diario de ayudar a otros.

Amamos y servimos al Señor y a los demás:

- estudiando y aprendiendo más sobre nuestra fe católica
- compartiendo la buena nueva
- compartiendo lo que tenemos, dinero, tiempo, talentos, con los demás
- cuidando de los necesitados, los enfermos, los pobres, los que no tienen que comer
- haciendo las paces con los demás, aun cuando nos hayan ofendido
- trabajando por la justicia y tratando a todos con justicia y respeto
- Protegiendo los derechos de las personas que no tienen quien las defienda.

Todas estas acciones no son sólo cosas buenas. Son formas de mostrar que somos verdaderos seguidores de Jesucristo y miembros de su cuerpo, la Iglesia.

RESPONDEMOS

¿Qué cosas suceden en tu parroquia? Haz una lista de algunas de ellas.

____

____

____

____

Vocabulario

parroquia (pp 316)

párroco (pp 316)

diácono (pp 315)

Our parish cares for others.

Our parish worship encourages us to help others. At the end of Mass, the priest or deacon sends us out to share in God's love with others. He may say, "Go in peace." We answer, "Thanks be to God." But our real answer comes in our daily effort to help others.

We love and serve the Lord and others by:

- studying and learning more about our Catholic faith
- sharing the Good News
- sharing what we have—our money, our time, and our talents—with one another
- caring for those in need—the sick, the poor, and the hungry
- making peace with others, even those who hurt us
- working for justice by treating all people fairly and with respect
- protecting the rights of people who cannot stand up for themselves.

All these actions are not just nice things to do. They are ways to show that we are true followers of Jesus Christ and members of his Body, the Church.

WE RESPOND

What kinds of things take place in your parish? List some of these things below.

____

____

____

____

Key Words

parish (p. 319)
pastor (p. 320)
deacon (p. 318)

HACIENDO DISCÍPULOS

Muestra lo que sabes

Tacha una letra sí y otra no para encontrar las palabras del Vocabulario. Cuando termines escribe su definición.

Parroquia

P T A H R W R G O V Q P U M I B A   Una Parroquia

es una comdnidad de creyentes que adonan y trabijam juntos.

Parroco

P T Á W R Q R B O U C N O ______________________

____

Diacono

D K I L A F C E O T N O ______________________

____

Reza

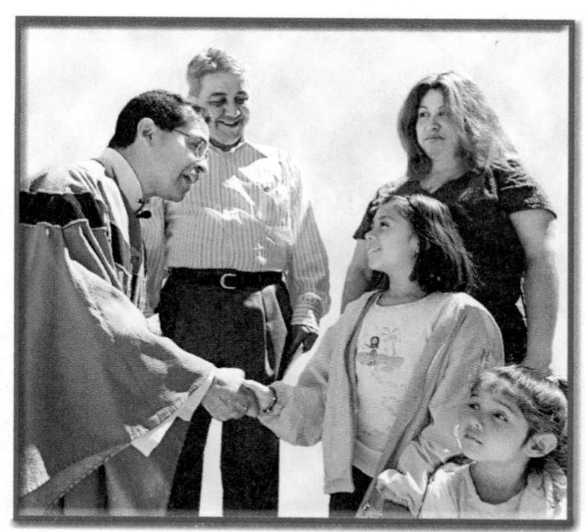

Haz esta oración por tu parroquia.

Dios, Padre, bendice nuestra parroquia. Ayúdanos a acoger a todo el que venga a alabar.

Jesús, quédate con nosotros cuando celebramos tu vida, muerte y resurrección.

Espíritu Santo, llena nuestra parroquia de tu amor. Ayúdanos a amarnos unos a otros en nuestra parroquia y nuestra familia
Amén

parroquia

Compártelo.

PROJECT DISCIPLE

Show What you Know

Cross out every other letter to find each 

.
Then write its definition.

P S A I R A I P S A H R ______________________

____

P O A T S O T R O P R A ______________________

____

D O E C A E C D O C N E ______________________

____

Pray this prayer for your parish.

God, our Father, bless our parish.
Help us to welcome all who come to worship.

Jesus, be with us as we celebrate your life,
Death, and Resurrection.

Holy Spirit, fill our parish with your love.
Help us to love one another in our parish
and in our family.
Amen.

Now, pass it on!

HACIENDO DISCIPULOS

Hazlo

Diseña un honor para una persona que sirve en tu parroquia. Puede ser el párroco, el diácono, o el director de la escuela. Escribe en el honor las cosas que crees que esa persona hace para llevar la buena nueva de Jesús a otros. Comparte tu idea con el resto del grupo.

Datos

Un encuesta reciente encontró que hay más de 64 millones de católicos en los Estados Unidos y aproximadamente 18,479 parroquias.

Tarea

Durante la misa recordamos a los enfermos. La próxima vez que asistas a misa con tu familia, escuchen los nombres de los enfermos que necesitan oraciones. Decidan rezar por ellos durante la siguiente semana.

PROJECT DISCIPLE

Make *it* Happen

Design an award for a person who serves in your parish. It might be for the pastor, the deacon, or the school principal. On the award, write or draw one thing that this person does to bring the Good News of Jesus to others. Share your idea with your class.

Fast Facts

A recent survey found that there are over 64 million Catholics in the United States and approximately 18,479 parishes.

Take Home

During Mass we remember those who are sick. Next time you go to Mass with your family, listen for the names of those who need your prayers. Make a point of praying for these people during the next week.

Dios nos llama a la santidad

NOS CONGREGAMOS

Líder: Vamos a escuchar la palabra de Dios.

Lector: Lectura de la primera carta de San Juan.

"Queridos hermanos, si Dios nos ha amado así,
nosotros también debemos amarnos unos a otros.
A Dios nunca lo ha visto nadie, pero si nos amamos
unos a otros, Dios vive en nosotros y su amor se
hace realidad en nosotros". (1 Juan 4:11, 12)
Palabra de Dios

Todos: Te alabamos, Señor.

Pueblo santo y elegido/Holy People, Chosen People

Caminamos hacia ti,
oh ciudad de nuestro Dios,
construyendo este mundo
la verdad y el amor.

We go forward, fellow pilgrims,
with our hope whose name is Jesus.
He will save us, he will guide us,
with the light which is his word.

¿Que contestarías si alguien te pregunta:
¿Qué quieres ser cuando seas mayor?

CREEMOS

Dios nos llama a cada uno.

Por el Bautismo Dios nos llama a amarlo y servirlo. Esta es la misión que compartimos como miembros de la Iglesia. Nuestra misión es aprender de Jesús y continuar su trabajo en el mundo. Somos llamados a mostrar a Jesús a los demás para que ellos también lo amen y lo sigan.

God Calls Us to Holiness

WE GATHER

✝ **Leader:** Let us listen to the Word of God.

Reader: A reading from the first Letter of Saint John

"Beloved, if God so loved us, we also must love one another. No one has ever seen God. Yet, if we love one another, God remains in us, and his love is brought to perfection in us." (1 John 4:11, 12)

The word of the Lord.

All: Thanks be to God.

♫ **Holy People, Chosen People/Pueblo santo y elegido**

We go forward, fellow pilgrims,
with our hope whose name is Jesus.
He will save us, he will guide us,
with the light which is his word.

Caminamos hacia ti,
oh ciudad de nuestro Dios,
construyendo este mundo
la verdad y el amor.

What would you say if someone asked you, "What do you want to be when you grow up?"

WE BELIEVE

God calls each of us.

In Baptism God calls all of us to love and to serve him. This is the mission we share as members of the Church. Our mission is to learn from Jesus and to continue his work in the world. We are called to show others who Jesus is so they will love and follow him, too.

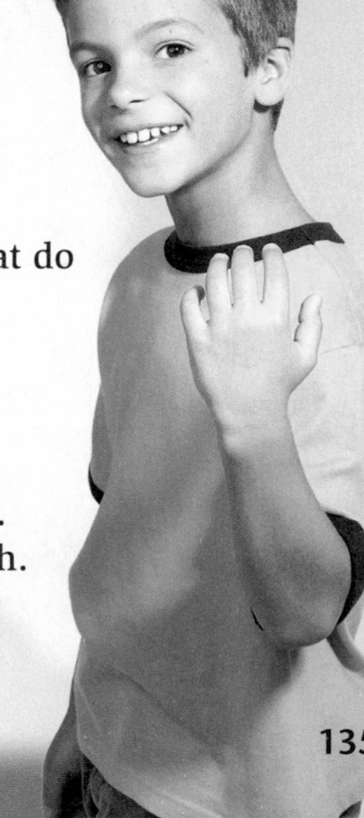

Vocación es una llamada de Dios a servirlo de manera especial. Todo bautizado tiene una vocación de amor y servicio a Dios. Hay formas específicas de seguir nuestra vocación: como solteros o casados, hermanos o hermanas religiosos, sacerdotes o diáconos.

Nadie vive su vocación solo. Vivimos como miembros de la Iglesia.

Habla con un compañero de personas en tu parroquia que siguen su vocación de servicio a Dios. Da algunos ejemplos de cómo lo hacen.

Dios nos llama a todos a ser santos.

La mayoría de los católicos viven su vocación como laicos. **Laicos** son los miembros bautizados de la Iglesia que comparten la misión de llevar la buena nueva de Cristo al mundo.

Algunos laicos son llamados a la vocación de casados. Los esposos muestran a Jesús al mundo por medio del amor que los une. Una forma importante de vivir su vocación es enseñando a su familia a rezar y a seguir a Jesucristo.

Algunos laicos viven su vocación como solteros. Ellos también responden el llamado de Dios viviendo sus vidas como lo hizo Jesús. Ellos usan su tiempo y talentos para servir a otros.

A **vocation** is God's call to serve him in a certain way. Each baptized person has a vocation to love and serve God. There are specific ways to follow our vocation: as single or married people, religious brothers or sisters, or priests or deacons.

None of us lives our vocation alone. We live it as a member of the Church.

With a partner talk about people in your parish who follow their vocations to serve God. Give some examples of how they do this.

____

____

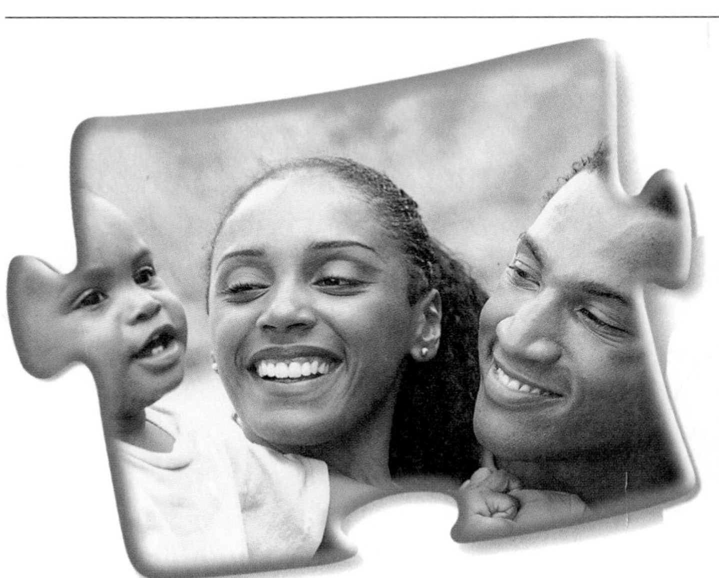

God calls everyone to be holy.

Most Catholics live out their vocation as laypeople. **Laypeople** are baptized members of the Church who share in the mission to bring the Good News of Christ to the world.

Some laypeople are called to the vocation of married life. A husband and wife show Jesus to the world by the love that unites them. One important way they live out their vocations is by teaching their family to pray and to follow Jesus Christ.

Some laypeople live their vocation as single people in the world. They, too, answer God's call by living their lives as Jesus did. They use their time and talents to serve others.

Dios llama a todo el mundo a la santidad. Nuestra santidad viene de compartir la vida de Dios. Vivir una vida de santidad significa compartir la buena nueva de Jesús y ayudar a construir el reino de Dios. Esto lo hacemos cuando:

- hablamos de Jesús en nuestra parroquia, escuela o lugar de trabajo
- tratamos a los demás como Jesús trató a la gente
- nos preocupamos de los necesitados
- ayudamos a otros a saber que la vida y el amor de Dios están vivos en el mundo.

Dios llama a algunos hombres al sacerdocio o diáconos.

Algunos hombres son llamados a ser sacerdotes o diáconos permanentes para servir a Dios y la Iglesia. Estos hombres son ordenados como sacerdotes o diáconos por un obispo en el sacramento del Orden.

Mira las ilustraciones. ¿Cómo cada persona está viviendo su vocación? Dibuja una forma en que contestas el llamado de Dios hoy.

Los sacerdotes tienen un papel de ministerio muy importante. Ellos predican el mensaje de Jesús y nos ayudan a vivir nuestra fe. Nos dirigen en la celebración de la misa y los demás sacramentos. Los sacerdotes prometen no casarse. Esto les permite compartir el amor de Dios con todos e ir dondequiera que su obispo le mande.

Los diáconos permanentes son hombres, solteros o casados, ordenados para servir en un ministerio especial: predicar, bautizar y servir a la Iglesia.

Reza por los sacerdotes y los diáconos.

God calls all people to holiness. Our holiness comes from sharing God's life. To live a life of holiness means to share the Good News of Jesus and help to build up God's Kingdom. We do this when we:

- tell others in our parish, our school, and our workplace about Jesus
- treat others as Jesus did
- care for those in need
- help others to know that God's life and love are alive in the world.

Look at the pictures. How is each person following his or her vocation? Draw a way you follow God's call right now.

God calls some men to be priests or deacons.

Some men are called to serve God and the Church as priests or permanent deacons. These men are ordained as priests or deacons by a bishop in the Sacrament of Holy Orders.

Priests have a very important role of ministry in the Church. They preach the message of Jesus and help us to live our faith. They lead us in the celebration of the Mass and the sacraments. Priests promise not to marry. This allows them to share God's love with all people and to go wherever the bishop sends them.

Permanent deacons are single or married men ordained to be a special ministry of service—preaching, baptizing, and serving the Church.

Pray for all priests and deacons.

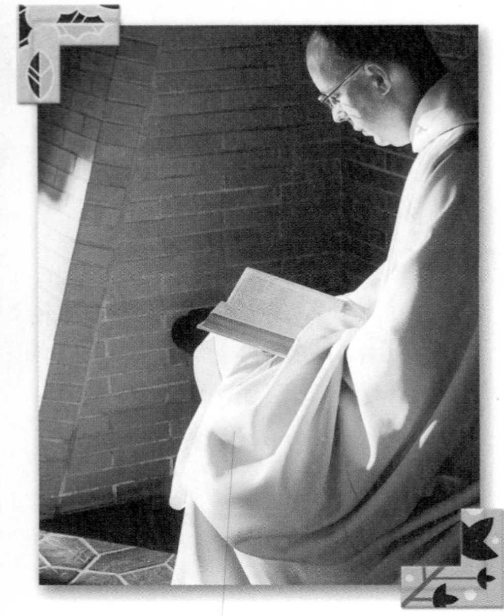

Dios llama a algunos para ser religiosos.

Algunos miembros de la Iglesia siguen a Jesucristo en la vida religiosa. Ellos son sacerdotes, hermanos y hermanas que pertenecen a comunidades religiosas. Ellos comparten sus vidas con Dios y con otros en forma especial.

Como miembros de sus comunidades religiosas ellos hacen **votos**, o promesas a Dios. Los votos generalmente son de castidad, pobreza y obediencia. Los religiosos prometen:

- vivir una vida de amor y servicio en la Iglesia y en sus comunidades religiosas. Por no estar casados dedican su vida a compartir el amor de Dios con todo el mundo.
- Vivir simplemente como vivió Jesús y no tener posesiones personales.
- Prometen escuchar cuidadosamente las direcciones de Dios en sus vidas e ir donde su comunidad religiosa los envíe a hacer el trabajo de Dios.

Los religiosos sirven a la Iglesia en diferentes formas. Algunos viven solos, otros viven en comunidad. Algunos viven separados del mundo para rezar todo el tiempo. Otros combinan la oración con una vida de servicios como maestros, trabajadores sociales, misioneros, doctores o enfermeras.

Vocabulario

vocación (pp 317)
laico (pp 316)
votos (pp 317)

Como católicos...

Hay dos formas de servir en la vida sacerdotal. Los sacerdotes diocesanos sirven en la diócesis, generalmente en parroquias.

Los sacerdotes que viven en comunidades religiosas, por ejemplo los franciscanos sirven donde sus comunidades los necesitan. Pueden ser maestros misioneros, doctores o escritores. Cualquiera que sea su vocación es servir a Dios por medio de su sacerdocio.

¿Son los sacerdotes de tu parroquia diocesanos o pertenecen a una comunidad religiosa?

RESPONDEMOS

La Iglesia necesita ayuda y apoyo de todas las vocaciones. Cada vocación es importante para el crecimiento de la Iglesia.

Escribe una oración pidiendo a Dios ayude a todos los miembros de la Iglesia en sus vocaciones.

God calls some people to religious life.

Some Church members follow Jesus Christ in the religious life. They are priests, brothers, or sisters who belong to religious communities. They share their lives with God and others in a special way.

As members of their religious communities they make **vows**, or promises to God. The vows usually are chastity, poverty, and obedience. Those in religious life promise to:

- live a life of loving service to the Church and their religious community. By not marrying they can devote themselves to sharing God's love with all people.
- live simply as Jesus did and own no personal property.
- listen carefully to God's direction in their lives and to go wherever their religious community sends them to do God's work.

Those in religious life serve the Church in many different ways. Some live alone; others live in community. Some live apart from the world so they can pray all the time. Others combine prayer with a life of service as teachers, social workers, missionaries, doctors, and nurses.

WE RESPOND

The Church needs the help and support of people in every vocation. Each vocation is important for the growth of the Church.

Write a prayer asking God to help all Church members in their vocations.

As Catholics...

There are two different ways of serving in the priestly life. Diocesan priests serve in a diocese, usually in a parish. Priests in religious communities, such as the Franciscans, serve wherever their community needs them. They might be missionaries, teachers, doctors, or writers. But whatever their work, their vocation is to serve God through their priesthood.

Are the priests in your parish diocesan priests? or are they in a religious community?

Key Words

vocation (p. 320)
laypeople (p. 319)
vows (p. 320)

HACIENDO DISCÍPULOS

Muestra lo que sabes

Aparea los símbolos con las letras para encontrar las palabras del Vocabulario.

✺	♣	★	⊘	♥	⊕	✤	❉	◆	⊛	☘	◎	✣
A	C	E	I	L	N	O	P	S	T	V	W	Y

1. Una V O C A C I O N es un llamado de Dios a servirlo de una manera especial.
2. L A I C O S son bautizados miembros de la Iglesia que comparten la misión de llevar la buena nueva de Cristo al mundo.
3. Miembros de comunidades religiosas hacen V O T O S, o promesas a Dios.

¿Qué harás?

¿Qué harás de estas cosas para tratar de vivir una vida santa? Encierra en un círculo **Sí** o **No**.

- Invitar a un estudiante nuevo en la escuela a comer contigo. **Sí** **No**
- Ignorar a tu madre cuando te pide limpiar tu cuarto. **Sí** **No**
- Rezar por los niños y sus familias desamparadas. **Sí** **No**
- Enojarme cuando mi amigo quiere jugar otro juego. **Sí** **No**

Grade 3 • Chapter 12

PROJECT DISCIPLE

Show What you Know

Match the symbol with its letter to find the Key Word that completes the sentence.

✺	♣	★	⊘	♥	⊕	✥	❉	◆	⊛	☘	◎	✤
A	C	E	I	L	N	O	P	S	T	V	W	Y

1. A ____ ____ ____ ____ ____ ____ ____ ____ is God's call to serve him in a certain way.
(☘ ✥ ♣ ✺ ⊛ ⊘ ✥ ⊕)

2. ____ ____ ____ ____ ____ ____ ____ ____ ____ are baptized members of the Church who share in the mission to bring the Good News of Christ to the world.
(♥ ✺ ✤ ❉ ★ ✥ ❉ ♥ ★)

3. Members of religious communities make ____ ____ ____ ____, or promises to God.
(☘ ✥ ◎ ◆)

What Would you do?

Which of the following would you do to try to live a life of holiness? Circle **Yes** or **No**.

- Invite a new student to eat lunch with you. **Yes** **No**
- Ignore your mother when she tells you to clean your room. **Yes** **No**
- Pray for children and their families who are homeless. **Yes** **No**
- Get upset when a friend wants to play a different game. **Yes** **No**

HACIENDO DISCIPULOS

Vidas de santos

Los santos son ejemplos de santidad. Martín de Porres nació en Lima, Perú, en 1579. Durante su niñez muchas veces no fue tratado con respeto. Pero aprendió como respetar a los demás.

Cuando creció Martín se hizo religioso. Pasó cada día cuidando de los niños pobres, de los enfermos y desamparados. Aprende más sobre ejemplos de santidad visitando: *Vidas de santos* en **www.creemosweb.com**.

Investiga

No importa cual sea nuestra vocación, podemos ser misioneros. Los misioneros llevan la buena nueva de Jesús al mundo. Glenmary Home Missioners sirve a personas en pueblos pequeños y áreas rurales de los Estados Unidos. Busca más información sobre Glenmary Home Missioners visitando www.glenmary.org.

RETO PARA EL DISCIPULO Escribe algo que descubriste en tu búsqueda.

____

Tarea

En familia hagan una encuesta sobre la santidad. Pregunta a cada uno lo que hacen diariamente.

¿Cómo pueden servir a Dios con su trabajo?

PROJECT DISCIPLE

The saints are examples of holiness. Martin de Porres was born in Lima, Peru in 1579. During his childhood he was not always treated with respect. But he learned how to treat others with respect.

When he grew up, Martin became a religious brother. He spent each day caring for poor children and for the sick and homeless. Learn more examples of holiness by visiting *Lives of the Saints* at **www.webelieveweb.com**.

More to Explore

No matter our vocation, we can all be missionaries. Missionaries bring the Good News of Jesus out into the world. Glenmary Home Missioners serve people in small-town and rural areas of the United States. Find out more about the Glenmary Home Missioners by visiting www.glenmary.org.

DISCIPLE CHALLENGE Write one thing you discover in your search.

____

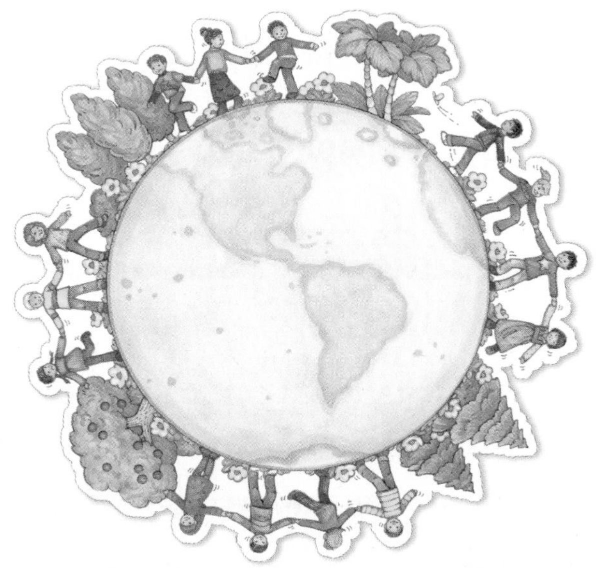

Take Home

Take a holiness survey with your family. Ask each member what they do in a work day.

How do they serve God through their work?

Adviento

El Tiempo de Adviento nos ayuda a preparar para la venida del Hijo de Dios.

NOS CONGREGAMOS

Preparen el camino

Preparen el camino,
el camino del Señor,
que los montes se aplanen,
los pozos se rellenen.
Preparen el camino del Señor.

CREEMOS

La palabra *adviento* significa "venida". Cada año durante el Adviento nos preparamos para celebrar la primera venida del Hijo de Dios. Nos preparamos para celebrar el nacimiento de Jesucristo en Navidad.

Durante el Adviento, nos regocijamos de que Jesús es nuestro Salvador. El es el Hijo de Dios enviado para salvarnos de nuestros pecados. Recordamos que el pueblo de Dios esperó durante muchos años la llegada del Salvador. Durante esos años de espera, Dios habló a su pueblo por medio de los profetas. Los profetas dijeron al pueblo que se preparara para el Salvador.

"Preparen el camino del Señor, ábranle un camino recto".

Lucas 3:4

Advent

The season of Advent helps us prepare for the coming of the Son of God.

WE GATHER

 **Prepare the Way**

Prepare the way
for the coming of God.
Make a straight path
for the coming of God.

WE BELIEVE

The word *Advent* means "coming." Each year during Advent we prepare to celebrate the first coming of the Son of God. We prepare to celebrate the birth of Jesus Christ at Christmas.

During Advent, we rejoice that Jesus is our Savior. He is the Son of God sent to save us from sin. We remember that God's people waited many, many years for the Savior to come. During those years of waiting, God spoke to his people through the prophets. The prophets told the people to prepare for the Savior.

"Prepare the way of the Lord,
make straight his paths."

Luke 3:4

El pueblo debía:

- rezar y adorar a Dios
- ser justo con todos
- alejarse del pecado y pedir a Dios ayuda para vivir una buena vida.

Las cuatro semanas de Adviento son especiales para nosotros. Igual que el pueblo de Dios hace muchos años, nos preparamos para la venida del Salvador. Rezamos a Dios, pedimos perdón de nuestros pecados y trabajamos por la paz. De nuevo esperamos la venida del Hijo de Dios. Nos preparamos para la segunda venida de Jesucristo.

¿Qué puedes hacer durante el Adviento para preparar el camino del Señor? Escríbelo aquí.

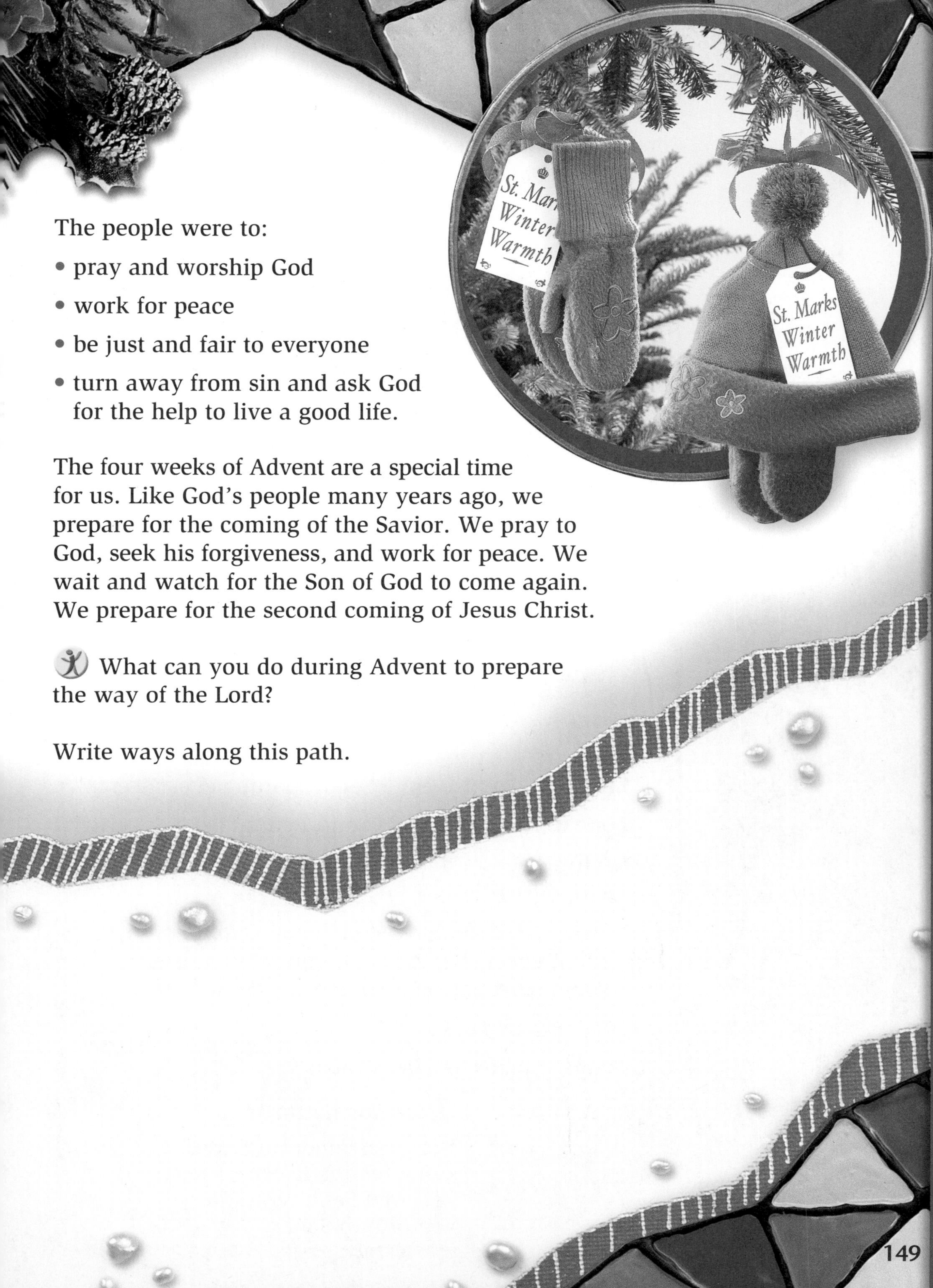

The people were to:

- pray and worship God
- work for peace
- be just and fair to everyone
- turn away from sin and ask God for the help to live a good life.

The four weeks of Advent are a special time for us. Like God's people many years ago, we prepare for the coming of the Savior. We pray to God, seek his forgiveness, and work for peace. We wait and watch for the Son of God to come again. We prepare for the second coming of Jesus Christ.

What can you do during Advent to prepare the way of the Lord?

Write ways along this path.

RESPONDEMOS

La Iglesia honra a los santos durante todo el año. He aquí algunos santos que honramos durante el Adviento. Ellos nos ayudan a regocijarnos en la venida del Señor. Sus vidas nos ayudan a ver que el Señor está cerca.

El pueblo suizo estaba sufriendo hambre. Ellos rezaron a Santa Lucia y recibieron ayuda.

María se apareció a San Juan Diego en México.

San Nicolás ayudó a familias pobres dándoles dinero.

¿Cómo tu parroquia y tu familia celebran el Tiempo de Adviento?

✝ Respondemos en oración

Líder: ¡Alégrense en el Señor, porque él está cerca!

Todos: ¡Alégrense en el Señor, porque él está cerca!

Lector: Lectura de la carta de San Pablo a los Filipenses

"Alégrense siempre en el Señor. Repito: ¡Alégrense! Que todos los conozcan a ustedes como personas bondadosas". (Filipenses 4:4–5)

Palabra de Dios

Todos: Demos gracias a Dios.

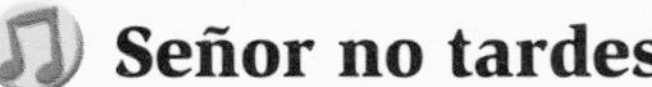

Señor no tardes

Ven, ven Señor no tardes,
ven, ven que te esperamos,
ven, ven Señor no tardes,
ven pronto Señor.

WE RESPOND

The Church honors saints all year long. Here are some saints that we honor during Advent. They help us to rejoice in the coming of the Lord. Their lives help us to see that the Lord is near.

The people of Sweden were suffering from hunger. They prayed to Saint Lucy and received help.

Mary made an appearance to Saint Juan Diego in Mexico.

Saint Nicholas helped poor families by giving them money.

How does your family and parish celebrate the season of Advent?

✝ We Respond in Prayer

Leader: Rejoice in the Lord for he is near!

All: Rejoice in the Lord for he is near!

Reader: A reading from the Letter of Saint Paul to the Philippians

"Rejoice in the Lord always. I shall say it again: rejoice! Your kindness should be known to all. The Lord is near." (Philippians 4:4–5)

The word of the Lord.

All: Thanks be to God.

Do Not Delay

Do not delay,
Come, Lord, today:
Show us the way
to the Father.

HACIENDO DISCÍPULOS

Muestra lo que sabes

Usa las palabras en el cuadro para escribir sobre el tiempo de Adviento.

Adviento
preparación
Salvador
profetas
rezar
alabar

Vidas de santos

San Nicolás fue obispo de Myra, ciudad localizada en lo que es hoy Turquía. Nicolás nació en una familia adinerada pero usó el dinero heredado para ayudar a los pobres. El se conoce por su generosidad y por su gran amor por los niños. Su fiesta se celebra el 6 de diciembre.

¿Qué harás?

Durante el Adviento haré...	
Semana 1	
Semana 2	
Semana 3	
Semana 4	

Tarea

Habla con tu familia sobre formas de prepararse durante las cuatro semanas de Adviento.
Haz un plan.

PROJECT DISCIPLE

Show What you Know

Use the words in the box to write about the Advent season.

Advent
prepare
Savior
prophets
pray
worship

Saint Stories

Saint Nicholas was bishop of Myra, a city located in a country that is now Turkey. Nicholas was born into a wealthy family but used the money he inherited to assist those who were poor. He was known for his generosity and for his great love of children. His feast day is December 6th.

What Would you do?

During Advent I will...	
Week 1	
Week 2	
Week 3	
Week 4	

Take Home

Talk with your family about ways to prepare during the four weeks of Advent. Make a plan.

Navidad

Adviento | Navidad | Tiempo Ordinario | Cuaresma | Tres Días | Tiempo de Pascua | Tiempo Ordinario

Navidad es un tiempo especial para celebrar que Dios está con nosotros

NOS CONGREGAMOS

¿Has esperado a alguien alguna vez? ¿Cómo te sentiste cuando llegó esa persona? ¿Qué hiciste para celebrar?

CREEMOS

Durante el Tiempo de Navidad celebramos que ha terminado la espera. El Salvador esperado por el pueblo de Dios ha llegado. El Hijo de Dios se hizo uno de nosotros para salvarnos. Jesús es el Hijo de Dios que vivió entre nosotros.

Lucas 2:1–12

Cuando María y José vivían, el emperador dictó una nueva ley. Todo el mundo tenía que ser contado. Los hombres tenían que ir al pueblo de su familia. Ellos tenían que firmar una lista y ser contados.

José nació en Belén, la ciudad de David. Así que fue a Belén con María.

"Y sucedió que mientras estaban en Belén, le llegó a María el tiempo de dar a luz. Y allí nació su primer hijo, y lo envolvió en pañales y lo acostó en el establo, porque no había alojamiento para ellos en el mesón". (Lucas 2:6–7)

"Hoy les ha nacido un Salvador, Cristo el Señor"

Salmo responsorial para la misa de Medianoche

Christmas

The Christmas season is a special time to celebrate that God is with us.

WE GATHER

Have you ever waited for someone? How did you feel when that person arrived? What did you do to celebrate?

WE BELIEVE

During the season of Christmas we celebrate that the wait is over. The Savior that God's people had waited for has come. The Son of God became one of us to save us. Jesus is the Son of God who lived among us.

Luke 2:1–12

During the time of Mary and Joseph, the emperor made a new rule. All the people of the whole world had to be counted. All men had to go to the town of their father's family. They had to sign a list and be counted.

Joseph was from Bethlehem, the city of David. So he had go to Bethlehem with Mary.

"While they were there, the time came for her to have her child, and she gave birth to her firstborn son. She wrapped him in swaddling clothes and laid him in a manger, because there was no room for them in the inn." (Luke 2:6–7)

"Today is born our Savior, Christ the Lord!"

Responsorial Psalm, Christmas Mass at Midnight

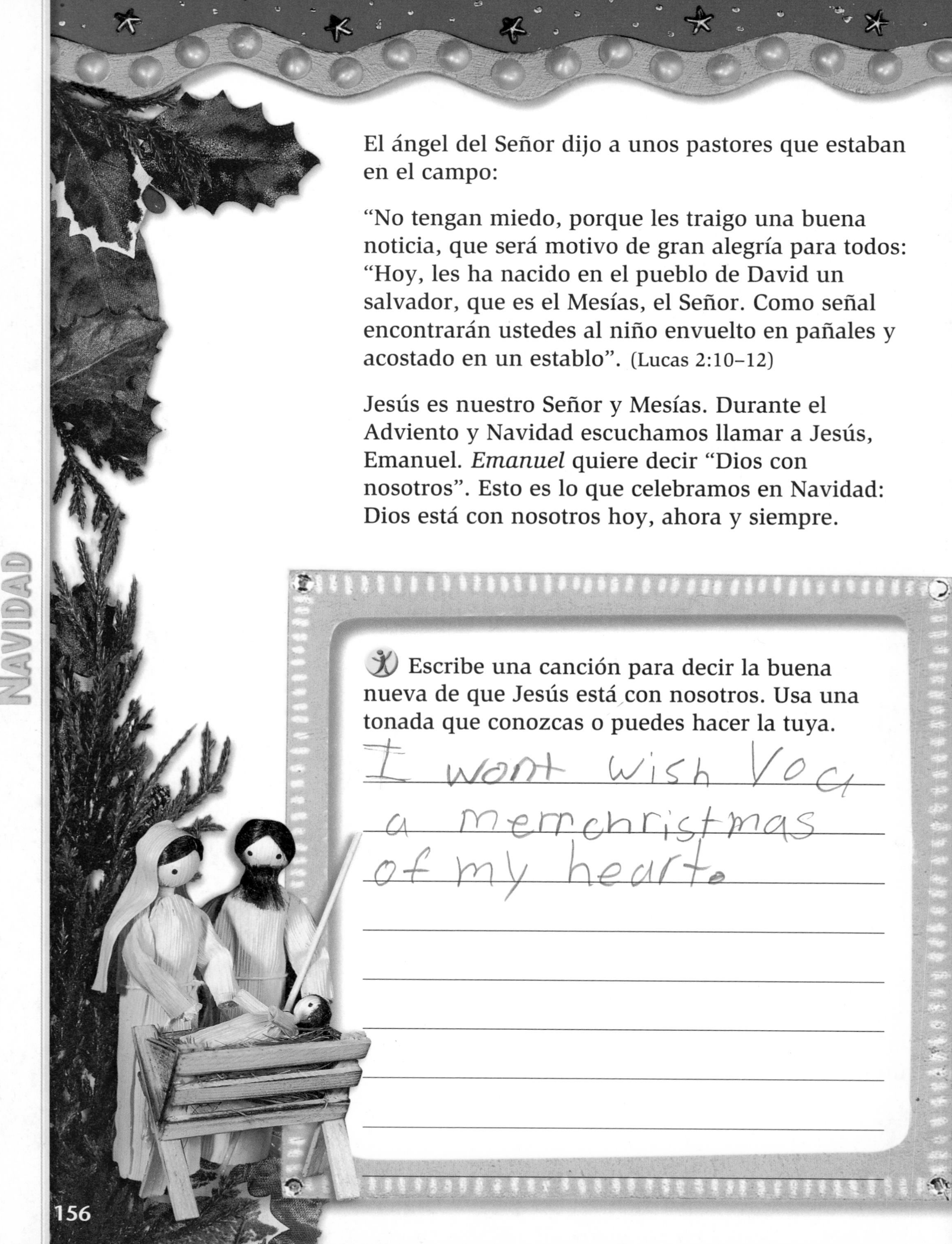

El ángel del Señor dijo a unos pastores que estaban en el campo:

"No tengan miedo, porque les traigo una buena noticia, que será motivo de gran alegría para todos: "Hoy, les ha nacido en el pueblo de David un salvador, que es el Mesías, el Señor. Como señal encontrarán ustedes al niño envuelto en pañales y acostado en un establo". (Lucas 2:10–12)

Jesús es nuestro Señor y Mesías. Durante el Adviento y Navidad escuchamos llamar a Jesús, Emanuel. *Emanuel* quiere decir "Dios con nosotros". Esto es lo que celebramos en Navidad: Dios está con nosotros hoy, ahora y siempre.

Escribe una canción para decir la buena nueva de que Jesús está con nosotros. Usa una tonada que conozcas o puedes hacer la tuya.

I wont wish You a merrchristmas of my heart.

There were shepherds in the fields nearby.
The angel of the Lord came to them and said:

"Do not be afraid; for behold, I proclaim to you good news of great joy that will be for all the people. For today in the city of David a savior has been born for you who is Messiah and Lord. You will find an infant wrapped in swaddling clothes and lying in a manger." (Luke 2:10–12)

Jesus is our Lord and Messiah. During Advent and Christmas we hear Jesus called Emmanuel. The name *Emmanuel* means "God with us." This is what we are celebrating during Christmas: God is with us today, now and forever.

Write your own song to tell others the Good News that Jesus is with us. Use a tune you know or make up one of your own.

____

____

____

____

____

____

____

____

Navidad es un tiempo de celebración. La Iglesia celebra muchas fiestas importantes durante ese tiempo.

25 de diciembre	Navidad
Primer domingo de Navidad	Sagrada Familia
Segundo domingo de Navidad	Epifanía
Tercer domingo de Navidad	El Bautismo del Señor
26 de diciembre	San Esteban
27 de diciembre	San Juan apóstol
28 de diciembre	Santos Inocentes
29 de diciembre	Santo Tomás Becket
1 de enero	María, Madre de Dios
4 de enero	Santa Isabel Ann Seton
5 de enero	San Juan Neumann

RESPONDEMOS

Dibuja una forma en que tu parroquia celebra durante el Tiempo de Navidad.

Respondemos en oración

Líder: Te damos gracias, Dios, por las vidas de los Santos. Quédate con nosotros le pedimos que intercedan por nosotros.

Todos: Bendito sea Dios por siempre.

Lector: Esteban fue un diácono. El fue el primero en dar su vida por la fe en Jesús.

San Esteban,

Todos: Ruega por nosotros.

Lector: Jesús escogió a Juan para ser su apóstol.

San Juan escribió de uno de los evangelios. El escribió que Dios es amor. San Juan,

Todos: Ruega por nosotros.

The Christmas season is a season of celebration. The Church celebrates many important feasts during this time.

December 25	Christmas
First Sunday after Christmas	Holy Family
Second Sunday after Christmas	Epiphany
Third Sunday after Christmas	The Baptism of the Lord
December 26	Saint Stephen
December 27	Saint John the Apostle
December 28	The Holy Innocents
December 29	Saint Thomas Becket
January 1	Mary, the Mother of God
January 4	Saint Elizabeth Ann Seton
January 5	Saint John Neumann

WE RESPOND

Draw a picture to show one way your parish celebrates during the Christmas season.

We Respond in Prayer

Leader: We thank you, God, for the lives of your holy people. Be with us as we ask their prayers for us.

All: Blessed be God for ever.

Reader: Saint Stephen was a deacon. He was the first to give his life for his faith in Jesus.

Saint Stephen,

All: Pray for us.

Reader: Jesus chose John to be an Apostle. Saint John was the writer of one of the four Gospels. He wrote that God is love.

Saint John,

All: Pray for us.

HACIENDO DISCÍPULOS

Durante el tiempo de Navidad se celebran muchas fiestas de santos. Mira la página 158 para aparear el nombre y la fecha en que se celebra la fiesta del santo.

1. Santos inocentes	_____	**25 de diciembre**
2. Navidad	_____	**26 de diciembre**
3. María, Madre de Dios	_____	**27 de diciembre**
4. San Juan, apóstol	_____	**28 de diciembre**
5. Santa Isabel Ann Seton	_____	**1 de enero**
6. San Esteban	_____	**4 de enero**

Exprésalo

¿Qué significa el nombre Enmanuel? Diseña un ornamento de Navidad diciendo a otros el significado.

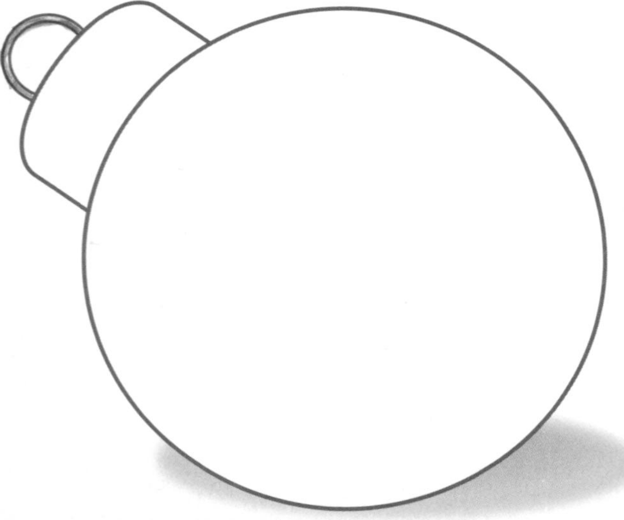

Tarea

El primer domingo después de Navidad, la Iglesia celebra la fiesta de la Sagrada Familia. Haz de este un día especial para tu familia.

PROJECT DISCIPLE

Celebrate!

Many saint feast days are celebrated during the Christmas season. Look at the chart on page 124 to help you match the name of the feast with the date it is celebrated.

1. Holy Innocents	_____ **December 25**
2. Christmas	_____ **December 26**
3. Mary, Mother of God	_____ **December 27**
4. Saint John the Apostle	_____ **December 28**
5. Saint Elizabeth Ann Seton	_____ **January 1**
6. Saint Stephen	_____ **January 4**

Picture This

What does the name *Emmanuel* mean? Design a Christmas ornament to tell others of its meaning.

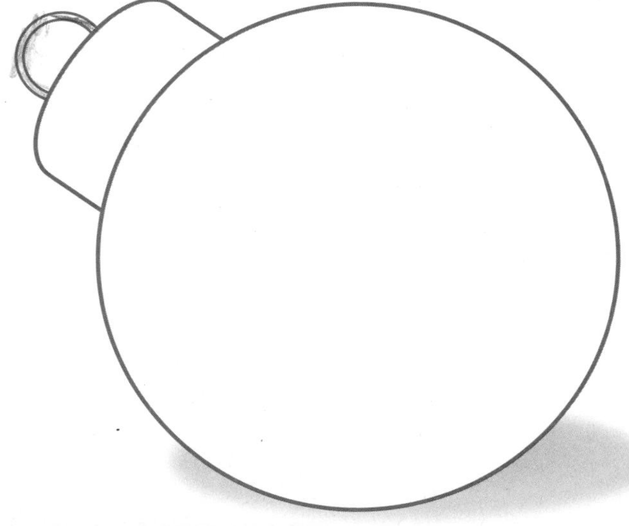

Take Home

On the first Sunday after Christmas, the Church celebrates the Feast of the Holy Family. Make this a special day for your family.

Celebramos los sacramentos

NOS CONGREGAMOS

✝ **Líder:** Demos gracias a Dios por todo el amor que nos muestra.

Lector: "Pues Dios amó tanto al mundo, que dio a su Hijo único, para que todo aquel que cree en él no muera, sino que tenga vida eterna". (Juan 3:16)

Todos: Gracias Dios, por darnos a tu Hijo, Jesús. Amén

Todos los que han sido bautizados

Todos lo que han sido bautizados
han sido revestidos en Cristo Jesús,
han sido revestidos en Cristo Jesús.
Hemos sido bautizados en tu nombre, buen Señor,
y lavados del pecado en la fuente de tu amor.

¿Cuáles signos ves en tu vecindario?

CREEMOS

La Iglesia celebra los sacramentos.

Todos los días vemos signos. Un signo nos habla de algo. Puede ser algo que vemos o que hacemos.

Jesús con frecuencia señalaba cosas ordinarias para ayudarnos a aprender más sobre Dios. El habló de las aves, del trigo y de las flores silvestres como signos del amor de Dios. Las acciones de Jesús también fueron signos del amor de Dios. El sostuvo a los niños en sus brazos. Tocó a la gente para sanarla. Consoló a los pecadores y los perdonó.

We Celebrate the Sacraments

WE GATHER

✝ **Leader:** Let us thank God for all the ways he shows his love for us.

Reader: "For God so loved the world that he gave his only Son, so that everyone who believes in him might not perish but might have eternal life." (John 3:16)

All: Thank you, God, for giving us your Son, Jesus. Amen.

♫ **Jesus Is with Us**

Jesus is with us today,
beside us to guide us today.
Jesus teaches us, Jesus heals us,
for we are his Church;
we are his chosen;
we are the children of God.

What are some signs you see in your neighborhood?

WE BELIEVE

The Church celebrates the sacraments.

Every day we can see all kinds of signs. A sign can be something we see or something we do.

Jesus often pointed to ordinary things to help us to learn more about God. He spoke about birds, wheat, and even wildflowers as signs of God's love. Jesus' actions were signs of God's love, too. He held children in his arms. He touched people and healed them. He comforted sinners and forgave them.

La Iglesia celebra siete signos especiales. Estos son llamados *sacramentos*. Un **sacramento** es un signo especial dado por Jesús por medio del cual compartimos la vida y el amor de Dios. Los siete sacramentos son: Bautismo, Confirmación, Eucaristía, Penitencia y Reconciliación, Unción de los Enfermos, Orden Sagrado y Matrimonio.

Por el poder del Espíritu Santo, recibimos y celebramos la vida y el amor de Dios en los sacramentos. Compartir la vida y el amor de Dios es la **gracia**. Por medio del poder de la gracia, crecemos en santidad. Los sacramentos nos ayudan a vivir como discípulos de Jesús.

Haz una lista de los sacramentos que has recibido.

____

____

____

Como católicos...

Sacramentales son bendiciones, acciones y objetos especiales que nos da la Iglesia. Estos nos ayudan a responder a la gracia que recibimos en los sacramentos. Bendecir personas, lugares y comida son sacramentales. Las acciones como por ejemplo hacer la señal de la cruz o rociar agua bendita son sacramentales. Algunos objetos tales como estatuas, medallas, rosarios, velas y crucifijos son sacramentales.

Nombra un sacramental que sea parte de la vida en tu hogar.

Bautismo, Confirmación y Eucaristía son los sacramentos de iniciación cristiana.

Nos unimos a Jesús y a la Iglesia por medio de los **sacramentos de iniciación cristiana**: Bautismo, Confirmación y Eucaristía. Otro nombre para *iniciación* es *inicio*. Por medio de los sacramentos de iniciación, una nueva vida de gracia empieza en nosotros.

En el Bautismo la Iglesia nos da la bienvenida. Nos hacemos hijos de Dios y miembros de la Iglesia. Cada uno de nosotros nace con el **pecado original**, primer pecado cometido por los primeros humanos. Por medio del Bautismo Dios nos libra del pecado original y de todo pecado que hayamos cometido. Dios nos llena con su gracia, su vida y amor.

The Church celebrates seven special signs. We call these signs *sacraments*. A **sacrament** is a special sign given to us by Jesus through which we share in God's life and love. The Seven Sacraments are Baptism, Confirmation, Eucharist, Penance and Reconciliation, Anointing of the Sick, Holy Orders, and Matrimony.

Through the power of the Holy Spirit, we receive and celebrate God's own life and love in the sacraments. Our share in God's life and love is called **grace**. Through the power of grace, we grow in holiness. The sacraments help us to live as Jesus' disciples.

 List the sacraments you have received.

____

____

____

As Catholics...

Sacramentals are blessings, actions, and special objects given to us by the Church. They help us to respond to the grace we receive in the sacraments. Blessings of people, places, and food are sacramentals. Actions such as making the Sign of the Cross and the sprinkling of holy water are sacramentals. Some objects that are sacramentals are statues, medals, rosaries, candles, and crucifixes.

Name a sacramental that is part of your life at home.

Baptism, Confirmation, and Eucharist are the Sacraments of Christian Initiation.

We are joined to Jesus and the Church through the **Sacraments of Christian Initiation**: Baptism, Confirmation, and Eucharist. Another word for *initiation* is *beginning*. Through the Sacraments of Christian Initiation, a new life of grace begins in us.

In Baptism the Church welcomes us. We become children of God and members of the Church. Each of us is born with **Original Sin**, the first sin committed by the first human beings. Through Baptism God frees us from Original Sin and forgives any sins we may have committed. God fills us with grace, his life and love.

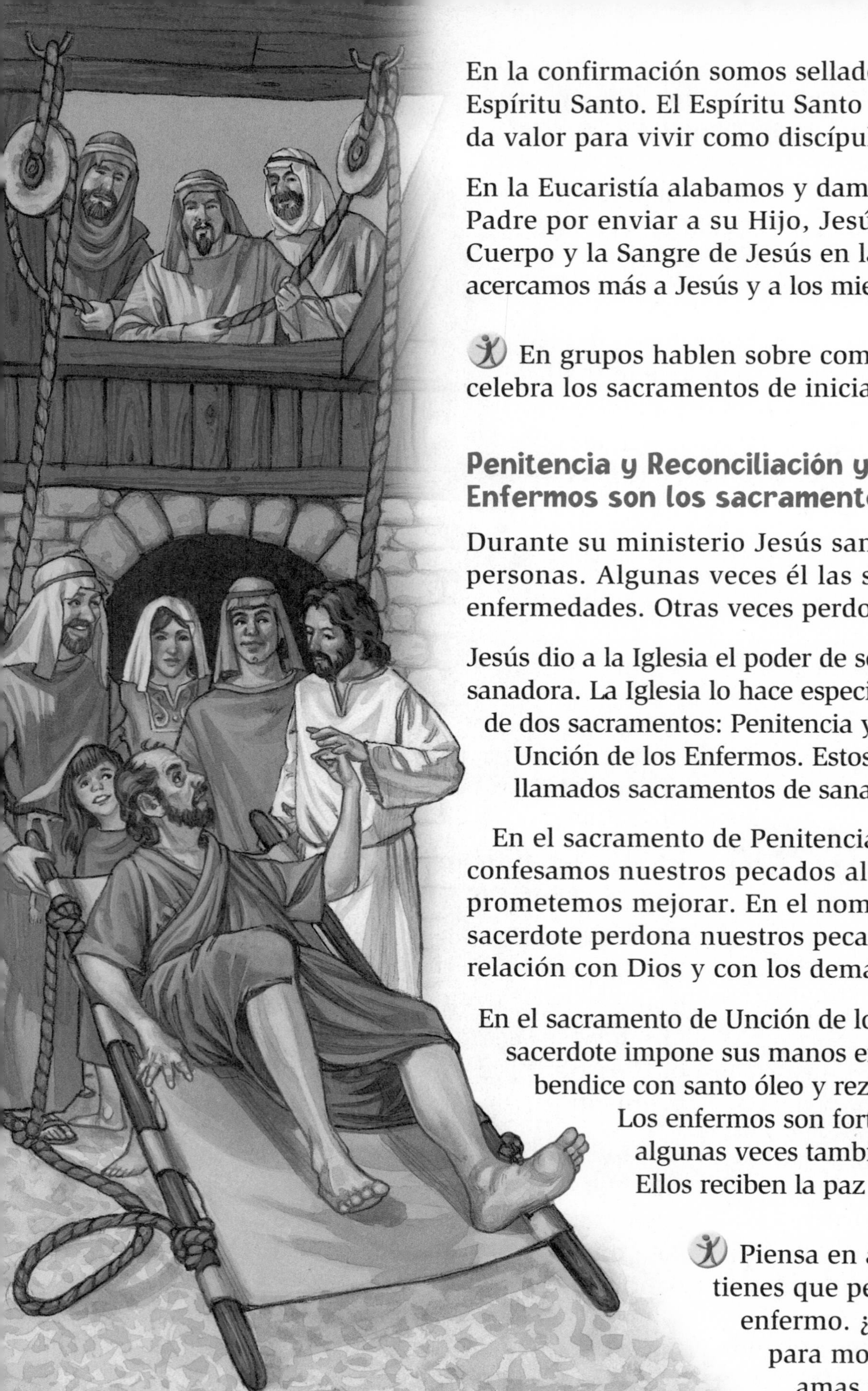

En la confirmación somos sellados con el don del Espíritu Santo. El Espíritu Santo nos fortalece y nos da valor para vivir como discípulos de Jesús.

En la Eucaristía alabamos y damos gracias a Dios Padre por enviar a su Hijo, Jesús. Recibimos el Cuerpo y la Sangre de Jesús en la comunión. Nos acercamos más a Jesús y a los miembros de la Iglesia.

En grupos hablen sobre como la parroquia celebra los sacramentos de iniciación cristiana.

Penitencia y Reconciliación y Unción de los Enfermos son los sacramentos de sanación.

Durante su ministerio Jesús sanó a muchas personas. Algunas veces él las sanó de las enfermedades. Otras veces perdonó sus pecados.

Jesús dio a la Iglesia el poder de seguir su misión sanadora. La Iglesia lo hace especialmente por medio de dos sacramentos: Penitencia y Reconciliación y Unción de los Enfermos. Estos sacramentos son llamados sacramentos de sanación.

En el sacramento de Penitencia y Reconciliación confesamos nuestros pecados al sacerdote y prometemos mejorar. En el nombre de Dios, el sacerdote perdona nuestros pecados. Nuestra relación con Dios y con los demás es sanada.

En el sacramento de Unción de los enfermos, el sacerdote impone sus manos en el enfermo. Lo bendice con santo óleo y reza para que sane. Los enfermos son fortalecidos en su fe y algunas veces también en sus cuerpos. Ellos reciben la paz de Cristo.

Piensa en alguien a quien tienes que perdonar o en algún enfermo. ¿Qué puedes hacer para mostrarles que los amas y apoyas?

In Confirmation we are sealed with the Gift of the Holy Spirit. The Holy Spirit gives us strength and courage to live as disciples of Jesus.

In the Eucharist we praise and thank God the Father for sending his Son, Jesus. We receive Jesus' Body and Blood in Holy Communion. We grow closer to Jesus and all the members of the Church.

In groups talk about how your parish celebrates the Sacraments of Christian Initiation.

Penance and Reconciliation and Anointing of the Sick are Sacraments of Healing.

During his ministry Jesus healed many people. Sometimes he did this when he cured them of their sicknesses. At other times Jesus forgave people their sins.

Jesus gave the Church the power to continue his healing work. The Church does this especially through two sacraments: Penance and Reconciliation and Anointing of the Sick. These sacraments are called Sacraments of Healing.

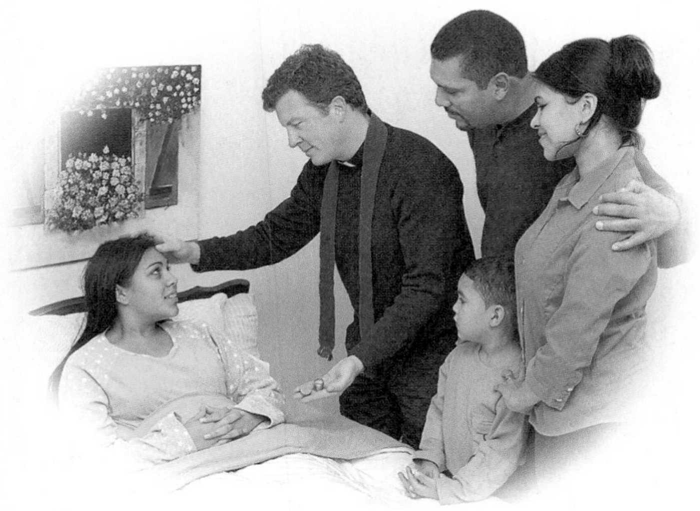

In the Sacrament of Penance and Reconciliation, we confess our sins to the priest and promise to do better. In the name of God, the priest forgives our sins. Our relationship with God and others is healed.

In the Sacrament of the Anointing of the Sick, the priest lays his hands on the sick. He blesses them with holy oil and prays for their health. They are strengthened in their faith and sometimes their bodies are healed. They receive the peace of Christ.

Think about someone you need to forgive or someone you know who is sick. What can you do to show them your love and care?

Orden Sagrado y Matrimonio son los sacramentos de servicio a los demás.

Por medio del Bautismo Dios nos llama a cada uno a ser un signo de su amor para los demás. Cada uno tiene una vocación de servir a Dios y a la Iglesia. La Iglesia celebra dos sacramentos que son especialmente signos de servicio: Orden Sagrado y Matrimonio.

En el sacramento del Orden, algunos hombres bautizados son ordenados para servir a la Iglesia como diáconos, sacerdotes y obispos. Este sacramento les da la gracia de vivir su vocación de servicio en la Iglesia.

Los obispos sirven a la Iglesia dirigiendo una comunidad de fe grande llamada diócesis. Ellos dirigen sus diócesis en servicio, enseñanza, oración y sacramentos. Bajo su guía, los sacerdotes continúan el ministerio de Jesús.

Los sacerdotes sirven en parroquias. Ellos dirigen la celebración de los sacramentos, guían al pueblo que sirven y ayudan a los necesitados. Algunos son maestros de escuelas.

Junto a los obispos y los sacerdotes, los diáconos son ordenados para servir en sus diócesis. Los diáconos hacen muchas cosas para ayudar en el culto de la parroquia. Ellos también tienen una responsabilidad especial de servir a los necesitados.

En el sacramento del Matrimonio, el amor de un hombre y una mujer es bendecido. Ellos están unidos en el amor de Cristo. Los esposos reciben la gracia que les ayuda a ser fieles. El sacramento también ayuda a la pareja a compartir el amor de Dios con su familia. Su santidad aumenta a medida que sirven juntos en la Iglesia.

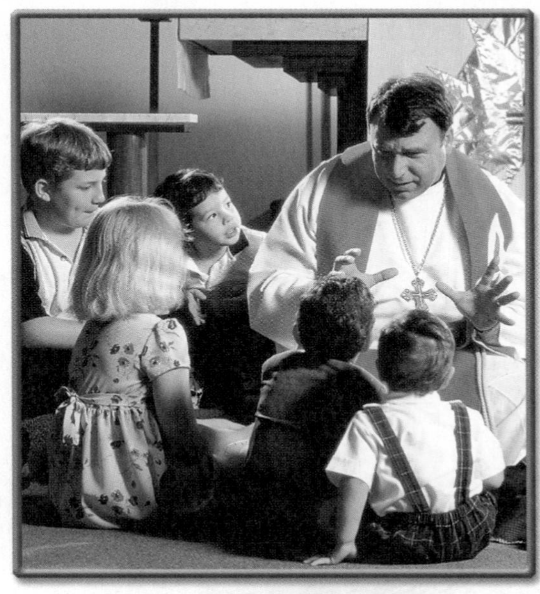

RESPONDEMOS

Dibuja o escribe como tú y tus amigos se unen en la celebración de los sacramentos.

Vocabulario

sacramento (pp 317)

gracia (pp 315)

sacramentos de iniciación cristiana (pp 317)

pecado original (pp 317)

Holy Orders and Matrimony are Sacraments of Service to others.

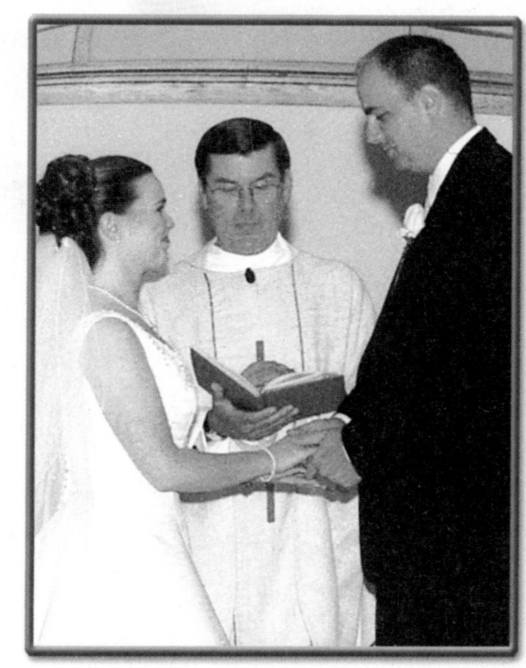

Through Baptism God calls each one of us to be a sign of his love to others. We each have a vocation to serve God and the Church. The Church celebrates two sacraments that are special signs of service: Holy Orders and Matrimony.

In the Sacrament of Holy Orders, baptized men are ordained to serve the Church as deacons, priests, and bishops. This sacrament gives them the grace to live out their vocation of service in the Church.

Bishops serve the Church by leading a larger community of faith called a diocese. They lead their dioceses in service, teaching, prayer, and sacraments. Under their guidance, priests also carry on the ministry of Jesus.

Priests usually serve in parishes. They lead the celebration of the sacraments, guide the people they serve, and reach out to those who are in need. Some priests teach in schools.

Along with the bishop and priests, deacons are ordained to serve their dioceses. Deacons do many things to help in their parish worship. They also have a special responsibility to serve those who are in need.

In the Sacrament of Matrimony, or Marriage, the love of a man and woman is blessed. They are united in the love of Christ. The husband and wife receive the grace to help them to be faithful to each other. The sacrament also helps the couple to share God's love with their family. They grow in holiness as they serve the Church together.

WE RESPOND

Draw or write how you and your friends join in the celebration of the sacraments.

sacrament (p. 320)

grace (p. 319)

Sacraments of Christian Initiation (p. 320)

Original Sin (p. 319)

HACIENDO DISCÍPULOS

Muestra lo que sabes

El hermano de Emma tocó la tecla de borrar después que ella había terminado de definir las palabras del Vocabulario. Usa las palabras en el cuadro para ayudar a Emma a recobrar su trabajo.

vida
iniciación cristiana
sacramento
pecado original
Jesús
amor
gracia
signo

Un ________________ es un ________________ especial dado por ________________ por medio del cual compartimos en la ________________ y el ________________ de Dios.

La ________________ es compartir en la vida y el amor de Dios.

Bautismo, Confirmación y Eucaristía son los sacramentos de

________________________________.

El ______________________ es el primer pecado cometido por los primeros humanos.

Escritura

"Al atardecer llevaron ante Jesús enfermos de todo tipo; y él, poniendo las manos sobre cada uno de ellos, los sanaba". (Lucas 4:40)

- ¿Por qué la gente llevaba a sus seres queridos enfermos ante Jesús? _________

  ____

- ¿Qué hacía Jesús cuando curaba a la gente?

  ____

PROJECT DISCIPLE

Show What you Know

life
Christian Initiation
sacrament
Original Sin
Jesus
love
grace
sign

Emma's brother hit the delete key after Emma worked on her Key Words definitions. Use the words in the box to help Emma restore her work.

A ________________ is a special ________________ given to us by ________________ through which we share in God's life and love.

________________ is our share in God's ________________ and ________________.

Baptism, Confirmation, and Eucharist are the Sacraments of ________________________________.

______________________ is the first sin committed by the first human beings.

What's the Word?

"At sunset, all who had people sick with various diseases brought them to [Jesus]. He laid his hands on each of them and cured them." (Luke 4:40)

- Why did the people bring their sick loved ones to Jesus? ______________________

____

- What did Jesus do when he cured people?

____

HACIENDO DISCIPULOS

Investiga

En 1990, cuatro mujeres católicas de los Estados Unidos, Joan Donovan y las hermanas Ita Ford, Maura Clarke y Dorothy Kazel fueron asesinadas en El Salvador. Ellas murieron como vivieron, sirviendo a Dios y a la Iglesia.

RETO PARA EL DISCIPULO Un *mártir* es alguien que muere por su fe. Muchos mártires han sido declarados santos por la Iglesia. Lee sobre la vida de los santos en **www.creemosweb.com**.

Celebra

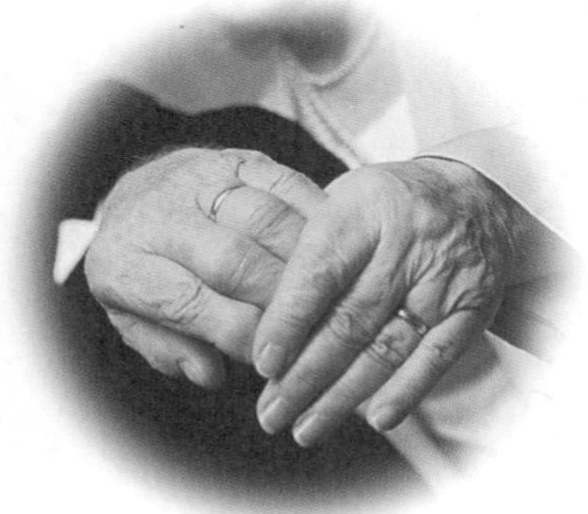

En el sacramento del Matrimonio, un hombre y una mujer se unen en el amor de Cristo. Piensa en un matrimonio que conozcas. Escribe algunas formas en que ellos comparten el amor de Dios con su familia y los demás.

____

____

Reza

Completa la siguiente oración.

Jesús, nos diste los sacramentos como señal de de que compartimos la vida y el amor de Dios. Ayúdame a ser signo del amor de Dios en el mundo hoy. Ayúdame a:

____

______________________________ **Compártelo.**

Tarea

¿Han preparado tú y tu familia un lugar de oración en tu casa? Si la respuesta es afirmativa, ¿han incluido algún sacramental? (Una estatua, medallas, rosarios, crucifijo)

¿Qué sacramentales hay en tu lugar de oración?

____

¿Por qué son especiales para tu familia?

____

PROJECT DISCIPLE

More to Explore

In 1980, four American Catholic women, Sister Ita Ford, Sister Maura Clarke, Sister Dorothy Kazel, and Jean Donovan were killed in El Salvador. They died as they had lived, serving God and the Church.

DISCIPLE CHALLENGE A *martyr* is someone who dies for his or her faith. Many martyrs have been declared saints by the Church. Read about some on *Lives of the Saints* at **www.webelieveweb.com**.

Celebrate!

In the Sacrament of Matrimony, a man and a woman are united in the love of Christ. Think of a married couple that you know. Write some ways that they share God's love with their own family and with others.

____

____

Pray Today

Complete the following prayer.

Jesus, you gave us the sacraments as signs that we share in God's life and love. Help me to be a sign of God's love in today's world. Help me to

____

______________________________ **Now, pass it on!**

Take Home

Have you and your family made a prayer space in your home? If so, have you included some sacramentals? (a statue, medals, rosary, crucifix)

What sacramentals are in your prayer space?

____

Why are they special to your family?

____

16 Celebración de la Eucaristía: la misa

NOS CONGREGAMOS

✝ **Líder:** Todo lo bueno que tenemos es un regalo de Dios. Piensa en lo que Dios te ha dado.

Lector: "Den gracias al Señor,
porque él es bueno,
porque su amor es
eterno". (Salmo 118:1)

Todos: Te damos gracias, Señor.

¿Cuándo celebra tu familia con comidas especiales?

CREEMOS

Jesús celebró la pascua y la última cena.

A través de la historia, el pueblo judío celebraba importantes eventos con comidas especiales. En la fiesta de **Pascua**, el pueblo judío celebra su libertad de la esclavitud de Egipto. Ellos recuerdan que Dios "pasó sobre" las casas del pueblo librándolos del castigo que le daría a los egipcios.

La noche antes de morir, Jesús celebró la comida de pascua con sus discípulos de una nueva manera. Esta comida celebrada por Jesús es llamada la *última cena*.

Mientras Jesús comía con sus discípulos tomó el pan y lo bendijo. El partió el pan y lo dio a sus discípulos diciendo: "Coman, esto es mi cuerpo". (Mateo 26:26)

Celebrating Eucharist: The Mass 16

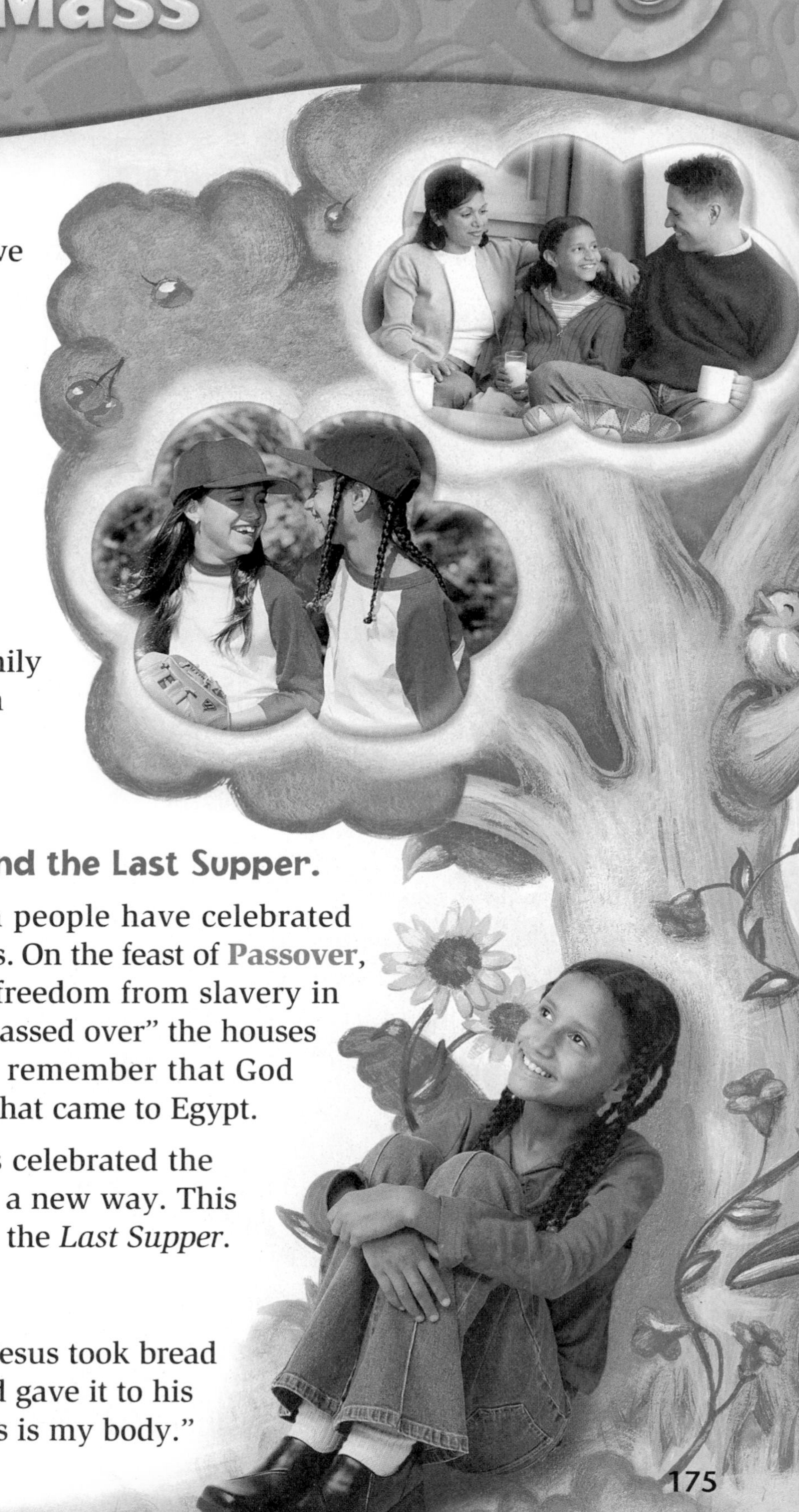

WE GATHER

Leader: Everything good that we have is God's gift to us. Think quietly about what God has given you.

Reader: "Give thanks to the LORD,
who is good,
whose love endures forever."
(Psalm 118:1)

All: We thank you, O God!

When have you and your family celebrated special times with special meals?

WE BELIEVE

Jesus celebrated Passover and the Last Supper.

Throughout their history, Jewish people have celebrated important events with special meals. On the feast of **Passover**, the Jewish people celebrate their freedom from slavery in Egypt. They remember that God "passed over" the houses of his people, saving them. They remember that God protected them from the suffering that came to Egypt.

On the night before he died, Jesus celebrated the Passover meal with his disciples in a new way. This meal that Jesus celebrated is called the *Last Supper*.

Matthew 26:26–28

While Jesus and his disciples ate, Jesus took bread and blessed it. He then broke it and gave it to his disciples saying, "Take and eat; this is my body." (Matthew 26:26)

Después tomó la copa de vino y dio gracias. El pasó la copa a sus discípulos diciendo: "Beban todos ustedes de esta copa, porque esto es mi sangre". (Mateo 26:27, 28)

En la última cena Jesús pidió a sus discípulos bendecir y partir el pan en su memoria. El nos dio la **Eucaristía**. La Eucaristía es el sacramento del Cuerpo y la Sangre de Jesús. Durante la celebración de cada Eucaristía, la Iglesia sigue el mandamiento de Jesús: "Hagan esto en memoria de mí". (Lucas 22:19)

La palabra *eucaristía* significa "dar gracias". En la celebración de la Eucaristía, la Iglesia da gracias a Dios por todo lo que nos ha dado.

 ¿Cómo das gracias a Dios por la Eucaristía?

La misa es un sacrificio y una comida.

El mayor regalo que Dios nos ha dado es su Hijo, Jesús. El mayor regalo de Jesús es dar su vida por nosotros. La Iglesia recuerda la muerte y resurrección de Jesús en la Eucaristía.

La celebración de la Eucaristía es también llamada **misa**. La misa es un sacrificio. Un **sacrifico** es un regalo ofrecido a Dios por un sacerdote en nombre de todo el pueblo. Jesús ofreció el mayor de los sacrificios, su propio cuerpo y sangre en la cruz. Con este sacrificio Jesús nos reconcilia con Dios y nos salva del pecado.

La misa es también una comida. Recordamos lo que Jesús hizo en la última cena. El transformó el pan y el vino en su Cuerpo y Sangre. En la misa recibimos su Cuerpo y Sangre en la comunión. Somos fortalecidos para vivir nuestra fe.

¿Qué puedes decir a un niño más pequeño que tú sobre la misa? Escenifícalo con un compañero.

Then Jesus took a cup of wine and gave thanks. He gave the cup to his disciples saying, “Drink from it, all of you, for this is my blood.” (Matthew 26:27, 28)

At the Last Supper Jesus told his disciples to bless and break bread in his memory. He gave us the Eucharist. The **Eucharist** is the sacrament of Jesus' Body and Blood. At each celebration of the Eucharist, the Church follows Jesus' command to “Do this in memory of me.” (Luke 22:19)

The word *eucharist* means “to give thanks.” At the celebration of the Eucharist, the Church gives thanks for all that God gives us.

 How do you give thanks to God for the Eucharist?

The Mass is a sacrifice and a meal.

The greatest gift God has given to us is his Son, Jesus. Jesus' greatest gift is giving up his life for us. The Church remembers Jesus' Death and Resurrection at the Eucharist.

The celebration of the Eucharist is also called the **Mass**. The Mass is a sacrifice. A **sacrifice** is a gift offered to God by a priest in the name of all the people. Jesus offered the greatest sacrifice of all—his own body and blood on the cross. By his sacrifice Jesus reconciles us with God and saves us from sin.

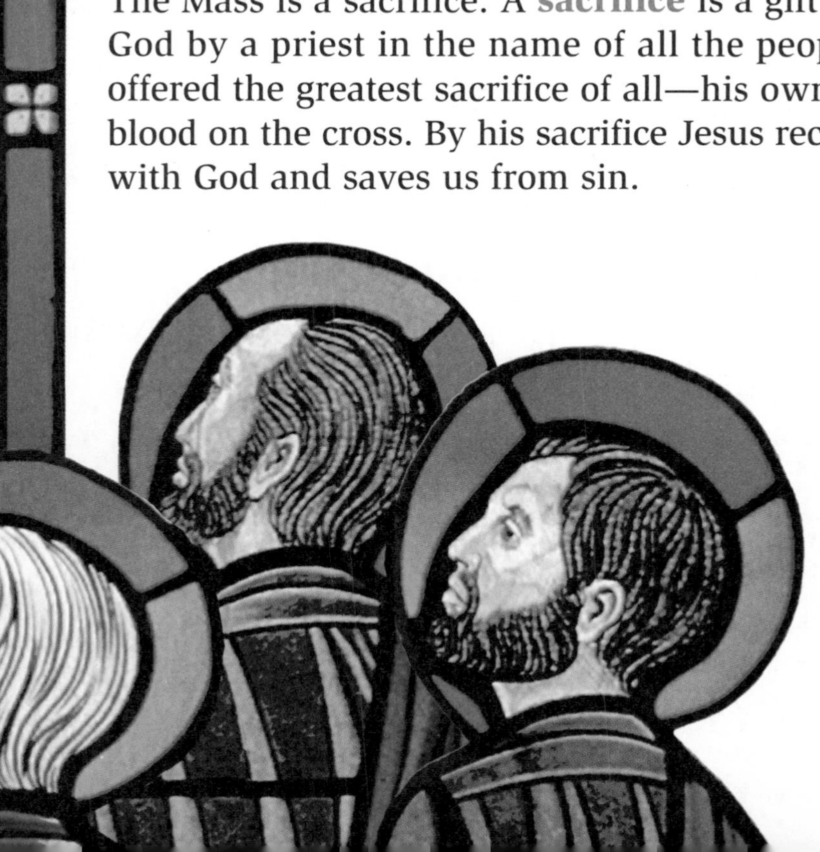

The Mass is also a meal. We remember what Jesus did at the Last Supper. He changed bread and wine into his Body and Blood. At Mass we receive his Body and Blood in Holy Communion. We are strengthened to live out our faith.

What could you tell a younger child about what the Mass is? Act it out with a partner.

Como católicos...

Acólitos son hombres, mujeres o niños que sirven en el altar. Ellos encienden las velas, dirigen la procesión al inicio de la misa, ayudan al sacerdote o al diácono a recibir las ofrendas de pan y vino. También dirigen la procesión después de la misa.

Pregunta como puede alguien ser un acólito.

Participamos en la misa

La misa es una celebración. Es la mayor alabanza y acción de gracias de la Iglesia. Es importante que todos participemos de esta celebración.

Nos reunimos en asamblea. La **asamblea** es la reunión del pueblo para rendir culto en nombre de Jesucristo.

Todos podemos:

- rezar las respuestas
- cantar alabanzas a Dios
- escuchar las lecturas y la homilía
- rezar por los necesitados de la comunidad
- darnos el saludo de la paz
- recibir la sagrada comunión.

El sacerdote que nos dirige en la misa es llamado *celebrante*. Muchas parroquia tienen diáconos que sirven en la misa. Voluntarios o ujieres nos dan la bienvenida y nos ayudan a encontrar un asiento. Durante la misa recogen nuestras donaciones. Los acólitos ayudan al sacerdote antes, durante y después de la misa.

Los músicos y el coro nos dirigen en los cantos. Los lectores proclaman la Escritura. Miembros de la asamblea presentan las ofrendas de pan y vino. Ministros extraordinarios de la Sagrada Comunión ayudan al sacerdote a dar la comunión.

¿Cómo participas en la misa? Habla sobre algunas formas en que puedes animar a otros a participar en la misa.

We take part in the Mass.

The Mass is a celebration. It is the Church's great prayer of thanksgiving and praise. It is important that each of us participate in the celebration.

We gather as the assembly. The **assembly** is the people gathered to worship in the name of Jesus Christ.

We can all:

- pray the responses
- sing praise to God
- listen to the readings and homily
- pray for needs of the community
- offer the sign of peace to others
- receive Holy Communion.

The priest who leads us at the Mass is called the *celebrant*. Many parishes have deacons who serve at the Mass. Greeters and ushers welcome us and help us to find seats. During the Mass they collect our donations. Altar servers help the priest before, during, and after Mass.

The musicians and choir lead us in singing. The reader proclaims passages from Scripture. Members of the assembly present the gifts of bread and wine. Extraordinary ministers of Holy Communion can help the priest give us Holy Communion.

How do you take part in the Mass? Talk about ways you can encourage others to participate in Mass.

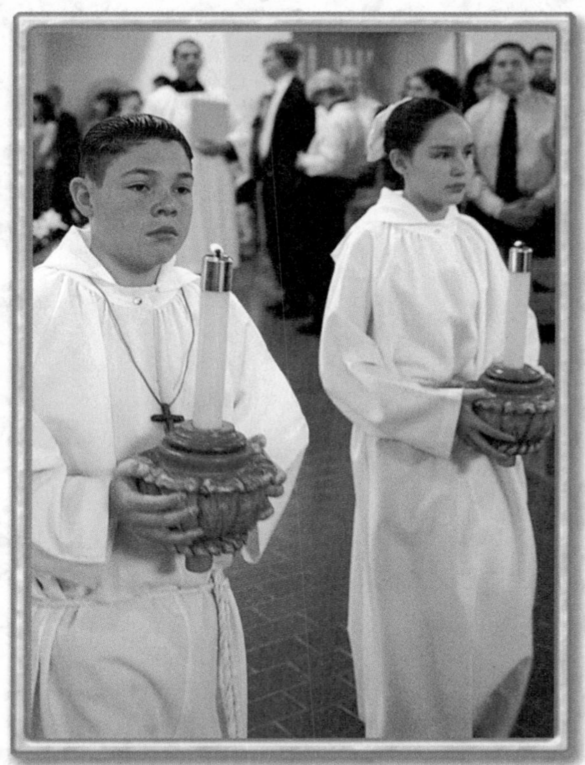

As Catholics...

Altar servers are men, women, boys, and girls who serve at the altar. They light the altar candles. They lead the entrance procession at the beginning of Mass. They may help the priest and deacon receive the gifts of bread and wine. They lead everyone out of church at the end of Mass.

Find out how boys and girls can become altar servers.

Días de precepto

Solemnidad de María, Madre de Dios
(1 de enero)

Ascensión
(cuando es celebrada un jueves durante el tiempo de Pascua)*

Asunción de María
(15 de agosto)

Todos los Santos
(1 de noviembre)

Inmaculada Concepción
(8 de diciembre)

Navidad
(25 de diciembre)

*Algunas diócesis observan la fiesta de la Ascensión el domingo siguiente.

Celebramos la misa todas las semanas.

El domingo es nuestro gran día de fiesta. Es el día en que Jesucristo resucitó de la muerte. La resurrección de Jesús tuvo lugar "el primer día de la semana". (Mateo 28:1)

En nuestras parroquias nos reunimos para la misa todos los domingos o los sábados en la tarde. Adoramos y damos gracias a Dios. La celebración de la Eucaristía es el centro de la vida católica. Es por eso que la Iglesia exige a todo católico asistir a la celebración de la misa todas las semanas. También se nos pide participar en la misa en días especiales llamados *días de precepto*.

Hay muchos otros días de fiestas importantes en la Iglesia. Uno de ellos es el día de nuestra Señora de Guadalupe, que se celebra el 12 de diciembre. En esas fiestas y todos los días del año podemos participar de la Eucaristía.

Pascua (pp 316)
Eucaristía (pp 315)
misa (pp 316)
sacrificio (pp 317)
asamblea (pp 315)

RESPONDEMOS

Dibuja un cartel invitando a la gente de tu parroquia a participar en la misa.

We celebrate Mass each week.

Sunday is our great holy day. It is the day on which Jesus Christ rose from the dead. The Resurrection of Jesus took place on "the first day of the week." (Matthew 28:1)

In our parishes we come together at Mass each Sunday or Saturday evening. We give praise and thanks to God. Celebrating the Eucharist together is the center of Catholic life. That is why the Church requires all Catholics to take part in the weekly celebration of the Mass. We are also required to participate in Mass on special feasts called *holy days of obligation.*

There are many other important feast days in the Church. One of these is the Feast of Our Lady of Guadalupe, which we celebrate on December 12. On these feasts and on every day of the year, we can take part in the Eucharist.

Holy Days of Obligation

Solemnity of Mary, Mother of God
(January 1)

Ascension
(when celebrated on Thursday during the Easter season)*

Assumption of Mary
(August 15)

All Saints' Day
(November 1)

Immaculate Conception
(December 8)

Christmas
(December 25)

*(Some dioceses celebrate the Ascension on the following Sunday.)

WE RESPOND

Make a poster inviting people in your parish to take part in the Mass.

Passover (p. 320)
Eucharist (p. 318)
Mass (p. 319)
sacrifice (p. 320)
assembly (p. 318)

HACIENDO DISCÍPULOS

Muestra lo que sabes

Usa la explicación para organizar las palabras del Vocabulario.

Clave	Palabra desorganizada	Tu respuesta
celebración de la Eucaristía	ISMA	Misa
reunión de personas para rendir culto en nombre de Jesús	ASBLAEMA	asambea
fiesta judía que celebra la libertad de la esclavitud en Egipto	SAPCAU	Pascua
sacramento del Cuerpo y la Sangre de Cristo	ATRUICAESI	evearisstion
ofrenda a Dios que hace un sacerdote en el nombre de todo el pueblo	CIFOASRICI	sacrifico

La palabra *eucaristía* significa “dar gracias”. Llena las líneas en blanco. Después haz una oración de acción de gracias por cada una de esas personas.

♡ Alguien que me quiere Jesu's

Alguien que me enseña la fe un sucerdote

☺ Alguien que me hace reír Mi hermano

Alguien que me cuida Mis Papas

Datos

La Campaña para el desarrollo humano ayuda a los pobres. Una vez al año, las parroquias hacen un colecta especial durante las misas para este importante trabajo. Visita www.usccb.org/cchd/.

Grade 3 • Chapter 16

PROJECT DISCIPLE

Show What you Know

Use the clues to help you unscramble the Key Words.

Clue	Scrambled Key Word	Your Answer
celebration of the Eucharist	SAMS	
people gathered to worship in the name of Jesus Christ	BYMAELSS	
the Jewish feast celebrating freedom from slavery in Egypt	ASPSEVOR	
the sacrament of Jesus' Body and Blood	ATIHSUREC	
a gift offered to God by a priest in the name of all the people	SCFCEIRAI	

The word *eucharist* means "to give thanks." Fill in the blanks. Then offer a prayer to thank God for each of these people.

Someone who loves me ____________________

Someone who teaches me about my faith ____________________

Someone who makes me laugh ____________________

Someone who takes care of me ____________________

Campaign for Human Development helps people who are living in poverty. Once a year, parishes take up a special collection at Mass for this important work. Visit www.usccb.org/cchd/.

HACIENDO DISCIPULOS

Vidas de santos

El papa San Pío X reinó desde 1903 hasta 1914. Fue devoto de la Eucaristía. Antes de su papado no se permitía comulgar a los niños. Pío X cambió esa costumbre diciendo que los niños podían recibir la comunión cuando entendieran el significado del sacramento. El animó a los católicos a recibir la comunión con frecuencia.

RETO PARA EL DISCIPULO Busca más información sobre este papa en *Vidas de santos* en **www.creemosweb.com**.

- ¿Cuándo fue canonizado el papa Pío X? ___________
- ¿Cuándo se celebra su fiesta? ___________________

Escritura

En el Antiguo Testamento, Dios dijo al pueblo judío:

"Acuérdate del sábado para santificarlo. Durante seis días trabajarás y harás todos tus trabajos. Pero el séptimo, es día de descanso en honor del Señor tu Dios". (Exodo 20:8–10)

Una forma de mantener santo el día del Señor es disfrutar con la familia. ¿Qué harán juntos en familia este domingo?

____

____

____

Tarea

Tu familia puede seguir a Jesús compartiendo lo que tienen con personas necesitadas de la parroquia. Este domingo reza para que tu donación haga una diferencia.

PROJECT DISCIPLE

Saint Stories

Pope Saint Pius X was pope from 1903 to 1914. He was devoted to the Eucharist. Before he became pope, young children were not allowed to receive Holy Communion. Pius X changed that by saying children could receive the Eucharist when they understood the meaning of the sacrament. He urged all Catholics to receive Holy Communion more often.

DISCIPLE CHALLENGE Find out more about this pope on *Lives of the Saints* at **www.webelieveweb.com**.

- When did Pope Pius X become a saint? ____________
- When is his feast day? ____________________

What's *the* Word?

In the Old Testament, God said to the Jewish People:

"Remember to keep holy the sabbath day. Six days you may labor and do all your work, but the seventh day is the sabbath of the Lord, your God" (Exodus 20:8–10).

One way we can keep the Lord's Day holy is to enjoy being with our family. What will your family do together next Sunday?

____

____

____

Take Home

Your family can follow Jesus by sharing what you have with your parish and others in need. This Sunday, as you give to the collection at Mass, pray that it will make a difference.

17 Rendimos culto en la misa

NOS CONGREGAMOS

✝ **Líder:** Vamos a orar cantando.

♫ **Creo en Jesús**

Creo en Jesús, creo en Jesús,
El es mi amigo,
es mi alegría,
El es mi amor;
creo en Jesús, creo en Jesús,
El es mi Salvador.

Líder: Jesús, gracias por tu presencia en nuestras vidas.

Todos: Ahora y siempre, Señor.

¿Qué cosas estás dispuesto a hacer? ¿Cómo te preparas?

CREEMOS

Nos reunimos para adorar a Dios.

La primera parte de la misa se llama Ritos Iniciales. En los **Ritos Iniciales** nos reunimos para prepararnos para escuchar la palabra de Dios y celebrar la Eucaristía.

Nos reunimos como miembros de la Iglesia, el cuerpo de Cristo. Cantamos una canción de entrada para alabar a Dios. Después el sacerdote nos da la bienvenida como pueblo de Dios. Junto con el sacerdote hacemos la señal de la cruz. El sacerdote nos recuerda que Jesús está presente entre nosotros.

We Worship at Mass

17

WE GATHER

✝ **Leader:** Let us pray by singing.

♫ **Jesus, We Believe in You**

Chorus

Jesus, we believe in you;
we believe that you are with us.
Jesus, we believe in you;
we believe that you are here.

We believe that you are present with us here
as we gather in your name. (Chorus)

Leader: Jesus, thank you for your presence in our lives,

All: today and always. Amen.

What are some things you get ready for? How do you prepare?

WE BELIEVE

We gather to praise God.

The first part of the Mass is called the Introductory Rites. In the **Introductory Rites** we become one as we prepare to listen to God's Word and to celebrate the Eucharist.

We gather together as members of the Church, the Body of Christ. We sing an opening song of praise to God. Then the priest welcomes us as God's people. With the priest we make the Sign of the Cross. The priest reminds us that Jesus is present among us.

El sacerdote nos invita a recordar que necesitamos el perdón de Dios. Pensamos en las veces que hemos pecado. Le decimos a Dios que estamos arrepentidos y le pedimos perdón.

En la mayoría de los domingos del año, cantamos el "Gloria". Alabamos a Dios y lo bendecimos por su gran amor y cuidado. Este himno de alabanza se inicia con: "Gloria a Dios en el cielo".

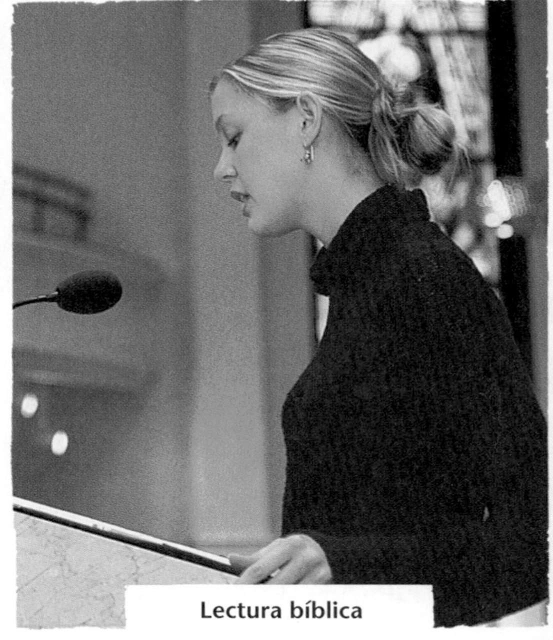

Lectura bíblica

Piensa en la celebración de la misa en tu parroquia la semana pasada. Junto con un compañero hablen sobre lo que pasó en los Ritos Iniciales.

Escuchamos la palabra de Dios.

La **Liturgia de la Palabra** es la parte de la misa en que escuchamos y respondemos a la palabra de Dios.

Los domingos y otros días especiales, se hacen tres lecturas de la Escritura. La primera lectura es tomada del Antiguo Testamento. Después de esta lectura cantamos o rezamos un salmo también tomado del Antiguo Testamento. La segunda lectura es tomada del Nuevo Testamento. Los lectores terminan la primera y la segunda lecturas con: "Palabra de Dios". Respondemos: "Te alabamos, Señor".

El evangelio

La tercera lectura es tomada de los evangelios, Mateo, Marcos, Lucas y Juan. La lectura del evangelio es muy especial. Escuchamos sobre la vida y enseñanzas de Jesús.

Antes de la lectura del evangelio mostramos que estamos listos para escuchar la buena nueva de Jesucristo. Nos ponemos de pie y cantamos aleluya. El diácono o el sacerdote proclama el evangelio. Proclamar el evangelio quiere decir anunciar la buena nueva con alabanza y gloria. Al final de la lectura el diácono o el sacerdote dice: "Palabra del Señor". Contestamos: "Gloria a ti, Señor Jesús".

Profession of Faith

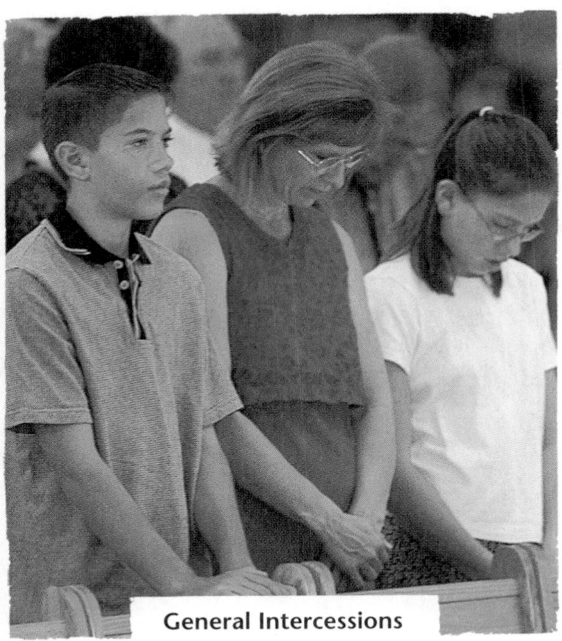
General Intercessions

The priest invites us to remember that we need God's forgiveness. We think about the times that we might have sinned. We tell God that we are sorry and ask for forgiveness.

On most Sundays of the year, we sing or say the "Gloria." We praise and bless God for his great love and care. This hymn of praise begins with: "Glory to God in the highest."

Think about your parish's celebration of the Mass last week. With a partner talk about what happened in the Introductory Rites.

We listen to God's Word.

The **Liturgy of the Word** is the part of the Mass when we listen and respond to God's Word.

On Sundays and other special days, there are three readings from Scripture. The first reading is usually from the Old Testament. After this reading we sing or say a psalm from the Old Testament. Then the second reading is from the New Testament. The readers end the first and second readings with: "The word of the Lord." We respond: "Thanks be to God."

The third reading is from one of the four Gospels: Matthew, Mark, Luke, or John. The Gospel is very special. We hear about the life and teachings of Jesus.

Before the Gospel we show we are ready to hear the Good News of Jesus Christ. We do this by standing and singing the Alleluia. The deacon or priest then proclaims the Gospel. To proclaim the Gospel means to announce the Good News with praise and glory. At the end of the Gospel the deacon or priest says: "The Gospel of the Lord." We respond: "Praise to you, Lord Jesus Christ."

Después de la lectura del evangelio el sacerdote o el diácono da una homilía. La homilía nos ayuda a entender el significado de las tres lecturas en nuestras vidas. Después nos ponemos de pie y confirmamos nuestras creencias en Dios recitando el credo.

En la *oración de los fieles*, rezamos por la Iglesia en nuestro mundo. Pedimos a Dios que ayude a nuestros líderes, a nuestras familias y a nuestros amigos, por los enfermos, los necesitados y los que han muerto.

¿Por quién rezarás en la misa esta semana? Escribe tu oración aquí.

Recibimos a Jesucristo.

Durante la **Liturgia de la Eucaristía** el pan y el vino se convierten en el Cuerpo y la Sangre de Cristo, que recibimos en la comunión. El altar se prepara para esta parte de la misa. Los miembros de la asamblea llevan sus ofrendas de pan y vino y nuestros regalos para la Iglesia y los pobres.

El sacerdote pide a Dios que bendiga y acepte los regalos que ofrecemos. También ofrece nuestras vidas a Dios. Ahí empieza la *oración eucarística*. Esta es la mayor oración de alabanza y acción de gracias. El sacerdote reza esta oración al Padre en nuestro nombre por medio de Jesucristo. Por medio de esta oración nos unimos con Cristo.

El sacerdote recuerda todo lo que Dios ha hecho por nosotros. Cantamos: "Santo, Santo, Santo".

El sacerdote dice y hace lo que Jesús dijo e hizo en la última cena. Por medio de estas palabras y las acciones del sacerdote, por el poder del Espíritu Santo, el pan y el vino se convierten en el Cuerpo y la Sangre de Cristo. Esta parte de la oración eucarística es llamada *consagración*. Jesús está verdaderamente presente en la Eucaristía. Esto es llamado *presencia real*.

After the Gospel, the priest or deacon gives the homily. The homily helps us to understand what the three readings mean in our lives. Then we all stand and state our belief in God by saying the Creed.

In the *Prayer of the Faithful,* we pray for our Church and our world. We ask God to help our leaders, our family and friends, all those who are sick and in need, and all those who have died.

Who would you like to pray for at Mass this week? Write a prayer for them here.

We receive Jesus Christ.

During the **Liturgy of the Eucharist** the bread and wine become the Body and Blood of Christ, which we receive in Holy Communion. The altar is prepared for this part of the Mass. Members of the assembly bring forward our gifts of bread and wine and our gifts for the church and the poor.

The priest then asks God to bless and accept the gifts we will offer. We also offer our whole lives to God. Now the *Eucharistic Prayer* begins. It is the great prayer of praise and thanksgiving. The priest prays this prayer in our name to the Father through Jesus Christ. Through this prayer we are united with Jesus Christ.

The priest recalls all that God has done for us. We sing a song that begins: "Holy, holy, holy Lord."

The priest then says and does what Jesus said and did at the Last Supper. Through these words and actions of the priest, by the power of the Holy Spirit, the bread and wine become the Body and Blood of Christ. This part of the Eucharistic Prayer is called the *Consecration.* Jesus is truly present in the Eucharist. This is called the *Real Presence.*

Como católicos...

Después de la comunión, el pan consagrado que queda o Hostias, es puesto en un lugar especial en la iglesia llamado *tabernáculo*. La Eucaristía en el tabernáculo es conocida como *Santísimo Sacramento*. El Santísimo Sacramento puede ser llevado a personas que están muriendo o enfermas.

Jesucristo está verdaderamente presente en el Santísimo Sacramento. Los católicos honran la presencia real de Jesús rezando ante el Santísimo Sacramento.

La próxima vez que estés en la iglesia, arrodíllate y reza a Jesús en el Santísimo Sacramento.

Vocabulario

Ritos Iniciales (pp 317)

Liturgia de la Palabra (pp 316)

Liturgia de la Eucaristía (pp 316)

Rito de Conclusión (pp 317)

Al final de la oración eucarística, decimos o cantamos "Amén". Juntos estamos diciendo "sí, creemos".

La siguiente oración es el Padrenuestro. Nos damos el saludo de la paz. El sacerdote parte la Hostia mientras decimos o cantamos el "Cordero de Dios".

Después todos vamos a recibir la comunión. Cantamos al ir a recibir para mostrar nuestra unidad. Después de la comunión nos sentamos en silencio.

En grupos conversen sobre las formas en que podemos mostrar que estamos unidos a Cristo y unos a otros.

Vamos en paz a amar y a servir al Señor.

Cuando termina la misa somos animados a compartir la buena nueva de Jesús con otros. La última parte de la misa se llama Ritos de conclusión. El **Rito de Conclusión** nos recuerda continuar alabando y sirviendo a Dios cada día.

El sacerdote dice la oración de gracia final por la Eucaristía celebrada. Nos bendice y hacemos la señal de la cruz. Después el sacerdote o el diácono, en nombre de Jesús, nos envía. El dice: "Podéis ir en paz". Contestamos: "Demos gracias a Dios".

Salimos de la iglesia cantando. Con la ayuda del Espíritu Santo, tratamos de ayudar a los necesitados. Hacemos lo que podemos para hacer de nuestro mundo un mejor lugar para vivir.

RESPONDEMOS

¿Cómo puedes amar y servir a los otros en estas situaciones?

- Un miembro de tu familia está cansado.

____

- Están molestando a un compañero.

____

At the end of the Eucharistic Prayer, we say or sing "Amen." Together we are saying "Yes, we believe."

Next we pray together the Lord's Prayer, the Our Father. We offer one another a sign of peace to one another. The priest then breaks the Bread while the "Lamb of God" prayer is sung.

Then we all come forward to receive Holy Communion. We sing to show our unity with one another. After Communion we all sit in silence.

In groups talk about ways we are united to Christ and one another.

We go out to love and serve the Lord.

As the Mass ends we are encouraged to share the Good News of Jesus with others. The last part of the Mass is the Concluding Rites. The **Concluding Rites** reminds us to continue praising and serving God each day.

The priest says a final prayer thanking God for the Eucharist we have celebrated. He blesses us, and we make the Sign of the Cross. Then the priest or deacon, in Jesus' name, sends us out by saying, "Go in peace." We answer, "Thanks be to God."

We leave the church singing. With the help of the Holy Spirit, we try to help people who are in need. We do what we can to make our world a more loving and peaceful place.

WE RESPOND

How could we love and serve others in these situations?

- A family member is really tired.

____

- A classmate is being "picked on."

____

As Catholics...

After Holy Communion, the remaining consecrated Bread, or Hosts, are put in a special place in the Church called the *tabernacle*. The Eucharist in the tabernacle is known as the *Blessed Sacrament*. The Blessed Sacrament can be taken to people who are dying and to those who are sick.

Jesus Christ is truly present in the Blessed Sacrament. Catholics honor Jesus' Real Presence by praying before the Blessed Sacrament.

The next time you are in church, kneel and pray to Jesus in the Blessed Sacrament.

Introductory Rites (p. 319)

Liturgy of the Word (p. 319)

Liturgy of the Eucharist (p. 319)

Concluding Rites (p. 318)

HACIENDO DISCÍPULOS

Muestra lo que sabes

Pon las partes de la misa en orden del 1 al 4.

Liturgia de la Palabra	Rito de Conclusión	Ritos Iniciales	Liturgia de la Eucaristía
_____	_____	_____	_____

Vidas de santos

Katharine Drexel pertenecía a una familia rica. Ella decidió usar su dinero para ayudar a los demás. Trabajó por los derechos de los nativos americanos y los negros. Ella empezó una comunidad religiosa llamada Hermanas del Santísimo Sacramento. Ella creía que Jesús llamaba a todos a unirse a la Iglesia, participar en la misa y recibir la Eucaristía. Busca más información sobre santa Katalina en *Vidas de santos* en www.creemosweb.com.

Reza

Haz esta oración para recordar amar y servir al Señor.

Querido Jesús,
eres la luz de mi vida,
eres el gozo de mi día,
eres la fortaleza que me ayuda
a servirte.
Jesús, amarte es amar y servir a los demás.
Amén.

PROJECT DISCIPLE

Show What you Know

Put the four parts of the Mass in order, 1 to 4.

Liturgy of the Word	Concluding Rites	Introductory Rites	Liturgy of the Eucharist
______	______	______	______

Saint Stories

Katharine Drexel came from a rich family. She decided to use her money to help others. She worked for the rights of Native Americans and African Americans. She started a religious community called the Sisters of the Blessed Sacrament. She believed that Jesus invites all people to join the Church, take part in the Mass, and receive the Eucharist. Find out more about Saint Katharine on *Lives of the Saints* at **www.webelieveweb.com**.

Pray Today

Pray this prayer to remind you to love and serve the Lord.

Dear Jesus,
you are the light of my life,
you are the joy of my day,
you are my strength that helps me
to serve you.
Jesus, to love you is to serve you and others.
Amen.

HACIENDO DISCÍPULOS

Celebra

Aparea con sus respuestas estas palabras que escuchamos durante la Liturgia de la Palabra

Escuchamos			Respondemos
"Palabra de Dios".	●	●	"Gloria a ti, Señor Jesús".
"Lectura del santo Evangelio según . . ."	●	●	"Señor, escucha nuestra oración".
"Palabra del Señor".	●	●	"Gloria ti, Señor".
"Por enfermos, roguemos al Señor".	●	●	"Demos gracias a a Dios".

Realidad

Usando las letras de la palabra AMEN, describe lo que crees debe ser un discípulos que está en tercer curso. La primera ha sido contestada.

A mor eterno de Dios

M ______________________

E ______________________

N ______________________

Tarea

Prepárate para la misa visitando Liturgia para la semana en **www.creemosweb.com** para ver las lecturas del la misa del domingo. Usa la reflexión y las preguntas para dialogar para hablar de ellas con tu familia.

PROJECT DISCIPLE

Celebrate!

Match these words we hear during the Liturgy of the Word with our response.

We hear	Our response
"The word of the Lord." ●	● "Praise to you, Lord Jesus Christ."
"A reading from the holy Gospel according to . . ." ●	● "Lord, hear our prayer."
"The Gospel of the Lord." ●	● "Glory to you, O Lord."
"For those who are sick, we pray to the Lord." ●	● "Thanks be to God."

Reality Check

Using the letters of the word AMEN, describe what you believe as a third grade disciple. The first one is done for you.

All people are loved by God.

M ____________________

E ____________________

N ____________________

Take Home

Prepare for Mass by visiting *This Week's Liturgy* at **www.webelieveweb.com** to see the readings for this Sunday's Mass. Use the reflection and discussion questions to talk about these readings with your family.

Celebrando la Penitencia y Reconciliación

NOS CONGREGAMOS

Líder: Vamos a pensar en los últimos días. Algunas veces nuestras acciones y palabras no muestran amor. ¿Cómo has actuado? Vamos a rezar un acto de contrición.

Todos: Dios mío,
con todo mi corazón me arrepiento
de todo el mal que he hecho
y de todo lo bueno que he dejado de hacer.
Al pecar, te he ofendido a ti,
que eres el supremo bien
y digno de ser amado sobre todas las cosas.
Propongo firmemente, con la ayuda de tu gracia,
hacer penitencia, no volver a pecar y huir de las
ocasiones de pecado.
Señor, por los méritos de la pasión de nuestro
Salvador Jesucristo,
apiádate de mí. Amén.

Piensa en una decisión importante que tomaste. ¿Qué pensaste antes de tomarla? ¿Cómo sabes que fue correcta?

CREEMOS

Escogemos amar a Dios.

Dios quiere que lo amemos, nos amenos nosotros mismos y amemos a los demás. Esta es la ley de Dios. Cuando vivimos de acuerdo a los Diez Mandamientos y seguimos el ejemplo de Jesús, obedecemos la ley de Dios.

Sin embargo, hay veces que no vivimos como Jesús quiere que vivamos. Libremente escogemos hacer lo que sabemos está mal. Pecamos. **Pecado** es un pensamiento, palabra o acción contra la ley de Dios. El pecado es siempre una decisión. Es por eso que los errores y accidentes no son pecados.

Celebrating Penance and Reconciliation

18

WE GATHER

✝ **Leader:** Sit quietly. Think about the last few days. Sometimes our actions and words do not show love. How have you acted? Let us pray an Act of Contrition.

All: My God,
I am sorry for my sins with all my heart.
In choosing to do wrong
and failing to do good,
I have sinned against you
whom I should love above all things.
I firmly intend, with your help,
to do penance,
to sin no more,
and to avoid whatever leads me to sin.
Our Savior Jesus Christ
suffered and died for us.
In his name, my God, have mercy.

Think about an important choice you had to make. What did you think about before choosing? How did you know whether you made the right choice?

WE BELIEVE

We make the choice to love God.

God wants us to love him, ourselves, and others. This is God's law. When we live by the Ten Commandments and follow Jesus' example, we obey God's law.

However, there are times we do not live the way Jesus wants us to live. We freely choose to do what we know is wrong. We commit a sin. **Sin** is a thought, word, or action that is against God's law. Sin is always a choice. That is why mistakes and accidents are not sins.

Algunos pecados son muy serios. Esos pecados son mortales. Un *pecado mortal* es algo: verdaderamente malo, que sabemos que es malo, y que libremente escogemos hacerlo.

Los que cometen pecado mortal se alejan completamente del amor de Dios. Escogen romper su amistad con Dios. Pierden el don de la gracia, dejan de compartir en la vida y el amor de Dios.

No todos los pecados son mortales. Pecados que no son muy serios son llamados *veniales*. Los que comenten pecados veniales hieren su relación con Dios. Sin embargo, comparten el amor y la vida de Dios.

 ¿Cómo puedes mostrar que has elegido amar a Dios?

Dios es nuestro Padre misericordioso.

Jesús contó esta historia para mostrarnos que Dios es un padre amoroso. El está siempre dispuesto a perdonarnos cuando estamos arrepentidos.

 Lucas 15:11–32

Un hombre muy rico tenía dos hijos. Uno le pidió su herencia. El quería irse de la casa y divertirse. Su padre se puso muy triste pero le dio el dinero.

El hijo se fue lejos y empezó a gastar su dinero. Lo gastó en varias cosas. Muy pronto se le acabó.

El hijo se quedó pobre, sucio, con hambre y sin amigos. Pensó en su padre y su casa. Decidió volver a su casa y decir a su padre que estaba arrepentido.

Cuando el padre vio a su hijo se puso muy contento. El padre corrió y lo abrazó. El hijo le dijo: "Padre mío, he pecado contra Dios y contra ti; ya no merezco llamarme tu hijo". (Lucas 15:21)

Pero el padre quería que todo el mundo supiera que su hijo había regresado a casa. El padre llamó a sus sirvientes: "¡Vamos a comer y a hacer fiesta!" (Lucas 15:23)

Recibimos el perdón de Dios por medio de la Iglesia. Nuestra relación con Dios y la Iglesia se fortalece por medio del sacramento de la Penitencia y Reconciliación.

 Habla sobre una ocasión en que algunas personas se perdonaron.

Some sins are very serious. These serious sins are mortal sins. A *mortal sin* is: very seriously wrong, known to be wrong, and freely chosen.

People who commit mortal sin turn away completely from God's love. They choose to break their friendship with God. They lose the gift of grace, their share in God's life and love.

Not all sins are mortal sins. Sins that are less serious are *venial sins*. People who commit venial sins hurt their friendship with God. Yet they still share in God's life and love.

 Write ways that show you have chosen to love God.

God is our forgiving Father.

Jesus told this story to show that God is our loving Father. He is always ready to forgive us when we are sorry.

 Luke 15:11–32

A rich man had two sons. One son wanted his share of the father's money. He wanted to leave home and have some fun. His father was sad, but he let his son have the money.

The son went away and began to spend his money. He used his money on all kinds of things. Soon all his money was gone. The son found himself poor, dirty, hungry, and without friends. He thought about his father and his home. He decided to go home and tell his father that he was sorry. When the father saw his son, he was so happy. The father rushed out and hugged him. The son said, "Father, I have sinned against heaven and against you; I no longer deserve to be called your son." (Luke 15:21)

But the father wanted everyone to know his son had come home. The father shouted to his servants, "Let us celebrate with a feast." (Luke 15:23)

We receive God's forgiveness through the Church. Our relationship with God and the Church is made strong through the Sacrament of Penance and Reconciliation, which we can call the Sacrament of Penance.

 Talk about some times people forgive each other.

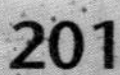

El sacramento de la Reconciliación tiene varias partes.

Examinar nuestra conciencia es el primer paso en la preparación para el sacramento de la Reconciliación. Nuestra **conciencia** es el don de Dios que nos ayuda a saber lo que está bien y lo que está mal.

Cuando examinamos nuestra conciencia, nos preguntamos si hemos amado a Dios, a nosotros mismos y a los demás. Pensamos en cosas que hemos hecho y si fueron malas o buenas. Este examen de conciencia nos ayuda a conocer y a arrepentirnos de nuestros pecados.

Contrición, confesión, penitencia y absolución siempre forman parte del sacramento de la Reconciliación.

Contrición es arrepentirnos de nuestros pecados y firmemente proponernos no pecar más. *Confesión* es decir nuestros pecados al sacerdote. El sacerdote puede hablarnos sobre como podemos amar a Dios y a los demás.

Penitencia es una oración o acción para mostrar que estamos arrepentidos de nuestros pecados. Aceptar la penitencia muestra que estamos dispuestos a cambiar nuestra forma de vida. La *absolución* es el perdón de Dios de nuestros pecados por medio de las acciones y palabras del sacerdote. El sacerdote extiende su mano y nos perdona. El termina diciendo: "Por el ministerio de la Iglesia que Dios te perdone y te de paz, y yo te absuelvo de tus pecados, en el nombre del Padre, y del Hijo, y del Espíritu Santo".

Escribe una razón por la que la Iglesia celebra el sacramento de la Reconciliación.

____

Como católicos...

Muchas parroquias tienen un espacio designado para celebrar el sacramento de la Reconciliación. Este lugar especial es donde te reúnes con el sacerdote para la confesión y la absolución individual. Puedes escoger como quieres hablar con el sacerdote. Puedes sentarte y hablar con él cara a cara o arrodillarte detrás de la rejilla.

En tu parroquia, ¿dónde celebras el sacramento de la Reconciliación?

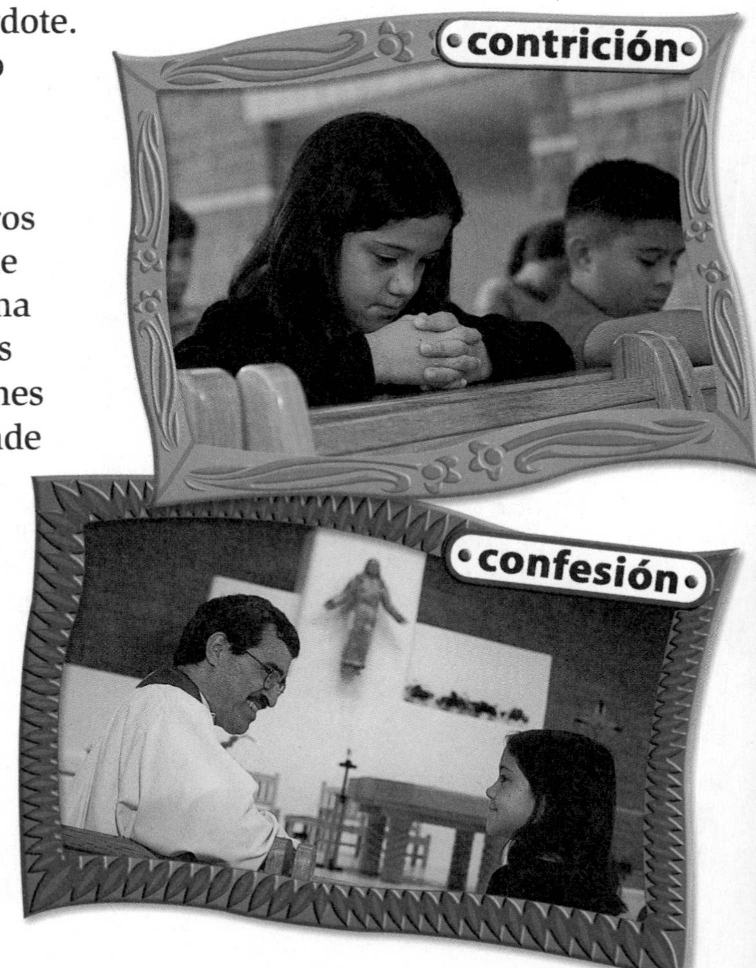

The Sacrament of Penance has several parts.

Examining our conscience is the first step in preparing for the Sacrament of Penance. Our **conscience** is God's gift that helps us know right from wrong.

When we examine our conscience, we ask ourselves whether or not we have loved God, others, and ourselves. We think about the things we have done and whether they were right or wrong. This examination of conscience helps us to know and to be sorry for our sins.

Contrition, confession, penance, and absolution are always part of the Sacrament of Penance.

Contrition is being sorry for our sins and firmly intending not to sin again. *Confession* is telling our sins to the priest. The priest may talk to us about the way we can love God and others.

A *penance* is a prayer or action that shows we are sorry for our sins. Accepting the penance shows that we are willing to change the way that we live. *Absolution* is God's forgiveness of our sins through the actions and words of the priest. The priest extends his hand and forgives us. He ends by saying,

"Through the ministry of the Church may God give you pardon and peace, and I absolve you from your sins in the name of the Father, and of the Son, † and of the Holy Spirit."

Write one reason why the Church celebrates the Sacrament of Penance.

____

As Catholics...

Many parishes have a separate space for celebrating the Sacrament of Penance. This is a special place where you meet the priest for individual confession and absolution. You can choose how you want to talk with the priest. You can sit and talk to him face-to-face or kneel behind a screen.

In your parish, where do you celebrate the Sacrament of Penance?

La Iglesia celebra el sacramento de la Reconciliación.

El sacramento de la Reconciliación es una celebración del amor y el perdón de Dios. He aquí dos formas en que la Iglesia celebra el sacramento de la Reconciliación.

Celebrando con la comunidad

Cantamos un himno y el sacerdote nos saluda y hace una oración.

Escuchamos una lectura de la Biblia y una homilía.

Examinamos nuestra conciencia y rezamos un acto de contrición. Rezamos el Padrenuestro.

Nos reunimos individualmente con el sacerdote y confesamos nuestros pecados. El sacerdote nos habla sobre como amar a Dios y a los demás. El nos da una penitencia.

El sacerdote extiende su mano y nos da la absolución.

Después el sacerdote se reúne con los participantes, juntos concluyen la celebración. El sacerdote nos bendice y nos vamos con la paz y el gozo de Cristo.

Celebración individual

El sacerdote me saluda. Hago la señal de la cruz.

El sacerdote puede leer algo de la Biblia.

Me reúno con el sacerdote y confieso mis pecados. El sacerdote me habla sobre amar a Dios y a los demás. El me da una penitencia.

Rezo un acto de contrición.

El sacerdote extiende su mano y me da la absolución.

Juntos, el sacerdote y yo, damos gracias a Dios por su perdón.

RESPONDEMOS

¿Cómo puedes agradecer a Dios su perdón después de celebrar el sacramento de la Reconciliación?

pecado (pp 317)

conciencia (pp 315)

The Church celebrates the Sacrament of Penance.

The Sacrament of Penance is a celebration of God's love and forgiveness. Here are two ways the Church celebrates the Sacrament of Penance.

Celebrating with the Community

We sing an opening hymn and the priest greets us and prays an opening prayer.

We listen to a reading from the Bible and a homily.

We examine our conscience and pray an Act of Contrition. We pray the Our Father.

I meet individually with the priest and confess my sins. The priest talks to me about loving God and others. He gives me a penance.

The priest extends his hand and gives me absolution.

After everyone has met with the priest, we join together to conclude the celebration. The priest blesses us, and we go in the peace and joy of Christ.

Celebrating Individually

The priest greets me. I make the Sign of the Cross.

The priest or I may read something from the Bible.

I meet individually with the priest and confess my sins. The priest talks to me about loving God and others. He gives me a penance.

I pray an Act of Contrition.

The priest extends his hand and gives me absolution.

Together the priest and I give thanks to God for his forgiveness.

WE RESPOND

How can you thank God for his forgiveness after celebrating the Sacrament of Penance?

sin (p. 320)

conscience (p. 318)

HACIENDO DISCIPULOS

Muestra lo que sabes

Busca las palabras del Vocabulario en el dibujo. Usalas para completar la frase.

Pecado ____________ es un pensamiento, palabra, obra u omisión contra la ley de Dios.

ConciencIA ____________ es el don de Dios que nos ayuda a saber lo que es bueno y lo que es malo.

Ahora colorea el dibujo.

Realidad

¿Cómo muestras que has perdonado?

❑ Diciendo "te perdono".

❑ Planificando hacer algo juntos.

❑ Dándonos las manos.

❑ Otro ____________

____

____

Celebra

El sacramento de la Reconciliación tiene cuatro partes. Encierra en un círculo las partes que puedes explicar a un compañero.

- contrición
- confesión
- penitencia
- absolución

Compártelo.

PROJECT DISCIPLE

Show What you Know

Find the Key Words hidden in the picture. Use them to answer the clues.

sin ________ is a thought, word, or action that is against God's law.

conscience ________ is God's gift that helps us know right from wrong.

Now, color the picture.

Reality Check

How do you show someone forgiveness?

- ❏ say "I forgive you."
- ❏ plan to do something together
- ❏ shake hands
- ❏ other ____________

____

____

Celebrate!

The Sacrament of Penance has four parts. Circle the parts you can explain to a classmate.

- contrition
- confession
- penance
- absolution

Now, pass it on!

HACIENDO DISCIPULOS

Vidas de santos

El Rey Eduardo reinó en Inglaterra desde el 1042 hasta su muerte en el 1066. Fue conocido por su generosidad, santidad y bondad como gobernante. En su tiempo, el título de Confesor se daba a los santos que se mantenían fieles a la Iglesia y eran conocidos por su sabiduría, fe y buenas obras. Así que él es llamado San Eduardo el Confesor. Su fiesta se celebra el 13 de octubre.

RETO PARA EL DISCIPULO Encierra en un círculo el título dado a San Eduardo por su fidelidad a la Iglesia.

Haz*lo*

En el 1981, el papa Juan Pablo II fue casi asesinado cuando Mehmet Ali Agca lo baleo. El papa fue gravemente herido pero sobrevivió. El papa visitó a Agca en la prisión y le dijo que lo había perdonado. La voluntad de perdonar del papa es un ejemplo para todos nosotros. Somos llamados a perdonar a los que nos han ofendido.

RETO PARA EL DISCIPULO ¿Cómo contestará el llamado al perdón de los que te han ofendido?

____

____

____

____

Tarea

Juntos en familia miren un programa de televisión. Después conversen sobre estas preguntas:

- ¿Qué decisiones tuvieron que tomar los personajes?
- ¿Fueron estas buenas decisiones?
- ¿Pudieron haber tomado mejores decisiones?

PROJECT DISCIPLE

Saint Stories

King Edward ruled England from 1042 until his death in 1066. He was known for his generosity, holiness, and kindness as a ruler. In his time, the title of Confessor was given to saints who remained faithful to the Church, and were known for their knowledge, faith, and good works. So he is called Saint Edward the Confessor. His feast day is October 13th.

DISCIPLE CHALLENGE Circle the title given to Saint Edward for his faithfulness to the Church.

Make *it* Happen

In 1981, Pope John Paul II was nearly killed when he was shot by Mehmet Ali Agca. The pope was hurt badly, but he got well. The pope visited Agca in prison and told him that he forgave him. The pope's willingness to forgive is an example to all of us. We are called to forgive those who hurt us.

DISCIPLE CHALLENGE How will you answer the call to forgive those who hurt you?

____

____

____

____

Take Home

Watch a television series with your family. Then talk together about these questions.

- What choices did the characters in the series have to make?
- How were these good choices?
- How could they have made better choices?

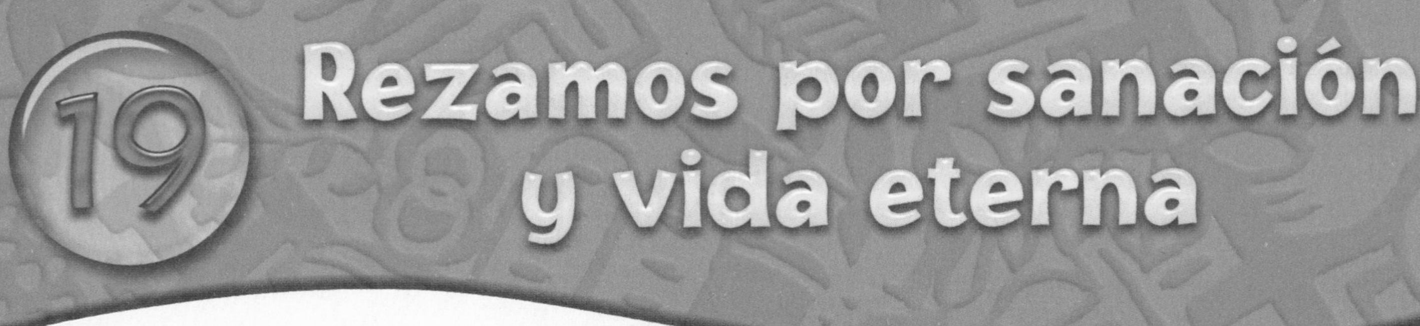

19 Rezamos por sanación y vida eterna

NOS CONGREGAMOS

✝ **Líder**: Jesús pidió al pueblo creer en él. El sanó a los que tenían fe en él. Vamos a regocijarnos y a cantar esta canción:

♫ **Bienaventurados**

Bienaventurados, pobres de la tierra,
porque de ustedes es el reino de Dios.
Bienaventurados los que pasan hambre,
los que lloran sangre por amor a Dios.

Alégrense y llénense de gozo,
porque les esperan maravillas en el cielo.
Alégrense y llénense de gozo,
bienaventurados serán.

Piensa en una vez en que te sentiste mal o desanimado. ¿Quién te ayudó? ¿Cómo te sentiste después que te ayudaron?

CREEMOS

Jesús cuidó y sanó a los enfermos.

Jesús cuidó a todo el mundo. Los enfermos, los que no tenían que comer; los pobres y los necesitados todos lo buscaban y Jesús los consolaba. Algunas veces curó sus enfermedades. El les dio una razón para esperar por el amor y cuidado de Dios.

We Pray for Healing and Eternal Life

WE GATHER

✝ **Leader:** Jesus asked people to believe in him. He healed those who had faith in him. Let us rejoice and sing this song.

♫ **Walking Up to Jesus**

So many people in the house with Jesus,
People, people, people come to see him!

Jesus looked, and said to the man
who could not walk:
"Get up now. You are healed.
You can walk!"
And all at once the man jumped up
and everyone said, "OH!"

For he was walking in the house
with Jesus,
Walking, walking,
walking up to Jesus!

Think of a time when you felt hurt or sick. Who helped you? How did you feel after they helped you?

WE BELIEVE

Jesus cared for and healed the sick.

Jesus cared for all people. When those who were sick, hungry, poor, or in need reached out to him, Jesus comforted them. Sometimes he cured them of their illnesses. He gave them a reason to hope in God's love and care.

Marcos 10:46–52

Jesús salía de un pueblo con sus discípulos y una multitud los seguía. Un ciego llamado Bartimeo estaba sentado a la vera del camino. El pidió a Jesús que tuviera piedad de él. La gente en la multitud le dijo a Bartimeo que se callara. Pero el seguía llamando a Jesús.

"Jesús se detuvo y dijo: ´Llámenlo´. Llamaron al ciego, diciéndole: ´Animo, levántate; te está llamando´. El ciego arrojó su capa, y dando un salto se acercó a Jesús, que le preguntó: ´¿Qué quieres que haga por ti?´ El ciego le contestó: ´Maestro, quiero recobrar la vista´. Jesús le dijo: ´puedes irte, por tu fe has sido sanado´. En aquel mismo instante el ciego recobró la vista, y siguió a Jesús por el camino". (Marcos 10:49–52)

Jesús escuchó a la gente que necesitaba su ayuda. Jesús con frecuencia visitó los hogares de los enfermos. Dondequiera que iba la gente le pedía ayuda y que los sanara.

Jesús quiere consolarnos y darnos su paz. No importa cuales sean nuestras necesidades, Jesús nos da su esperanza y el gozo de su amor.

Escenifica la historia bíblica.

La Iglesia sana en nombre de Jesús.

Hoy la Iglesia sigue la misión sanadora de Jesús. Una de las formas más importantes es en el sacramento de Unción de los enfermos. Con este sacramento los enfermos reciben la gracia y el consuelo de Dios. El Espíritu Santo los ayuda a confiar en el amor de Dios. El Espíritu Santo los ayuda a recordar que Dios está siempre con ellos.

Cualquier católico seriamente enfermo puede recibir el sacramento de Unción de los enfermos. Los que están en peligro de muerte, por ejemplo, o los que van a tener una operación mayor se les recomienda celebrar este sacramento.

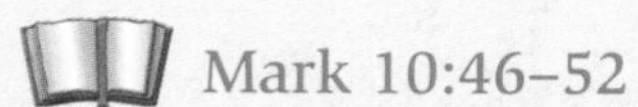 Mark 10:46–52

Jesus was leaving a town with his disciples and a large crowd. A blind man named Bartimaeus was sitting by the side of the road. He called out to Jesus to have pity on him. People in the crowd told Bartimaeus to be quiet. But he kept calling out to Jesus anyway.

"Jesus stopped and said, 'Call him.' So they called the blind man, saying to him, 'Take courage; get up, he is calling you.' He threw aside his cloak, sprang up, and came to Jesus. Jesus said to him in reply, 'What do you want me to do for you?' The blind man replied to him, 'Master, I want to see.' Jesus told him, 'Go your way; your faith has saved you.' Immediately he received his sight and followed him on the way." (Mark 10:49–52)

Jesus listened to people who needed his help. Jesus often visited the homes of people who were sick. Wherever he went people asked Jesus to help and to heal them.

Jesus wants us to have his comfort and peace, too. No matter what our needs are Jesus gives us hope and the joy of his love.

 Act out this Gospel story.

The Church heals us in Jesus' name.

Today the Church carries on Jesus' healing work. One of the most important ways is in the Sacrament of the Anointing of the Sick. Through the sacrament, those who are sick receive God's grace and comfort. The Holy Spirit helps them to trust in God's love. The Holy Spirit helps them to remember that God is always with them.

Any Catholic who is seriously ill may receive the Anointing of the Sick. Those in danger of death, for example, or those about to have a major operation are encouraged to celebrate this sacrament.

El **óleo de los enfermos** es santo óleo que ha sido bendecido por el obispo para ser usado en la unción de los enfermos. Un sacerdote unge la frente de la persona enferma con aceite diciendo:

"Por medio de esta santa unción, que el Señor en su amor y misericordia te ayude con la gracia del Espíritu Santo".

El sacerdote también unge las manos de cada enfermo diciendo: "Para que libre de tus pecados, te conceda la salvación y te conforte en tu enfermedad". La familia y la parroquia se unen a los ancianos y enfermos en la celebración de este sacramento. La Unción de los Enfermos es un sacramento para toda la Iglesia. Todos rezamos para que Dios sane al enfermo y recordamos nuestro llamado a seguir a Jesús amando y cuidando de todos los enfermos.

Junto con un compañero hablen de alguna vez en que alguien necesitó del consuelo y la esperanza de Jesús. ¿De qué forma podemos ayudar?

Creemos en la vida eterna con Dios.

Algunas personas pueden estar tan enfermas que no pueden aliviarse. Rezamos por ellas para que no se sientan tristes o solas. Rezamos para que confíen en la promesa de Jesús de estar siempre con nosotros. Jesús estará con ellas en su muerte como lo estuvo en vida.

La muerte no es fácil de entender o de aceptar. Como cristianos no vemos la muerte como el fin de la vida. Creemos que nuestra vida continúa después de la muerte en diferente forma. Llamamos a esto vida eterna. **Vida eterna** es vivir por siempre con Dios en la felicidad del cielo.

Cuando la persona escoge amar y servir a Dios y a los demás, vivirán con Dios para siempre. El cielo es vivir con Dios eternamente.

The **oil of the sick** is holy oil that has been blessed by the bishop for use in the Anointing of the Sick. A priest anoints the forehead of each sick person with this oil, saying:

"Through this holy anointing may the Lord in his love and mercy help you with the grace of the Holy Spirit."

The priest also anoints the hands of each sick person saying:

"May the Lord who frees you from sin save you and raise you up."

Family and parish members join with those who are elderly or sick in celebrating this sacrament. The Anointing of the Sick is a sacrament for the whole Church. We all pray that God will heal the sick, and we remember our own call to follow Jesus by loving and caring for people who are sick.

With a partner talk about some times people may need Jesus' comfort and hope. What is one way we can help them?

___

We believe in eternal life with God.

Sometimes people may be so sick that they do not get better. We pray that they will not feel lonely and sad. We pray that they will trust in Jesus' promise to be with them always. Jesus will be with them at their death as he was during their life.

Death is not easy for us to understand or to accept. As Christians we do not see death as the end of life. We believe that our life continues after death, in a different way. We call this eternal life. **Eternal life** is living forever with God in the happiness of Heaven.

When people choose to love and serve God and others, they will live with God forever. Heaven is life with God forever.

Algunas personas escogen no amar y servir a Dios. Algunas personas escogen romper su amistad con Dios completamente. Por esa decisión, se separan de Dios para siempre. Infierno es separarse de Dios por siempre.

Dios no quiere que nadie se separe de él. Aun así, muchas personas al morir no tienen una buena relación con Dios y puede que no estén listos para entrar a la felicidad del cielo. Estas personas van al purgatorio, a preparase para ir al cielo. Nuestras oraciones y buenas obras pueden ayudar a esas personas a un día estar con Dios en el cielo.

Nombra algunas formas en que nuestras decisiones muestran a Dios que somos amigos.

La Iglesia celebra la vida eterna con Dios.

Nadie puede quitar la tristeza que se siente cuando muere un ser querido. Aun cuando estemos tristes, los católicos confiamos que esa persona gozará de la vida eterna.

En una misa especial damos gracias a Dios por la vida de la persona que ha muerto. Esta misa es llamada **misa de difuntos**. Nos reunimos como Iglesia con la familia y amigos del fallecido. Rezamos para que esa persona comparta la vida con Dios eternamente.

La misa de difuntos nos da esperanza. Recordamos que: en el Bautismo fuimos unidos a Cristo, Jesús murió y resucitó para darnos nueva vida y la muerte puede ser el inicio de la vida eterna.

En la misa mortuoria rezamos para que la persona fallecida se encuentre con Cristo en el cielo. Celebramos nuestra creencia de que alguien que ha muerto en Cristo vivirá eternamente con él. Consolamos a familia y amigos de la persona pasando tiempo y rezando con ellos.

La Iglesia nos anima a recordar y rezar por los que han muerto. Una forma en que podemos hacer esto es celebrando una misa en su memoria. A la familia de la persona fallecida se le da una tarjeta. Esta tarjeta deja saber a la familia que un sacerdote ofrecerá una misa por su ser querido. La familia recibe consuelo al saber que la persona que ha muerto es recordada.

La próxima vez que vayas a misa recuerda ofrecer una oración por un pariente o amigo fallecido.

RESPONDEMOS

Diseña una tarjeta para alguien que necesite ser consolado o esperanzado.

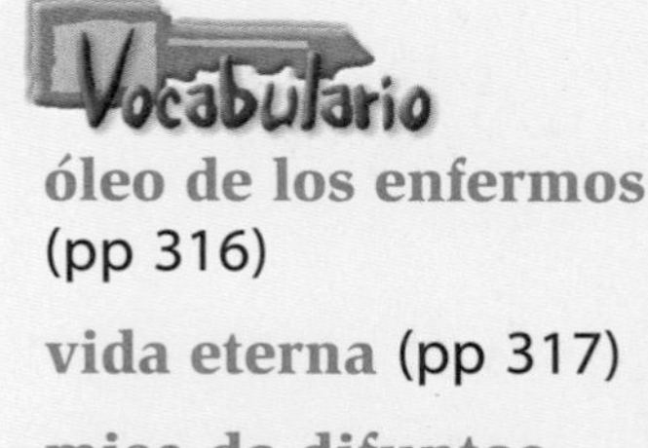

óleo de los enfermos (pp 316)

vida eterna (pp 317)

misa de difuntos (pp 316)

Some people choose not to love and serve God. Some people choose to break their friendship with God completely. Because of this choice, they separate themselves from God forever. Hell is being separated from God forever.

God does not want anyone to be separated from him. Yet many people who die in God's friendship may not be ready to enter the happiness of Heaven. These people enter into Purgatory, which prepares them for Heaven. Our prayers and good works can help these people so they may one day be with God in Heaven.

Name some ways that the choices we make show God that we are his friends?

As Catholics...

The Church encourages us to remember and pray for those who have died. One way we can do this is by having a Mass offered in their memory. A Mass card is given to the family of the person who has died. This Mass card lets the family know that a priest will be offering a Mass for their loved one. The family is given comfort knowing that the person who has died is being remembered.

Next time you are at Mass, remember to offer a prayer for a family member, relative, or friend who has died.

The Church celebrates eternal life with God.

No one can take away the sadness that we feel when someone we love dies. Even though we are sad, Catholics trust that this person will enjoy eternal life.

At a special Mass we thank God for the life of the person who has died. This Mass is called a **funeral Mass**. We gather as the Church with the family and friends of the person who has died. We pray that this person will share life with God forever.

Key Words

oil of the sick (p. 319)
eternal life (p. 318)
funeral Mass (p. 319)

The funeral Mass gives us hope. We are reminded that: at Baptism we were joined to Christ, Jesus died and rose from the dead to bring us new life, and death can be the beginning of eternal life.

At the funeral Mass we pray that the person who has died will be joined to Christ in Heaven. We celebrate our belief that everyone who has died in Christ will live with him forever. We give comfort to the person's family and friends by spending time and praying with them.

WE RESPOND

Think about someone your age who might need comfort and hope.

HACIENDO DISCÍPULOS

Muestra lo que sabes

Contesta las siguientes preguntas escribiendo la letra anterior en el alfabeto.

A	B	C	D	E	F	G	H	I	J	K	L	M	N	O	P	Q	R	S	T	U	V	W	X	Y	Z

1. Qué es bendecido por el obispo para ser usado en la unción de los enfermos?

___ ___ ___ ___   ___ ___   ___ ___ ___ ___ ___ ___ ___ ___
P M F P   E F   F O G F Q N P T

2. ¿Qué es vivir feliz por siempre con Dios en el cielo?

___ ___ ___ ___   ___ ___ ___ ___ ___ ___
W J E B   F U F S O B

3. ¿Cuál es la misa especial en que damos gracias a Dios por la persona que ha muerto?

___ ___ ___ ___   ___ ___ ___ ___ ___ ___ ___
N J T B   G V O F S B M

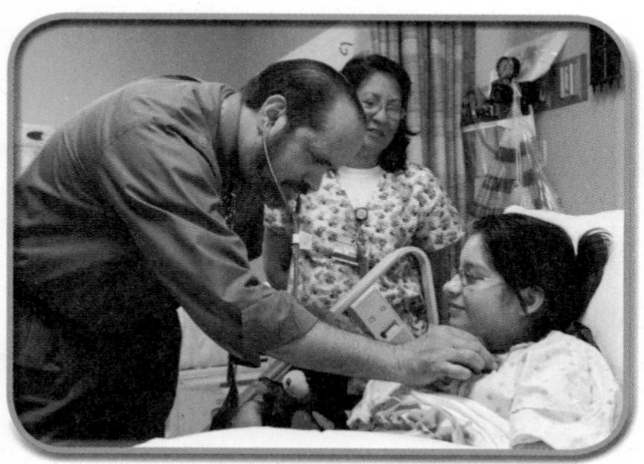

Datos La Catholic Health Association of the United States (CHA) fue establecida en 1915. Esta continúa la misión de Jesús de amar y sanar. Sus hospitales acogen y cuidan de personas de todas las edades, razas y religiones.

PROJECT DISCIPLE

Show What you Know

Answer the following questions by writing the letter that comes BEFORE the given letter in the alphabet. Your answers are the Key Words.

A	B	C	D	E	F	G	H	I	J	K	L	M	N	O	P	Q	R	S	T	U	V	W	X	Y	Z

1. What is blessed by the bishop for use in the Anointing of the Sick?

   ___ ___ ___   ___ ___   ___ ___ ___   ___ ___ ___ ___
   P J M   P G   U I F   T J D L

2. What is living forever with God in the happiness of Heaven?

   ___ ___ ___ ___ ___ ___ ___   ___ ___ ___ ___
   F U F S O B M   M J G F

3. What is the special Mass to thank God for the life of a person who died?

   ___ ___ ___ ___ ___ ___ ___   ___ ___ ___ ___
   G V O F S B M   N B T T

Fast Facts The Catholic Health Association of the United States (CHA) was established in 1915. They continue Jesus' mission of love and healing. Their health care facilities welcome and care for people of all ages, races, and religious beliefs.

HACIENDO DISCIPULOS

Vidas de santos

El arcángel San Rafael tiene un gran poder sanador. En la Biblia leemos que Rafael fue enviado por Dios para ayudar a un hombre llamado Tobit. La Iglesia enseña que San Rafael es el ángel sanador. El nombre Rafael significa "Dios ha sanado".

RETO PARA EL DISCIPULO Busca la fecha en que se celebra la fiesta de San Rafael.

____

Hazlo

Siguiendo el ejemplo de Jesús, los católicos respetan a todas las personas. Las parroquias ayudan a los enfermos, los ancianos y los moribundos. Sacerdotes, diáconos y ministros extraordinarios de la Eucaristía visitan a esas personas. Ellos les leen la Biblia, rezan con ellas y les dan la comunión. Tú también puedes ayudar rezando, enviando tarjetas y visitándolos con tu familia. En grupo planifiquen una forma de ayudar a los enfermos de tu parroquia.

____

____

____

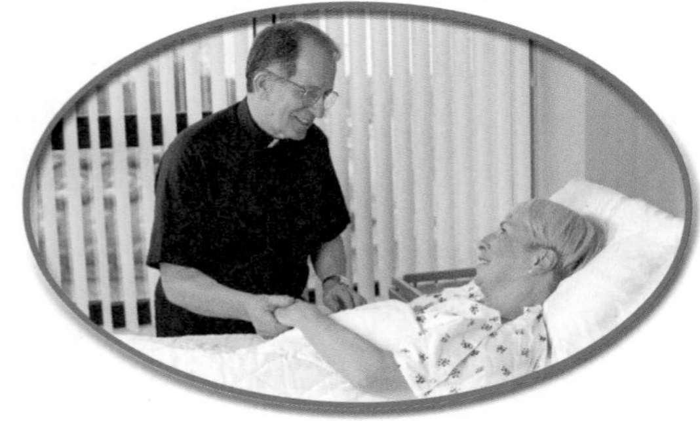

Tarea

Invita a tu familia a recordar a alguien que ha muerto. Tomen tiempo para compartir historias de esa persona. Juntos en familia recen por esa persona.

PROJECT DISCIPLE

Saint Raphael the Archangel has great healing power. In the Bible, we read that Raphael was sent by God to help a man named Tobit. The Church teaches that Saint Raphael is the healing angel. The name *Raphael* means, "God has healed!"

DISCIPLE CHALLENGE Find out when we celebrate the Feast of Saint Raphael.

____

Make *it* Happen

Following the example of Jesus, Catholics show respect for all people. Parishes provide help to the sick, the elderly, and the dying. Priests, deacons, and extraordinary ministers of Holy Communion visit these people. They read from the Bible, pray together, and offer Holy Communion. You can also help by praying, sending cards, or by visiting with your family. As a class, plan one way to help those who are sick in your parish.

____

____

____

Take Home

Invite your family to remember someone who has died. Make time as a family to share stories about that person. Together as a family, pray for that person.

Cuaresma

Adviento | Navidad | Tiempo Ordinario | Cuaresma | Tres Días | Tiempo de Pascua | Tiempo Ordinario

La Cuaresma es tiempo de preparación para la Pascua de Resurrección

NOS CONGREGAMOS

¿Has tenido que prepararte para un evento especial, como por ejemplo, una reunión en familia? ¿Cómo te preparaste?

CREEMOS

La Cuaresma es un tiempo de preparación para la Pascua de Resurrección. Durante la Cuaresma recordamos tres cosas muy importantes: por el Bautismo pertenecemos a Dios, vivimos por la gracia, que es la vida de Dios en nosotros, viviremos eternamente con Dios porque Jesús murió y resucitó de la muerte para darnos nueva vida.

La cuaresma dura cuarenta días. Empieza el Miércoles de ceniza. Ese día somos marcados con ceniza bendita. La ceniza se usa para hacer una cruz en nuestra frente. La ceniza es señal de que estamos arrepentidos de nuestros pecados.

♫ Dios no quiere la muerte

Dios no quiere la muerte del pecador,
sino que viva, que se convierta,
que se convierta y que viva.
Tu palabra es luz que me ilumina.
Tu palabra es pan que me alimenta.
Con tu cuerpo y tu sangre me confortas,
y me haces vivir tu misma vida.

"Vengan a mí y pongan atención, escúchenme y vivirán".

Isaías 55:3

Lent

The season of Lent is a time of preparation for Easter.

WE GATHER

Have you had to take the time to get ready for a special event like a family get-together? How did you prepare?

WE BELIEVE

Lent is our time of preparation for Easter. All during Lent, we remember three very important things: we belong to God through Baptism, we live now by grace, the life of God within us, and we will live forever with God because Jesus died and rose to bring us God's life.

The season of Lent lasts forty days. It begins on Ash Wednesday. On this day we are marked with blessed ashes. The ashes are used to make a cross on our foreheads. The ashes are a sign that we are sorry for our sins.

Ashes

We rise again from ashes,
from the good we've failed to do.
We rise again from ashes,
to create ourselves anew.
If all our world is ashes,
then must our lives be true,
an offering of ashes,
an offering to you.

"Come to me heedfully,
listen, that you may have life."

Isaiah 55:3

La Cuaresma es un tiempo especial para la Iglesia. Es un tiempo especial para renovar nuestro Bautismo. Recordamos las aguas del Bautismo que nos limpia del pecado y nos da nueva vida. Recordamos que en el Bautismo nos unimos a Jesús y por primera vez recibimos la gracia de Dios. Esta es la gracia que recibimos en la Eucaristía y en los otros sacramentos.

Celebrar los sacramentos de la Reconciliación y la Eucaristía es una parte importante de la Cuaresma. Los sacramentos nos introducen en la maravilla de la muerte y resurrección de Cristo. Somos fortalecidos por el amor y el perdón de Dios. Somos alimentados por el Cuerpo y la Sangre de Cristo.

La Cuaresma es un tiempo para alimentar nuestra fe. Pensamos y rezamos sobre la vida que tenemos porque Jesús murió y resucitó por nosotros. Pensamos sobre lo que creemos como cristianos. Rezamos por los que van a celebrar los sacramentos de iniciación cristiana en la Vigilia Pascual.

Durante la Cuaresma hacemos un esfuerzo especial para seguir a Jesús. Rezamos, hacemos penitencia y obras de amor y misericordia. Hacer esas cosas nos ayuda a renovar nuestro Bautismo y a prepararnos para los grandes Tres Días.

Lent is a special time for the Church. It is a special time to renew our Baptism. We remember the waters of Baptism that cleansed us from sin and brought us new life. We recall that in Baptism we were joined to Jesus and first received a share in God's life, grace. This is the grace we also receive in the Eucharist and the other sacraments.

Celebrating the Sacraments of Penance and the Eucharist is an important part of the season of Lent. The sacraments bring us into the wonder of Christ's Death and Resurrection. We are strengthened by God's love and forgiveness. We are nourished by the Body and Blood of Christ.

Lent is a time to grow in faith. We think and pray about the life we have because Jesus died and rose for us. We think about what we believe as Christians. We pray with those who will celebrate the Sacraments of Christian Initiation at the Easter Vigil.

During Lent we make a special effort to follow Jesus. We do this through prayer, penance, and acts of love and mercy. Doing these things during Lent helps us to renew our Baptism and gets us ready for the great Three Days.

RESPONDEMOS

Juntos hablen sobre lo que pueden hacer para fortalecer su fe y amor durante la Cuaresma.

Respondemos en oración

Líder: Padre misericordioso, tanto es tu amor que nos enviaste a tu Hijo para darnos vida. Ayúdanos a creer en él y a seguirlo.

Todos: ¡Creemos!

Lector: Lectura del Evangelio de Juan

"Dios amó tanto al mundo, que dio a su Hijo único, para que todo aquel que cree en él no muera, sino que tenga vida eterna. Porque Dios no envió a su Hijo al mundo para condenar al mundo sino para salvarlo". (Juan 3:16–17)

Palabra del Señor.

Todos: Gloria a ti, Señor Jesús.

Dios no quiere la muerte

Dios no quiere la muerte del pecador,
sino que viva, que se convierta,
que se convierta y que viva.
Tu palabra es luz que me ilumina.
Tu palabra es pan que me alimenta.
Con tu cuerpo y tu sangre me confortas,
y me haces vivir tu misma vida.

WE RESPOND

Talk together with your class about what you can do to grow in faith and love during Lent.

We Respond in Prayer

Leader: O Merciful God, you loved us so much you sent your Son to bring us life. Help us to believe in and follow him.

All: We believe!

Reader: A reading from the Gospel of John

"For God so loved the world that he gave his only Son, so that everyone who believes in him might not perish but have eternal life. For God did not send his Son into the world to condemn the world, but that the world might be saved through him." (John 3:16–17)

The Gospel of the Lord.

All: Praise to you Lord Jesus Christ.

Ashes

Thanks be to the Father,
who made us like himself.
Thanks be to his Son,
who saved us by his death.
Thanks be to the Spirit
who creates the world anew
From an offering of ashes,
an offering to you.

HACIENDO DISCIPULOS

Muestra lo que sabes

¿Qué sabes sobre la Cuaresma?

- ¿Cuántos días hay en la Cuaresma?

  ____

- ¿Con qué se nos marca al inicio de la Cuaresma?

  ____

- ¿Cuál es el color de la Cuaresma?

  ____

- ¿Para qué nos preparamos durante la Cuaresma?

  ____

- ¿Qué sacramentos son partes importantes de la Cuaresma?

  ____

Escritura

Jesús les dijo:

"Estaba escrito que el Mesías tenía que morir y resucitar de entre los muertos al tercer día". (Lucas 24:46)

Durante la Cuaresma recordamos que Jesús sufrió, murió y resucitó por nosotros.

Compártelo.

Tarea

Mira las estaciones del vía crucis en la página 306. Pide a tu familia recordarte averiguar cuando tu parroquia hace el vía crucis durante la Cuaresma. Anota las fechas en el calendario de la familia y planifiquen ir juntos.

PROJECT DISCIPLE

Show What you Know

What do you know about Lent?

- How many days are in Lent? ________________
- What are we marked with as we begin Lent?

  ____
- What is the Church's color for the season of Lent? ________________
- What are we preparing for during Lent? ________________
- What sacraments are important parts of the season of Lent?

  ____

What's the Word?

Jesus said to them,

"Thus it is written that the Messiah would suffer and rise from the dead on the third day." (Luke 24:46)

This is what we remember during Lent—that Jesus suffered, died, and rose for us.

Now, pass it on!

Take Home

Look at the Stations of the Cross on page 306. Ask a family member to help you find out when your parish community joins together to pray the stations during Lent. Mark the dates on your family calendar, and plan for everyone to attend.

Los Tres Días

Los Tres Días celebran que Jesús pasó de la muerte a una nueva vida.

NOS CONGREGAMOS

¿Cuándo celebraste un fin de semana largo o un día de fiesta con tu familia?

¿Qué hicieron o dijeron que hizo de esa una ocasión especial para estar en familia?

CREEMOS

Los Tres Días son la mayor celebración de la Iglesia. Ellos son como un puente. Los Tres Días nos llevan del tiempo de Cuaresma al tiempo de Pascua.

Durante los Tres Días nos reunimos con nuestra parroquia. Celebramos de noche y de día. Los Tres Días se empiezan a contar en la tarde. El primer día empieza el Jueves Santo en la tarde. Recordamos lo que pasó en la última cena. Celebramos que Jesús se dio a sí mismo por nosotros en la Eucaristía. Recordamos la forma en que Jesús sirvió a los demás. Hacemos una colecta especial para los necesitados.

"Esta es la noche en que, rotas las cadenas de la muerte, Cristo asciende victorioso del abismo".

Pregón Pascual

The Three Days

The Three Days celebrate that Jesus passed from death to new life.

WE GATHER

When have you celebrated a long weekend or holiday with your family?

What did you do or say that made it a special time to be with your family?

WE BELIEVE

The Three Days are the Church's greatest celebration. They are like a bridge. The Three Days take us from the season of Lent to the season of Easter.

During the Three Days, we gather with our parish. We celebrate at night and during the day. The Three Days are counted from evening to evening. The first day starts on the evening of Holy Thursday. We remember what happened at the Last Supper. We celebrate that Jesus gave himself to us in the Eucharist. We remember the ways Jesus served others. We have a special collection for those who are in need.

"Most blessed of all nights, chosen by God to see Christ rising from the dead."

Exsultet, Easter Vigil

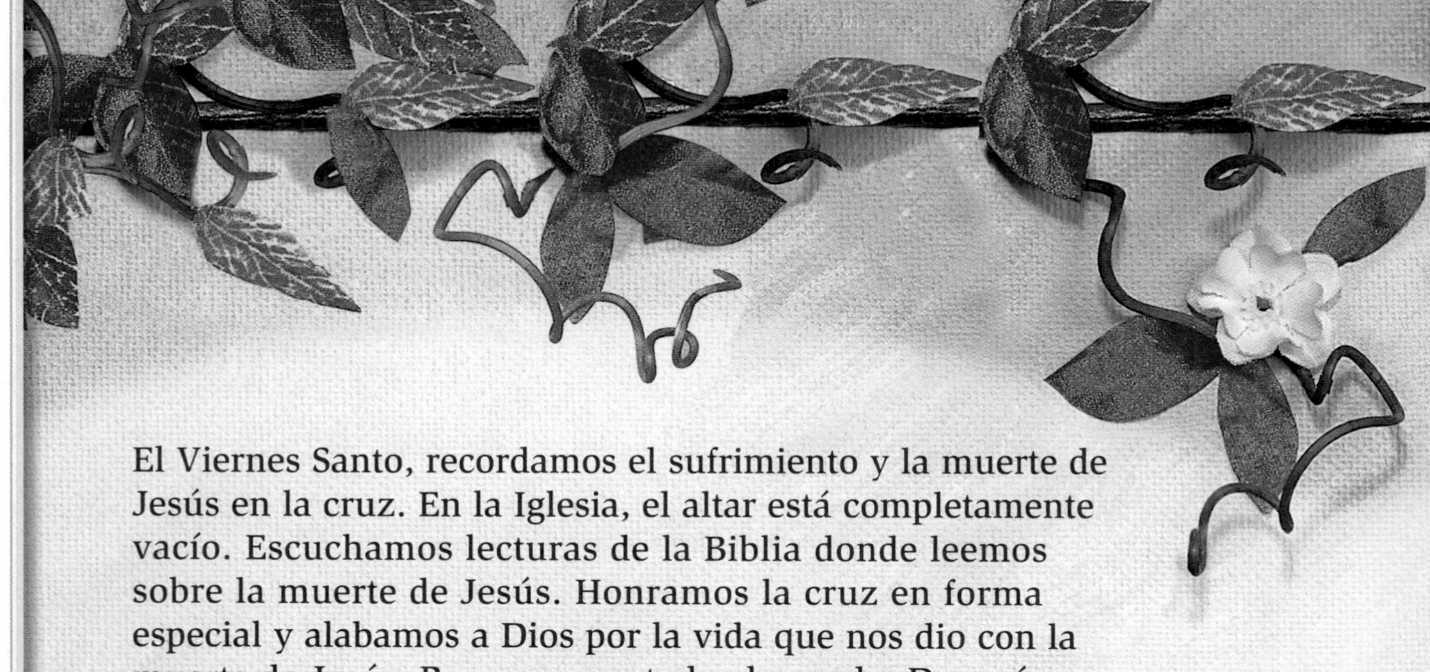

El Viernes Santo, recordamos el sufrimiento y la muerte de Jesús en la cruz. En la Iglesia, el altar está completamente vacío. Escuchamos lecturas de la Biblia donde leemos sobre la muerte de Jesús. Honramos la cruz en forma especial y alabamos a Dios por la vida que nos dio con la muerte de Jesús. Rezamos por todo el mundo. Después esperamos y rezamos.

El Sábado Santo pensamos en lo que le pasó a Jesús. Rezamos para que podamos unirnos a Jesús. Nos reunimos de nuevo como comunidad la noche de la Vigilia Pascual. Se enciende un fuego. El cirio pascual es encendido y se canta: " La luz de Cristo".

Escuchamos diferentes historias de la Biblia. Recordamos las grandes cosas que Dios ha hecho por nosotros. Cantamos con gozo para celebrar que Jesús resucitó de la muerte.

Los nuevos miembros de la Iglesia reciben la nueva vida de Cristo en el Bautismo, la Confirmación y la Eucaristía. Nos regocijamos con ellos. Este es el momento más importante, la noche más hermosa del año. El Sábado Santo pasa a ser Pascua de Resurrección.

El Domingo de Pascua escuchamos la historia de la resurrección de Jesús. Recibimos el Cuerpo y la Sangre del Señor resucitado en la comunión. Se nos da la fuerza y el gozo para vivir una nueva vida. ¡Aleluya!

Vigilia Pascual

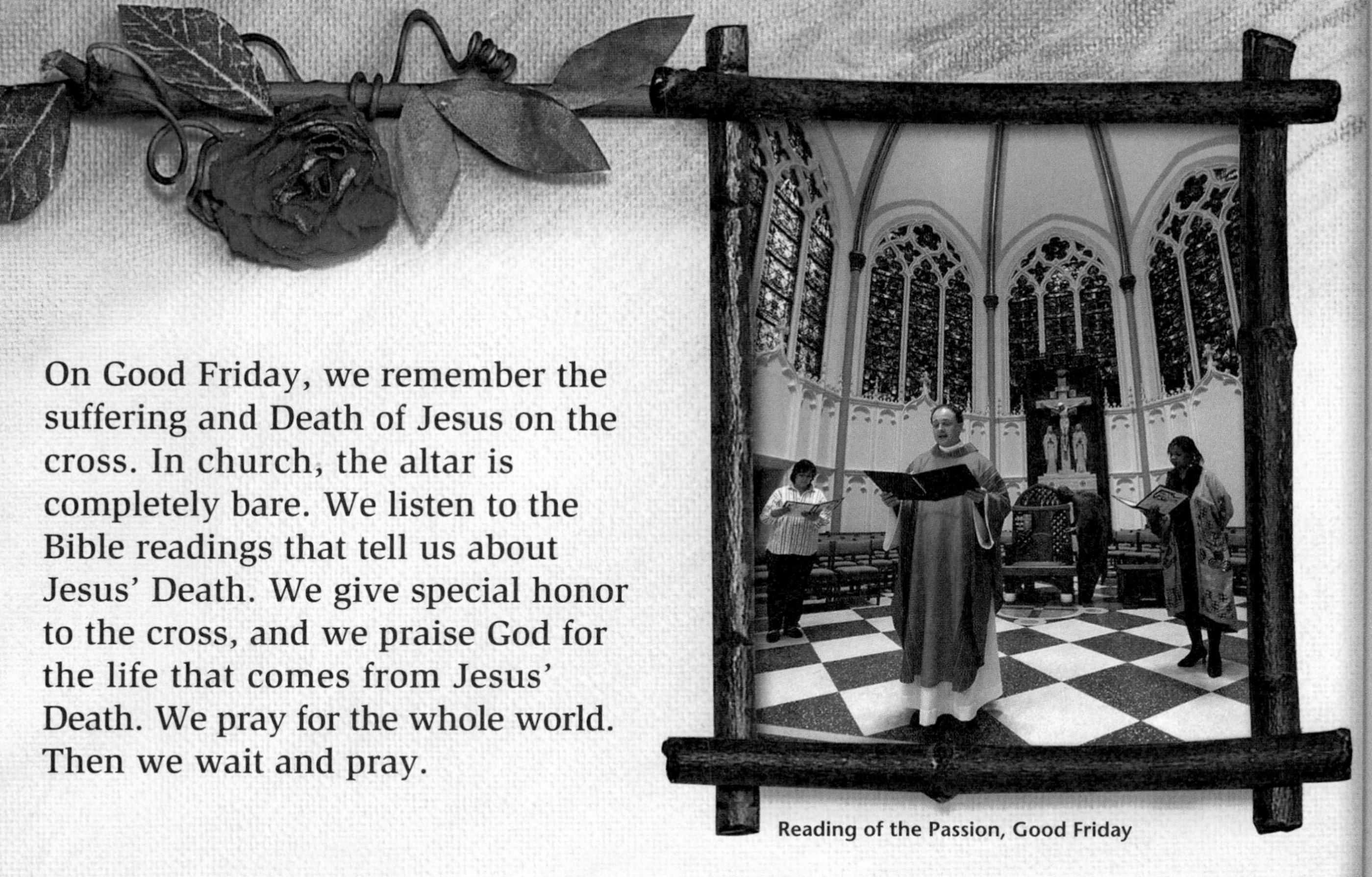

Reading of the Passion, Good Friday

On Good Friday, we remember the suffering and Death of Jesus on the cross. In church, the altar is completely bare. We listen to the Bible readings that tell us about Jesus' Death. We give special honor to the cross, and we praise God for the life that comes from Jesus' Death. We pray for the whole world. Then we wait and pray.

On Holy Saturday, we think about all that happened to Jesus. We pray that we might be joined to Jesus. We gather again as a community at night for the Easter Vigil. A fire is burning bright. The Easter candle is lit and we sing "Christ our light!"

We listen to many different stories from the Bible. We remember all the great things God has done for us. We sing with joy to celebrate that Jesus rose from the dead.

New members of the Church receive the new life of Christ in Baptism, Confirmation, and the Eucharist. We rejoice with them. This is the most important and the most beautiful night of the year! Holy Saturday turns into Easter Sunday.

On Easter Sunday, we listen to the story of Jesus' Resurrection. We receive the Body and Blood of the risen Jesus in Holy Communion. We are given new strength and joy to live his risen new life. Alleluia!

Dibuja o escribe algo que diga a otros sobre los Tres Días.

Respondemos en oración

Líder: La noche antes del Domingo de Pascua, durante la Vigilia Pascual, se bautiza a los que se han estado preparando durante la Cuaresma para el Bautismo. Ellos reciben la nueva vida que Jesús ganó para nosotros resucitando de la muerte.

Cada uno de nosotros ha sido bautizado. Somos hijos de Dios. Vamos a renovar las promesas hechas por nuestros padres y padrinos en nuestro bautismo.

Líder: ¿Creen en Dios, nuestro Padre creador?

Todos: Creemos.

Líder: ¿Creen en Jesucristo, quien nos salvó muriendo y resucitando?

Todos: Creemos.

Líder: ¿Creen en el Espíritu Santo quien guía a la Iglesia y vive en cada uno de nosotros?

Todos: Creemos.

Líder: Esto es lo que creemos. Esta es nuestra fe. Como señal de esa fe vengan para ser signados con la señal de la cruz.

WE RESPOND

Draw or write something that will tell others about the Three Days.

✝ We Respond in Prayer

Leader: On the night before Easter Sunday, during the Easter Vigil, those who have been preparing for Baptism during Lent are baptized. They receive the new life Jesus won for us in his rising from the dead.

Each of you is baptized. You are children of God. Let us renew the promises our parents and godparents made for us at Baptism.

Leader: Do you believe in God our Father and Creator?

Children: I do.

Leader: Do you believe in Jesus Christ who saved us through his dying and rising again?

Children: I do.

Leader: Do you believe in the Holy Spirit who guides the Church and who lives in each of us?

Children: I do.

Leader: This is what we believe. This is our faith. As a sign of that faith, come forward to be signed with the Sign of the Cross.

HACIENDO DISCÍPULOS

Muestra lo que sabes

Aparea cada día con lo que se celebra trazando una línea.

Jueves Santo ●	● Se enciende el cirio pascual y cantamos “Cristo es la luz”.
Viernes Santo ●	● Celebramos que Jesús se dio a sí mismo en la Eucaristía.
Sábado Santo ●	● Escuchamos la historia de la resurrección de Jesús.
Domingo de Resurrección ●	● Honramos la cruz de manera especial y alabamos a Dios por la vida que proviene de la muerte de Jesús.

Celebra

En la Vigilia Pascual la Iglesia recibe nuevos miembros que reciben la nueva vida de Cristo en los sacramentos del Bautismo, la Confirmación y la Eucaristía.

Escribe lo que puedes decir a un recién bautizado sobre ser católico.

____

____

Tarea

Durante los Tres Días reza esta oración con tu familia.

Jesús, se que estás con nosotros en la Eucaristía.
Jesús, sabemos que nos amas mucho porque moriste en la cruz por nosotros.
Jesús, sabemos que nos guías siempre con la luz de tu resurrección. Amén.

PROJECT DISCIPLE

Show What you Know

Draw lines to match each day to a way to celebrate it.

Holy Thursday ●	● The Easter candle is lit and we sing "Christ our light!"
Good Friday ●	● We celebrate that Jesus gave himself to us in the Eucharist.
Holy Saturday ●	● We listen to the story of Jesus' Resurrection.
Easter Sunday ●	● We give special honor to the cross, and we praise God for the life that comes from Jesus' Death.

Celebrate!

At the Easter Vigil Mass, new members of the Church receive the new life of Christ in the Sacraments of Baptism, Confirmation, and the Eucharist.

Write what you would tell a newly baptized person about being a Catholic.

____

____

Take Home

During the Three Days pray this prayer with your family:

Jesus, we know you are with us in the Eucharist.
Jesus, we know your great love for us by your Death on the cross.
Jesus, we know you guide us always by the light of your Resurrection. Amen.

22 Continuamos el trabajo de Jesús

NOS CONGREGAMOS

Líder: Imagina que estás con los apóstoles. Jesús ha sido crucificado. Estás rezando con ellos en un cuarto.

De repente, Jesús aparece y dice:

Lector: "¡Paz a ustedes! Como el Padre me envió a mí, así yo los envío a ustedes". (Juan 20:21)

Líder: ¿Qué quiso decir Jesús? ¿Dónde te está enviando?

Oremos.

Todos: Jesús, escuchamos tu mensaje. Ayúdanos a compartir tu amor con otros. Amén.

Cuenta sobre una vez en que se te dio a hacer algo importante. ¿Cómo el hacerlo te ayudó y ayudó a tu familia y amigos?

CREEMOS

Jesús trae la vida y el amor de Dios al pueblo.

Jesús, el Hijo de Dios, tenía un trabajo muy importante que hacer. Su misión fue traer la vida y el amor de Dios a todos.

We Continue the Work of Jesus

WE GATHER

✝ **Leader:** Imagine that you are with the Apostles. Jesus has just been crucified. You are praying together in a room.

All of a sudden, Jesus is standing in the room with you. He says,

Reader: "Peace be with you. As the Father has sent me, so I send you." (John 20:21)

Leader: What do you think Jesus means? Where is he sending you?

Let us pray together:

All: Jesus, we are listening to the message. Help us as we go out to share your love with others. Amen.

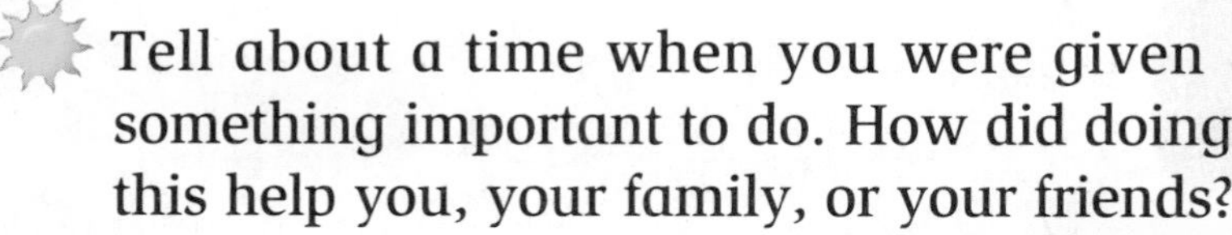

Tell about a time when you were given something important to do. How did doing this help you, your family, or your friends?

WE BELIEVE

Jesus brings God's life and love to all people.

Jesus, the Son of God, had very important work to do. His mission was to bring God's life and love to all people.

Lucas 4:16–19

Jesús empezó su trabajo público después que fue bautizado por Juan. En la sinagoga en Nazaret, Jesús leyó estas palabras del profeta Isaías:

"El Espíritu del Señor está sobre mí, porque me ha consagrado para llevar la buena noticia a los pobres; me ha enviado a anunciar libertad a los presos y dar vista a los ciegos; a poner en libertad a los oprimidos; a anunciar el año favorable del Señor". (Lucas 4:18–19)

Jesús fue a muchos pueblos y villas diciendo a la gente que Dios los amaba y cuidaba de ellos. Jesús mostró a los pobres y los solitarios que ellos eran importantes. El sanó a los enfermos. Habló en beneficio de los tratados injustamente. Jesús cuidó de todos los necesitados y enseñó a sus discípulos a hacer lo mismo.

Jesús ofreció la paz y la libertad que vienen del amor y el perdón de Dios. El compartió el amor de Dios con ellos y ellos creyeron.

Nombra una forma en que puedes cuidar de los necesitados.

Jesús comparte su misión con sus discípulos.

Jesús dio una misión a sus apóstoles. Jesús les pidió ir por todas la naciones a enseñar a la gente sobre él. Los apóstoles fueron a bautizar a todos los que creyeron en él.

El Espíritu Santo fortalece y guía a los apóstoles. Los apóstoles dirigieron a otros discípulos para hacer el trabajo de Jesús. Esta es la buena nueva que compartieron:

- Dios creó a todo el mundo a su imagen.
- Dios ama y cuida de todos.
- Dios amó tanto al mundo que envió a su único Hijo para mostrarnos como vivir y para salvarnos del pecado.
- Jesús nos enseñó a amar a Dios sobre todas las cosas y a amar a nuestro prójimo como a nosotros mismos.
- Jesús trabajó por la justicia y la paz y él nos pide hacer lo mismo.

 Luke 4:16–19

Jesus began his work among the people after he was baptized by his cousin John. In the synagogue in Nazareth, Jesus read these words from the prophet Isaiah.

"The Spirit of the Lord is upon me,
because he has anointed me
to bring glad tidings to the poor.
He has sent me to proclaim liberty to captives
and recovery of sight to the blind,
to let the oppressed go free,
and to proclaim a year acceptable to the Lord." (Luke 4:18–19)

Jesus then went to many towns and villages telling people that God cared for and loved them. Jesus showed those who were poor or lonely that they were important. He healed people who were sick. He stood up for those who were treated unjustly. Jesus cared for the people's needs and taught his disciples to do the same.

Jesus offered others the peace and freedom that come from God's love and forgiveness. He shared God's love with them, and they believed.

 Write one way you can care for the needs of others.

Jesus shares his mission with his disciples.

Jesus gave his Apostles a mission. Jesus asked the Apostles to go to all nations and teach people about him. The Apostles were to baptize all those who believed in him.

The Holy Spirit strengthened and guided the Apostles. The Apostles led the other disciples in doing the work of Jesus. This is the Good News they shared:

- God made all people in his image.
- God loves and cares for everyone.
- God so loved the world that he sent his only Son who showed us how to live and saved us from sin.
- Jesus taught us to love God above all else and to love our neighbors as ourselves.
- Jesus worked for justice and peace, and he asks all of us to do the same.

Por el Bautismo cada uno de nosotros es llamado a aprender de las enseñanzas de Jesús y a compartir su buena nueva.

En grupo nombren algunas maneras en que su parroquia comparte la buena nueva de Jesús.

La Iglesia trabaja por la justicia y la paz.

Jesús enseñó que todo el mundo es creado y amado por Dios. Todos somos creados a imagen de Dios. Todo el mundo merece ser tratado con justicia y respeto. El asegurar que esto suceda es una forma de la Iglesia trabajar por la justicia y la paz en el mundo.

El papa y los obispos nos enseñan sobre la necesidad de proteger la vida humana. En muchas formas ellos nos recuerdan respetar los derechos de todo el mundo.

Nuestras parroquias sirven a los necesitados y trabajan para construir mejores comunidades. En nuestras familias, escuelas y vecindarios, vivimos el mandamiento de Jesús de amar a los demás como él nos ama.

Toda la Iglesia trabaja por la justicia. Ayudamos a proteger a los niños, cuidamos de los pobres y acogemos a los nuevos en la comunidad.

Junto con un compañero escriban un eslogan que recuerde a la clase la necesidad de justicia y paz.

____

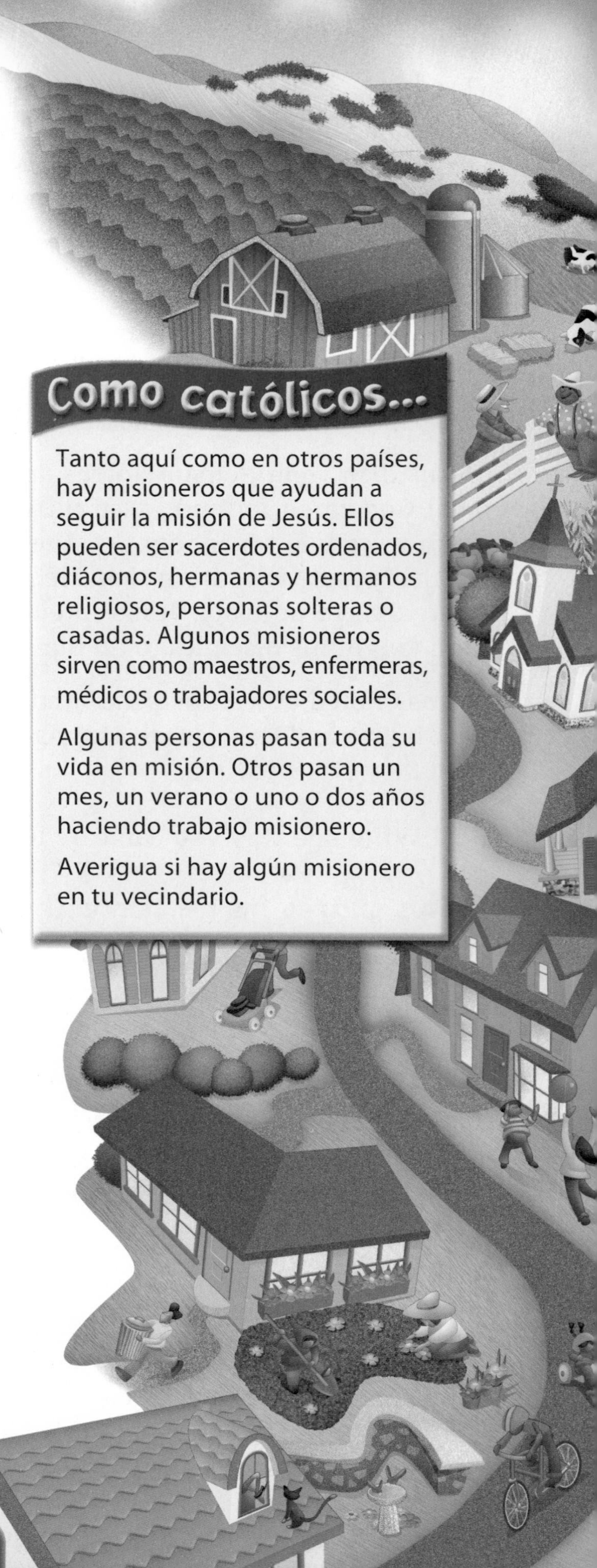

Como católicos...

Tanto aquí como en otros países, hay misioneros que ayudan a seguir la misión de Jesús. Ellos pueden ser sacerdotes ordenados, diáconos, hermanas y hermanos religiosos, personas solteras o casadas. Algunos misioneros sirven como maestros, enfermeras, médicos o trabajadores sociales.

Algunas personas pasan toda su vida en misión. Otros pasan un mes, un verano o uno o dos años haciendo trabajo misionero.

Averigua si hay algún misionero en tu vecindario.

Through Baptism each of us is called to learn from Jesus' teachings and to share the Good News of Jesus.

In groups name some ways your parish shares the Good News of Jesus.

The Church works for justice and peace.

Jesus taught that all people are created and loved by God. We are all made in God's image. So all people deserve to be treated fairly and with respect. Making sure this happens is one way the Church works for justice and peace in the world.

The pope and bishops teach us about the need to protect human life. In many ways they remind us to respect the rights of all people.

Our parishes serve those in need and work together to build better communities. In our families, schools, and neighborhoods, we live out Jesus' command to love others as he loves us.

The whole Church works for justice. We help to protect children, to care for the poor, and to welcome people who are new to our country.

With a partner come up with a slogan to remind your class about the need for justice and peace.

____

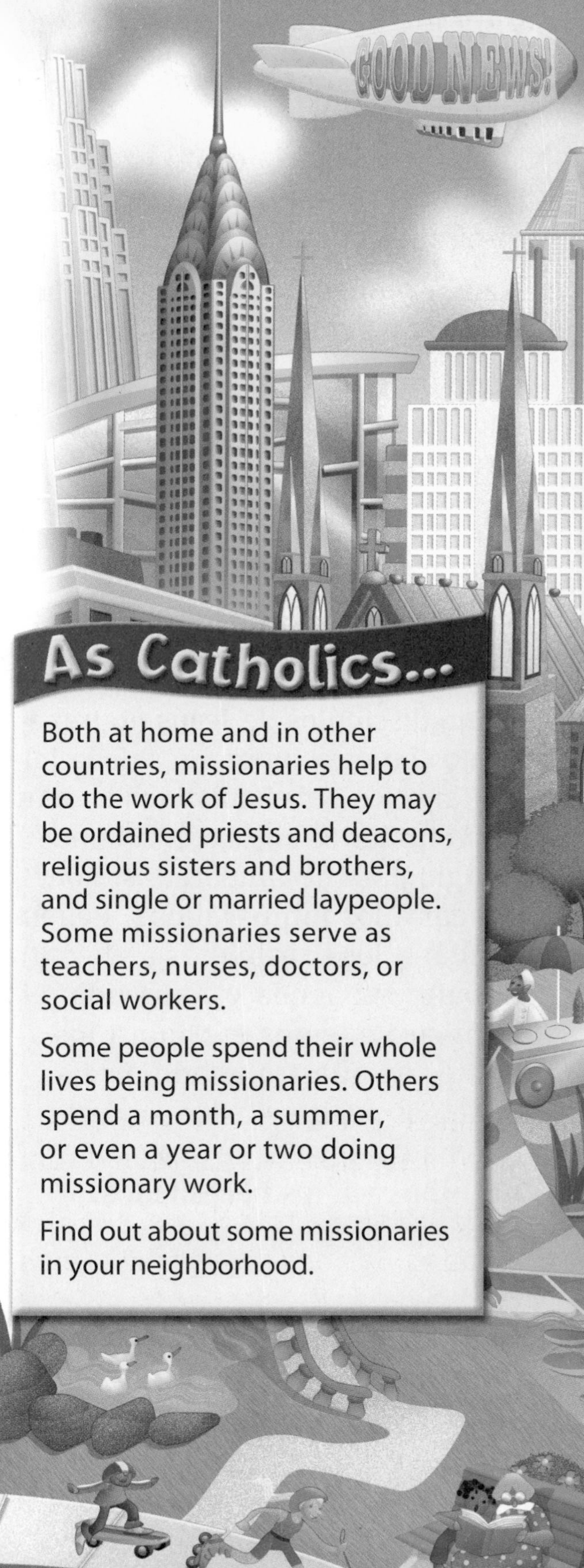

As Catholics...

Both at home and in other countries, missionaries help to do the work of Jesus. They may be ordained priests and deacons, religious sisters and brothers, and single or married laypeople. Some missionaries serve as teachers, nurses, doctors, or social workers.

Some people spend their whole lives being missionaries. Others spend a month, a summer, or even a year or two doing missionary work.

Find out about some missionaries in your neighborhood.

Vivimos la buena nueva de Jesucristo.

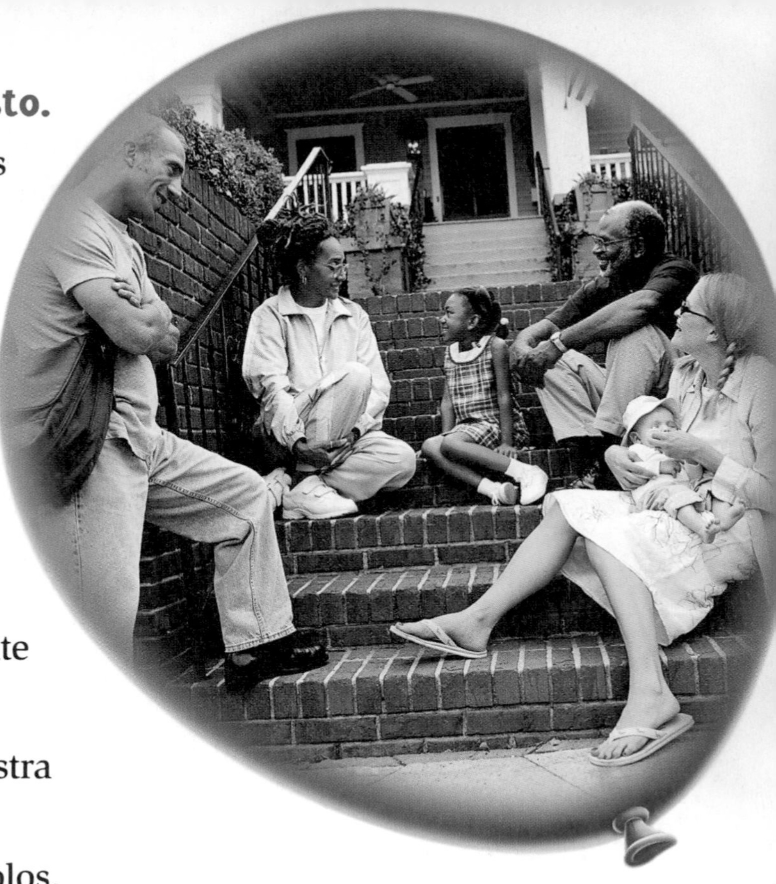

Como discípulos de Jesús somos llamados a vivir la buena nueva y a trabajar por la paz y la justicia como lo hizo Jesús. Para mostrar que somos sus discípulos podemos:

- amar y obedecer a nuestros padres y los que cuidan de nosotros
- ser amigos de otros, especialmente los que están solos y se sienten rechazados
- ayudar a los que son tratados injustamente
- tratar a todos con justicia y respeto
- buscar y cuidar de los que necesitan nuestra ayuda en este país y en el mundo.

Como discípulos de Jesús no trabajamos solos. Junto con otros miembros de la Iglesia, podemos visitar a los enfermos y los ancianos. Podemos ser voluntarios en una cocina popular o un refugio para desamparados. Podemos ayudar a los minusválidos. Podemos ayudar a los extranjeros a encontrar trabajo y vivienda y a aprender el idioma. Podemos escribir a los líderes de nuestro estado o país. Podemos pedir a nuestros líderes que hagan leyes que protejan a los niños y a los necesitados.

RESPONDEMOS

Dibuja una forma en que tu familia puede llevar el amor de Dios a otros.

We live out the Good News of Jesus Christ.

As disciples of Jesus we are called to live out the Good News and to work for peace and justice as Jesus did. To show we are disciples we can:

- love and obey our parents and those who care for us
- be a friend to others, especially those who feel lonely and left out
- help those who are treated unfairly
- treat everyone fairly and with respect
- learn about and care for people who need our help in this country and in the world.

As disciples of Jesus we do not work alone. Together with other Church members, we can visit those who are sick or elderly. We can volunteer in soup kitchens or homeless shelters. We can help those who have disabilities. We can help those from other countries to find homes and jobs and to learn the language. We can write to the leaders of our state and country. We can ask our leaders for laws that protect children and those in need.

WE RESPOND

Draw one way your family can bring Jesus' love to others.

HACIENDO DISCÍPULOS

Muestra lo que sabes

Organiza las letras. Después úsalas paras aparear los números para completar la oración.

Letras	Casillas	Números
BAILETRD	8	5 (casilla 1), 9 (casilla 2)
ATCUIJSI	8	1 (casilla 2), 13 (casilla 6)
AZP	3	3 (casilla 1)
ROMA	4	12 (casilla 2), 14 (casilla 3)
DNEROP	6	15 (casilla 3)
EAPERSNAZ	9	8 (casilla 7), 2 (casilla 9)
AVISANLOC	9	10 (casilla 4)
OATBJRA	7	7 (casilla 1), 6 (casilla 4)

Como discípulos de Jesús estamos llamados a:

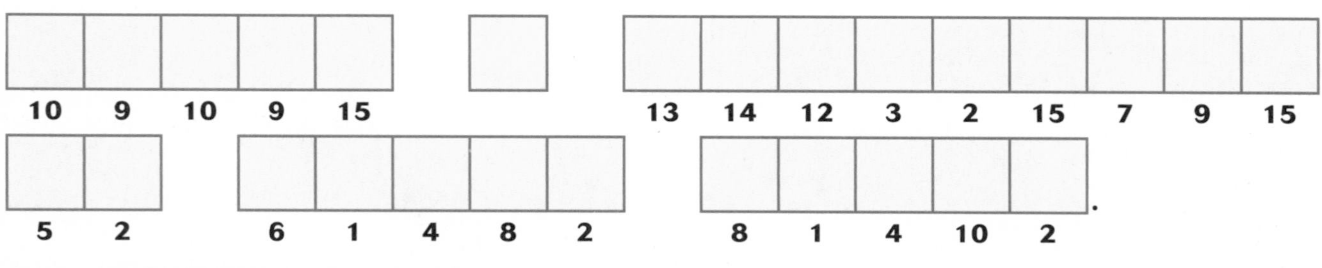

10 9 10 9 15   [ ]   13 14 12 3 2 15 7 9 15

5 2   6 1 4 8 2   8 1 4 10 2.

PROJECT DISCIPLE

Show What you Know

Unscramble the letters of the words. Then use the letters that match the numbers to complete the sentence.

EOREFMD ☐ ☐ ☐ ☐ ☐ ☐ ☐ (box 3: 5; box 5: 9)

TCUIJES ☐ ☐ ☐ ☐ ☐ ☐ ☐ (box 3: 1; box 5: 13)

AEPEC ☐ ☐ ☐ ☐ ☐ (box 3: 3)

VEOL ☐ ☐ ☐ ☐ (box 1: 12; box 3: 14)

VSOIERNFSGE ☐ ☐ ☐ ☐ ☐ ☐ ☐ ☐ ☐ ☐ ☐ (box 4: 15; box 8: 10)

PHEO ☐ ☐ ☐ ☐ (box 1: 2; box 2: 8)

UTSTR ☐ ☐ ☐ ☐ ☐ (box 3: 4)

EPCRETS ☐ ☐ ☐ ☐ ☐ ☐ ☐ (box 1: 7; box 7: 6)

RKWO ☐ ☐ ☐ ☐ (box 1: 11)

As disciples of Jesus we are called to

☐ ☐ ☐ ☐   ☐ ☐ ☐   ☐ ☐ ☐   ☐ ☐ ☐ ☐ ☐
12 13 14 5   8 4 6   3 10 9   1 2 3 7 5

☐ ☐ ☐   ☐ ☐ ☐ ☐   ☐ ☐ ☐ ☐.
6 2 5   15 8 8 9   10 5 11 1

HACIENDO DISCÍPULOS

Jesús, diste una misión a tus discípulos. Les pediste compartir tu trabajo y llevar la vida y el amor de Dios a los demás. Nos pides hacer lo mismo. Ayúdame a ser parte de tu misión. Amén.

¿Qué harás?

Una familia se muda en el vecindario. Tienen un niño más o menos de tu edad. ¿Qué harás para mostrarles que vives la buena nueva de Jesucristo?

____

____

____

Compártelo.

Realidad

Chequea las formas en que vivirás la buena nueva de Jesucristo esta semana:

- ❑ amar y obedecer a los que me cuidan
- ❑ mostrar amistad a los demás, en especial a los que se sienten solos
- ❑ ayudar a los que son tratados injustamente
- ❑ tratar a todos con respeto
- ❑ acoger a los nuevos vecinos
- ❑ averiguar quien necesita ayuda.
- ❑ otro ____________________

Tarea

Junto con tu familia averigüen como la parroquia trabaja por la paz y la justicia. Decidan una forma en que la familia puede unirse a ese trabajo. Escríbelo aquí y trabajen juntos por ello.

____

____

PROJECT DISCIPLE

Jesus, you gave your disciples a mission. You asked them to share your work of bringing God's life and love to all people. You ask us to do the same. Help me to be a part of your mission. Amen.

What Would you do?

A family moves into your neighborhood. They have children close to your age. What would you do to show them that you are living out the Good News of Jesus Christ?

____

____

____

Now, pass it on!

Reality Check

Check the ways you will live out the Good News of Jesus Christ. This week, I will:

❑ love and obey those who care for me

❑ be a friend to others, especially those who feel left out

❑ help those who are treated unfairly

❑ treat everyone fairly and with respect

❑ welcome a neighbor

❑ learn about people who need our help.

❑ other ______________________

Take Home

With your family, find out ways that your parish works for peace and justice. Decide on one way that your family can join in that work. Write it here and work together to do it.

____

____

23 La Iglesia respeta a todas las personas

NOS CONGREGAMOS

✝ **Líder:** Demos gracias a Dios por sus muchas bendiciones. Vamos a ofrecerle nuestras oraciones.

Lector: Oremos por los hermanos que comparten nuestra fe en Cristo, para que Dios reúna en una sola Iglesia a todos los que buscan la verdad con sinceridad.

Roguemos al Señor.

Todos: Señor, escucha nuestra oración.

¿Qué cosas interesantes has aprendido sobre personas y lugares de otros países? Hablen de esas cosas.

CREEMOS

Los pueblos alrededor del mundo tienen diferentes creencias acerca de Dios.

Los cristianos son personas de fe que creen y siguen a Jesucristo. No todo el mundo cree en Jesús. Esto no quiere decir que no sean gente de fe. Ellos creen en Dios y adoran a Dios de diferentes formas. Viven su fe en sus hogares, escuelas y comunidades.

Los judíos son un pueblo de fe que cumple la ley de Dios y los Diez Mandamientos. Ellos adoran a Dios y celebran muchas fiestas religiosas.

The Church Respects All People

WE GATHER

✝ **Leader:** Let us thank God for his many blessings. Now let us offer our prayers to him.

Reader: Let us pray
for all our brothers and sisters
who share our faith in Jesus Christ,
that God may gather and keep together
in one Church
all those who seek the truth
with sincerity.
We pray to the Lord.

All: Lord, hear our prayer.

What interesting things have you learned about people and places in other countries? Talk about these things together.

WE BELIEVE

People around the world have different beliefs about God.

Christians are people of faith who believe in and follow Jesus Christ. Not everyone in the world believes in Jesus as Christians do. This does not mean that they are not people of faith. They believe in God and worship God in different ways. They live their faith at home, in school, and in their communities.

Jews are people of faith who keep God's law and follow the Ten Commandments. They worship God and celebrate many religious feasts.

Los cristianos tiene un lazo especial con los judíos. Muchas creencias y prácticas cristianas vienen de la fe judía.

Los musulmanes son un pueblo de fe que sigue las enseñanzas de Mahoma. Ellos llaman a Dios, *Alá*. Rezan y adoran a Dios en formas especiales. Los musulmanes comparten algunas de las creencias de los judíos y los cristianos.

Muchas tribus nativas de los Estados Unidos alaban a Dios honrando y respetando la creación. Ellos llaman a Dios, el *Gran Espíritu*.

Hay muchos otros pueblos de fe. Ellos también siguen una serie de creencias y muestran su fe de diferentes formas.

Musulmanes en oracion

Habla de las formas en que puedes mostrar respeto por personas de otra fe.

La fe judía es importante para los cristianos.

Leer el Antiguo Testamento nos puede ayudar a entender la historia y creencias judías. Es importante porque también son parte de nuestra historia.

Aprendemos en el Antiguo Testamento sobre la alianza de Dios con Moisés. Una **alianza** es un acuerdo entre Dios y su pueblo.

En esta alianza con Moisés y el pueblo, Dios prometió ser su Dios. El le daría a su pueblo su propia tierra. El pueblo prometió ser el pueblo de Dios y creer en él. Ellos prometieron adorar a un solo y verdadero Dios. Estuvieron de acuerdo en vivir según sus leyes y cumplir los Diez Mandamientos.

Pascua Judía

Christians have a special connection to the Jewish people. Many Christian beliefs and practices come from the Jewish faith.

Muslims are people of faith who follow the teachings of Muhammad. They call God *Allah*. They pray and worship God in unique ways. Muslims have some of the same beliefs as Jews and Christians.

Many native tribes worship God by honoring and respecting his creation. They call God *the Great Spirit*.

There are many other people of faith. They, too, follow a set of beliefs and show their faith in different ways.

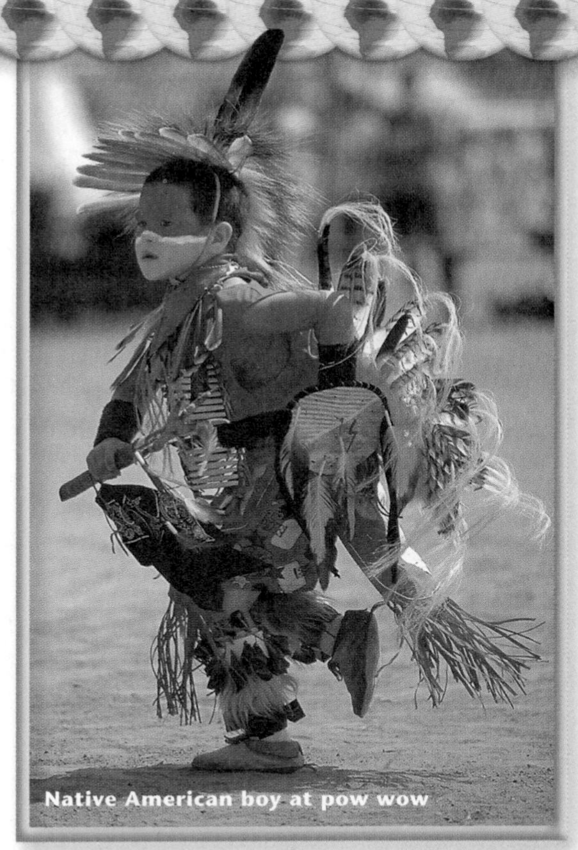

Native American boy at pow wow

Talk about ways you can show respect for people of all faiths.

The Jewish faith is important to Christians.

Reading the Old Testament can help us to understand Jewish history and beliefs. This is important because they are part of our history, too.

We learn from the Old Testament about God's covenant with Moses. A **covenant** is an agreement between God and his people.

In this covenant with Moses and the people, God promised to be their God. He would give his people a land all their own. The people promised to be God's people and to believe in him. They promised to worship only the one true God. They agreed to live by God's law and to follow the Ten Commandments.

Dios siguió amando a su pueblo. El le habló por medio de los profetas. Los profetas recordaron al pueblo sus promesas a Dios.

Juan el Bautista fue uno de esos profetas. El dijo a la gente que pidiera perdón y viviera de acuerdo a la ley de Dios. El preparó al pueblo para la venida del Mesías. El Mesías sería enviado por Dios para traer misericordia, paz y justicia.

Jesús es el Mesías. Algunos judíos creyeron en él y lo siguieron. Ellos fueron sus discípulos. Después de la muerte y resurrección de Jesús, el número de discípulos de Jesús creció. Los que siguen a Jesús y sus enseñanzas se conocen como cristianos.

Sara

Abraham

En este rollo, escribe una oración para que Dios bendiga a nuestros hermanos judíos.

____

____

____

Moisés

Cristo llama a sus seguidores a la unidad.

En la última cena, Jesús rezó para que sus seguidores fueran una comunidad. El rezó: “No te ruego solamente por éstos, sino también por los que han de creer en mí al oír el mensaje de ellos”. (Juan 17:20–21)

Los cristianos creen y siguen a Jesús. Los católicos son cristianos. Como católicos seguimos las enseñanzas y los ejemplos de Jesucristo. Pertenecemos a la Iglesia Católica.

Hay cristianos ortodoxos y episcopales. Otros cristianos pueden ser luteranos, metodistas, presbiterianos y bautistas.

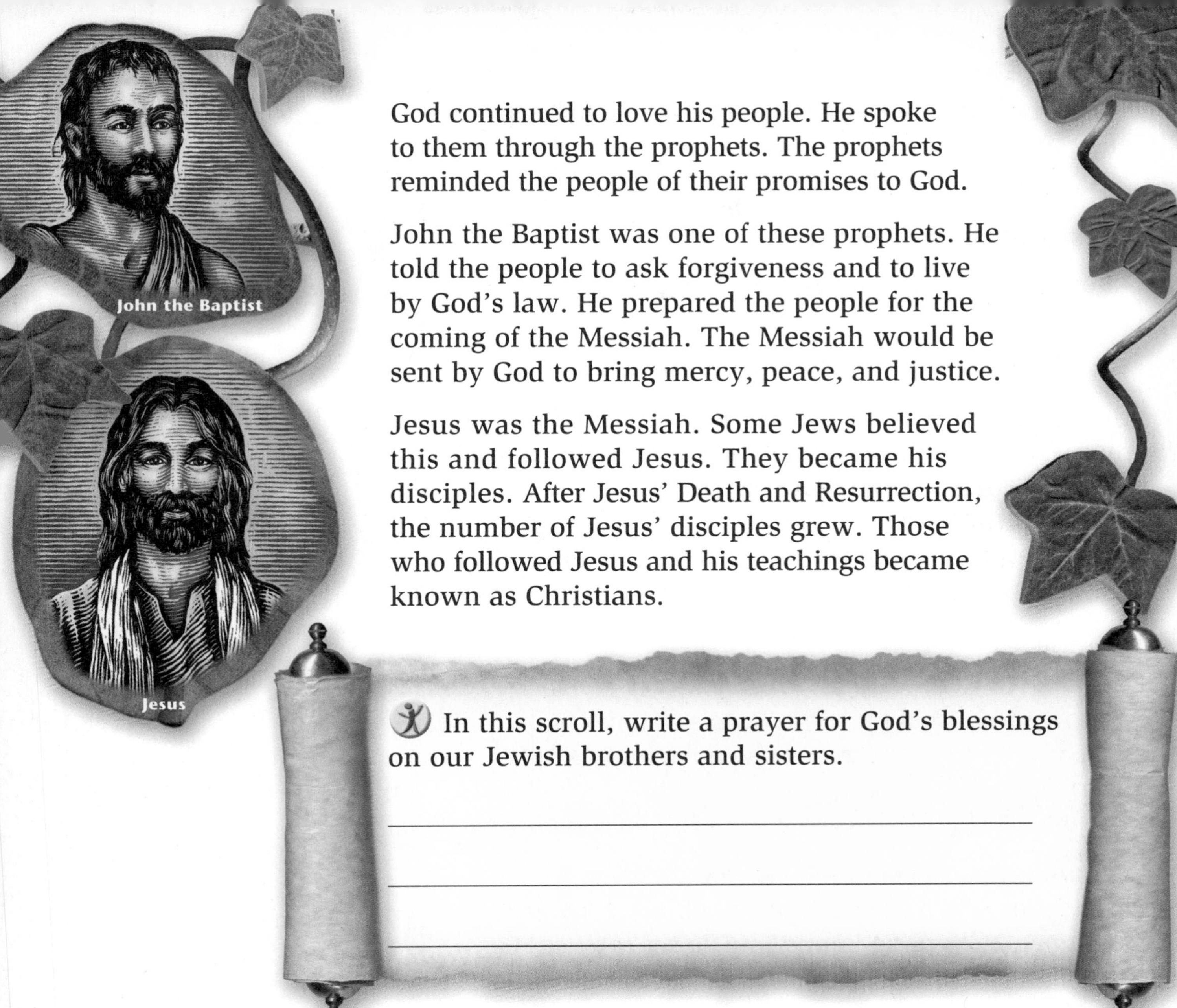

God continued to love his people. He spoke to them through the prophets. The prophets reminded the people of their promises to God.

John the Baptist was one of these prophets. He told the people to ask forgiveness and to live by God's law. He prepared the people for the coming of the Messiah. The Messiah would be sent by God to bring mercy, peace, and justice.

Jesus was the Messiah. Some Jews believed this and followed Jesus. They became his disciples. After Jesus' Death and Resurrection, the number of Jesus' disciples grew. Those who followed Jesus and his teachings became known as Christians.

In this scroll, write a prayer for God's blessings on our Jewish brothers and sisters.

____

____

____

Christ calls his followers to be united.

At the Last Supper, Jesus prayed that his followers would always be one community. He prayed, "I pray not only for them, but also for those who will believe in me through their word, so that they may all be one." (John 17:20–21)

Christians believe in and follow Jesus. Catholics are Christians. As Catholics we follow the teachings and example of Jesus Christ. We belong to the Catholic Church.

There are Orthodox Christians and Episcopal Christians. Other Christians may be Lutheran, Methodist, Presbyterian, and Baptist.

Los cristianos tienen importantes cosas en común. Todos los cristianos son bautizados y comparten algunas creencias importantes.

- Dios es Padre, Hijo y Espíritu Santo.
- Jesús es divino y humano.
- Jesús murió por nuestros pecados y resucitó de la muerte.
- La Biblia fue inspirada por el Espíritu Santo.

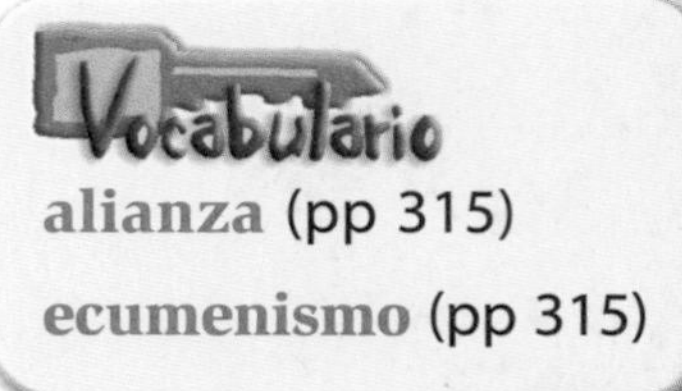

alianza (pp 315)

ecumenismo (pp 315)

Hoy la Iglesia Católica trabaja con otros cristianos para reunir a todo el pueblo bautizado. Este trabajar por la unidad Cristina es llamado **ecumenismo**.

En grupos hagan una lista de cosas que pueden hacer para mostrar que somos cristianos. Compartan sus ideas.

La Iglesia trabaja por la unidad cristiana.

¿Cómo puede cada uno de nosotros trabajar por la unidad cristiana? Primero necesitamos conocer nuestra fe y ser los mejores católicos que podamos ser. Otros cristianos pueden aprender de la Iglesia Católica por lo que somos y hacemos.

Tratamos de respetar a todo el mundo como lo hizo Jesús. Recibimos los sacramentos. Recibir los sacramentos es parte importante de ser católico. Los sacramentos fortalecen nuestra fe. Los sacramentos nos ayudan a acercarnos más a Dios y a los demás.

También necesitamos conocer nuestra fe para poder compartirla con otros. No podemos decir a otros lo que significa ser católico si no sabemos lo que es. Leemos la Biblia y pedimos ayuda a Dios para entender su palabra. Aprendemos la historia de nuestra Iglesia. También aprendemos lo que la Iglesia enseña sobre asuntos importantes. Esto nos ayuda a seguir las enseñanzas de la Iglesia.

Como católicos...

Todos los años, en enero, la Iglesia celebra una semana de oración en favor de la unidad de los cristianos. Rezamos para que todos los cristianos sean uno. Se ora y se hacen discusiones en grupo. Juntos los cristianos tratan de aumentar su amor y comprensión. Como católicos, todas las semanas en la misa rezamos para que todos los cristianos sean uno.

Investiga como tu parroquia trabaja con otras iglesias cristianas en tu vecindario.

RESPONDEMOS

¿Qué puedes hacer para mostrar que eres cristiano?

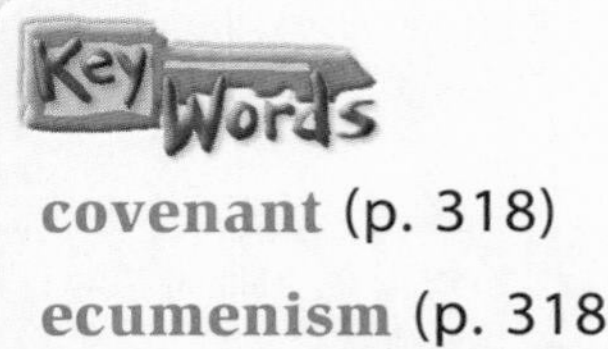

covenant (p. 318)

ecumenism (p. 318)

All Christians have some important things in common. All Christians are baptized and share some very important beliefs.

- God is Father, Son, and Holy Spirit.
- Jesus is both divine and human.
- Jesus died for our sins and rose again from the dead.
- The Bible was inspired by the Holy Spirit.

Today the Catholic Church is working with other Christians to bring together all baptized people. This work toward Christian unity is called **ecumenism**.

In groups list some things we can do to show that we are Christians. Share your ideas.

The Church works for Christian unity.

How can each one of us work for Christian unity? We first need to know our faith and be the best Catholics we can be. Other Christians can learn about the Catholic Church by who we are and what we do.

We try to treat people the way Jesus did. We receive the sacraments. Receiving the sacraments is an important part of being Catholic. The sacraments strengthen our faith. The sacraments help us grow closer to God and to one another.

We also need to know our faith so we can share it with others. We cannot tell other people what it means to be a Catholic if we do not know. We read the Bible and ask God to help us to understand his Word. We learn the history of our Church. We also learn what the Church teaches about important topics. This helps us to follow the Church's teachings.

As Catholics...

Each year in January the Church celebrates a week of prayer for Christian Unity. We pray that all Christians may be one. Prayer services and discussion groups are held. Together Christians try to grow in love and understanding. As Catholics, every week at Mass we pray that all Christians will be one.

Find out how your parish works with other Christian churches in your neighborhood.

WE RESPOND

What is something you can do to show you are Christian?

HACIENDO DISCÍPULOS

Muestra lo que sabes

Completa el crucigrama.

Verticales

1. _____ personas de fe que siguen las enseñanzas del profeta Mahoma.
2. Dios habló a su pueblo por medio de los _____.
4. _____ es trabajar por la unidad de todos los cristianos.
6. Una _____ es un acuerdo entre Dios y su pueblo.

Horizontales

3. _____ son personas de fe que cumplen la ley de Dios y los Diez Mandamientos.
5. _____ son personas de fe que creen y siguen a Jesucristo.
7. Los musulmanes llaman a Dios _____.
8. Juan el Bautista preparó al pueblo para la venida del _____.

Jesús, nos mostraste como tratar a los demás con amor y respeto. Amén.

PROJECT DISCIPLE

Show What you Know

Complete the crossword puzzle.

Down

1. _____ is work toward Christian unity.
2. _____ are people of faith who follow the teachings of Muhammad.
3. God spoke to his people through the _____.
8. Muslims call God _____.

Across

4. _____ are people of faith who keep God's law and follow the Ten Commandments.
5. A _____ is an agreement between God and his people.
6. _____ are people of faith who believe in and follow Jesus Christ.
7. John the Baptist prepared the people for the coming of the _____.

Jesus, you showed us how to treat others with love and respect. Amen.

HACIENDO DISCÍPULOS

¿Qué harás?

Un buen amigo tuyo es de otra religión. Escuchas a otro compañero mofarse de la fe de tu amigo. ¿Qué harías?

____

____

Datos

Cada año en enero, los cristianos celebran una semana de oración por la unidad cristiana. Es una celebración mundial. Los cristianos son animados a rezar juntos como un signo de unidad. Esa semana sigue un tema basado en la Biblia. Algunos temas han sido:

"***Oren en todo momento***". (1 Tesalonicenses 5:17)

"***Les dejo mis paz, mi paz les doy***". (Juan 14:27)

Realidad

¿Cómo puedes vivir el espíritu de la unidad cristiana?

- ❑ tratar a los demás como lo hizo Jesús
- ❑ conocer y compartir la fe católica
- ❑ aprender la historia de la Iglesia
- ❑ aprender las enseñanzas de la Iglesia
- ❑ rezar por la unidad cristiana
- ❑ otro ____________________________

Tarea

Puede que conozcas familiares, amigos o vecinos que practiquen una religión diferente a la tuya.

Conversa sobre formas en que tu familia puede mostrar respeto por personas de diferentes credos. Escribe aquí como.

____

____

PROJECT DISCIPLE

What Would you do?

A close friend of yours is of another faith. You overhear a classmate making fun of your friend's faith. What would you do?

____

____

Fast Facts

Each year in January, Christians celebrate a week of prayer for Christian unity. It is a worldwide celebration. Christians are encouraged to pray together as a sign of unity. The week follows a theme that is based on the Bible. Some themes have been:

"Pray without ceasing." (1 Thessalonians 5:17)

"My peace I give to you." (John 14:27)

Reality Check

How can you live out the spirit of Christian unity?

❑ treat people the way Jesus did

❑ know the Catholic faith and share it

❑ learn the history of the Church

❑ learn about Church teaching

❑ pray for Christian unity

❑ other ______________________________

Take Home

You might have family members, friends, or neighbors who practice a different faith than you do.

Talk about ways that your family can show respect for people of different faiths. Write some here.

____

____

24 La Iglesia está en todo el mundo

NOS CONGREGAMOS

✝ **Líder:** Vamos a escuchar la palabra de Dios.

Lector: Lectura del santo Evangelio según Lucas.

"Jesús les dijo: También tengo que anunciar las buenas noticias del reino de Dios a los otros pueblos, porque para esto fui enviado". (Lucas 4:43)

Palabra del Señor.

Todos: Gloria a ti, Señor Jesús.

Somos una iglesia

Un solo Señor, un solo Señor.
Un mismo Espíritu, un mismo Espíritu.
Somos una iglesia.

Vivamos nuestro llamado siendo humildes,
siendo amables y pacientes.

¿Conoces a alguien de otro país?
¿Qué sabes de ese país?

CREEMOS

La Iglesia católica está en todo el mundo.

La Iglesia Católica está formada por personas de todas partes del mundo. Ellas tienen diferentes costumbres. Costumbres son formas en que un grupo de personas vive, se viste y celebra. Las costumbres y la historia de cada parte del mundo añade belleza y maravilla a la Iglesia.

The Church Is Worldwide

24

WE GATHER

✝ **Leader:** Let us gather quietly to listen to the Word of God.

Reader: A reading from the Gospel of Luke

"He said to them, 'To the other towns also I must proclaim the good news of the kingdom of God, because for this purpose I have been sent.'" (Luke 4:43)

The Gospel of the Lord.

All: Praise to you, Lord Jesus Christ.

♫ **We Are the Church**

Chorus

We are the Church, happy to be the children, in God's family.
We are the Church, happy to be the children, in God's family.

We are sharing the Good News. We are sharing the Good News.
Ev'ryone old and young. Ev'ryone weak and strong.

We are sharing the Good News, for (Chorus)

Do you know someone from another country? What do you know about that country?

WE BELIEVE

The Catholic Church is all over the world.

The Catholic Church is made up of people from all over the world. They have different customs. Customs are the way a group of people live, dress, and celebrate. The customs and history of each part of the world add beauty and wonder to the Church.

Alrededor del mundo los católicos usan sus costumbres locales para alabar y adorar a Dios. En Africa los tambores y las danzas son parte de la celebración de la misa. Asia celebra con tradiciones especiales. Por ejemplo, en Corea y Filipinas usan instrumentos musicales y costumbres nativas para celebrar la misa.

Filipinas

Muchos católicos en los Estados Unidos siguen las costumbres de sus países nativos. Por ejemplo: muchos mexicanos mantienen la costumbre de encender luminarias. *Luminarias*, son fundas de papel llenas de arena con una vela encendida dentro. Antes de la misa en la tarde, las luminarias se colocan en el camino hacia la iglesia.

La Iglesia Católica es una mezcla maravillosa de personas con diferentes idiomas, música y costumbres. Estamos unidos por la fe en Jesús y nuestra membresía en la Iglesia. Podemos crecer y aprender de las costumbres de cada uno.

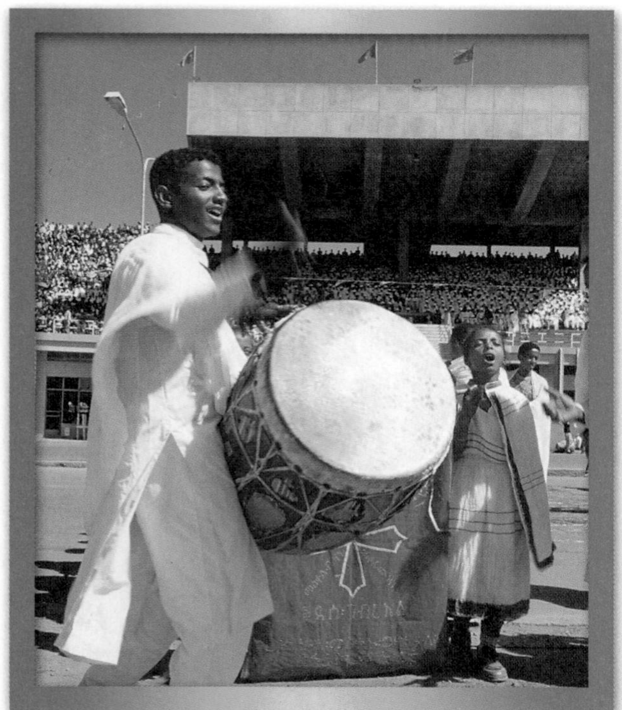

Africa

Si pudieras alabar a Dios con católicos en cualquier parte del mundo, ¿dónde escogerías ir? ¿Por qué?

Los católicos comparten la misma fe.

Los católicos en diferentes partes del mundo algunas veces celebran la fe católica de diferentes formas. Un **rito** es una forma especial de los católicos celebrar y rezar a Dios.

La mayoría de los católicos en los Estados Unidos siguen el rito latino o romano. Otros católicos siguen uno de los ritos orientales.

All around the world Catholics use their local customs to praise and worship God. In Africa drums and tribal dances are part of the celebration of the Mass.

In Asia the Catholic Church celebrates with special traditions. For example, in Korea and in the Philippines, musical instruments and native costumes add to the celebration of the Mass.

Many Catholics in the United States follow the customs of their native countries. For example, many Mexican Americans keep the custom of using luminarias. *Luminarias* are paper sacks filled with sand and lighted candles. Before evening Masses, luminarias are placed on paths leading to the church.

New Mexico, United States of America

The Catholic Church is a wonderful mix of people with different languages, music, and customs. We are united by our faith in Jesus and our membership in the Church. We can all grow and learn from the customs of one another.

If you could worship with Catholics in any part of the world, where would you choose to go? Why?

Catholics share the same faith.

Catholics in different parts of the world sometimes celebrate their Catholic faith in different ways. A **Rite** is a special way that Catholics celebrate and pray to God.

Most Catholics in the United States follow the Latin, or Roman, Rite. Other Catholics follow one of the Eastern Rites.

The altar and icon screen at Saint Michael's Russian Catholic Church

Los católicos de los ritos orientales y romano componen toda la Iglesia Católica. Estamos unidos en tres formas:

- Compartimos las mismas creencias. Profesamos esas creencias en los credos, por ejemplo, el Credo de los Apóstoles.
- Celebramos los siete sacramentos.
- Con nuestros obispos, estamos unidos al papa como una sola Iglesia.

Celebración matrimonial iglesia Santo Cura de Ars

Los católicos en todas partes viven como discípulos de Jesús en sus familias, escuelas y comunidades.

Piensa en los católicos de tu vecindario o ciudad. Escribe una forma en que practican su fe.

____

Los católicos celebran su fe de diferentes formas.

Los católicos celebran y viven su fe de muchas formas. Por ejemplo, participan en la liturgia, oración oficial y pública de la Iglesia.

Sin embargo, los diferentes ritos tienen diferentes formas de celebrar. En la liturgia, las palabras de algunas oraciones no necesariamente son siempre las mismas. Las cosas que el sacerdote y el pueblo hacen, también son diferentes.

Las fotos en estas páginas muestran formas en como los ritos oriental y latino celebran su fe. Hablen sobre lo que están haciendo las personas en las fotos. ¿Qué es familiar para ti? ¿Qué preguntas tienes para las personas en estas fotos?

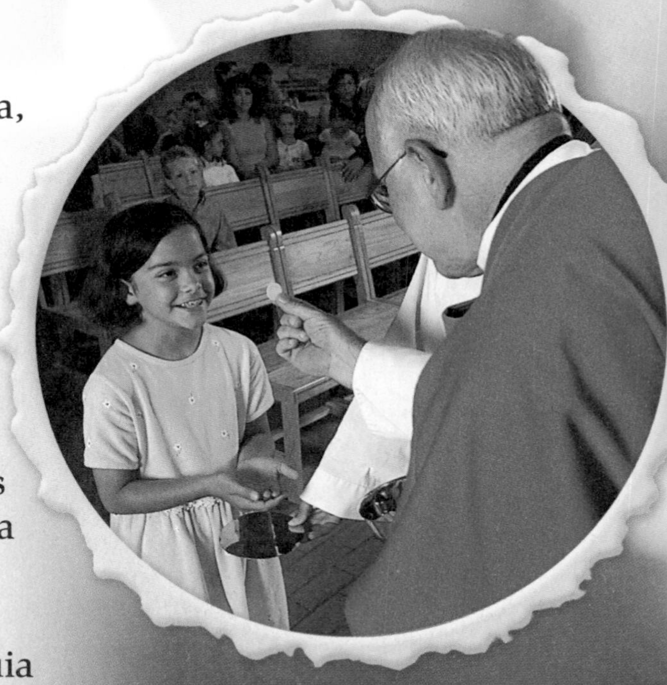

Comulgando

Habla de las formas en que tu parroquia celebra su fe. Después escenifícalo.

Catholics of the Eastern Rites and Latin Rite make up the whole Catholic Church. We are all joined together in three important ways.

- We all share the same beliefs. We state these beliefs in creeds such as the Apostles' Creed.
- We all celebrate the Seven Sacraments.
- With our bishops we are all united with the pope as one Church.

Catholics everywhere live as disciples of Jesus in their families, schools, and communities.

Receiving the Eucharist

Think about Catholics in your neighborhood or city. Write one way they practice their faith.

____

Catholics celebrate their faith in different ways.

Catholics celebrate and live out their faith in many ways. For example, all Catholics participate in the liturgy, the official public prayer of the Church.

Celebrating the Sacrament of Matrimony at Saint Michael's Russian Catholic Church

However, the different Rites have different ways of celebrating. In the liturgy, the wording of some of the prayers is not always the same. The things the priest and people do are a little different, too.

The pictures on these pages show ways the Eastern Rites and the Latin Rite celebrate their Catholic faith. Talk about what the people in these pictures are doing. What is familiar to you? What questions might you have for the people in these pictures?

Talk about ways your parish celebrates its faith. Then act one way out.

Somos la luz del mundo.

Los católicos están unidos como una sola comunidad. Estamos unidos con los católicos en todo el mundo. Rezamos y crecemos en santidad. No importa como celebremos, somos todos discípulos de Jesús. Seguimos las creencias y enseñanzas que nos han llegado de los apóstoles. Juntos tratamos de vivir, rezar y trabajar como nos enseñó Jesús.

Jesús dijo a sus discípulos: "Ustedes son la luz de este mundo. Procuren ustedes que su luz brille delante de la gente, para que, viendo el bien que ustedes hacen, todos alaben a su Padre que está en el cielo". (Mateo 5:14, 16)

Jesús llama a cada uno de nosotros a ser luz para que el mundo pueda ver. Cuando compartimos nuestros dones y talentos por el bien de los demás, somos luz para el mundo. Cuando seguimos el ejemplo de Jesús, otros pueden ver la bondad de Dios. Ellos pueden ver el poder del amor de Dios en el mundo.

Como católicos...

Todos los católicos están oficialmente inscritos en la Iglesia Católica. En la parroquia donde te bautizaron, tu nombre está escrito en un libro especial llamado *Registro Bautismal*. Tu nombre siempre estará ahí. Cuando celebras otros sacramentos, también son apuntados en ese libro.

Busca los nombres de las parroquias donde tus familiares fueron bautizados.

rito (pp 317)

RESPONDEMOS

Piensa en tus dones y talentos. Ellos pueden ser cosas que te gusta hacer o cosas que haces bien. ¿Cómo puedes usar tus dones y talentos para el bien de otros? Dibuja una forma en que puedes brillar para que todo el mundo pueda ver.

We are the light of the world.

As Catholics, we are united as one community. We are joined with Catholics all around the world. We pray and grow in holiness. No matter how we celebrate, we are all disciples of Jesus. We follow the beliefs and teachings handed down from the Apostles. Together we try to live, pray, and work as Jesus taught.

Jesus told his disciples, "You are the light of the world. Your light must shine before others, that they may see your good deeds and glorify your heavenly Father." (Matthew 5:14, 16)

Jesus calls each of us to be a light for all the world to see. When we share our gifts and talents for the good of others, we are a light in the world. When we follow Jesus' example, others can see the goodness of God. They can see the power of God's love in the world.

As Catholics...

All Catholics are officially listed as members of the Catholic Church. In the parish where you were baptized, your name is written down in a special book called the *Baptismal Register*. Your name will always be there. As you celebrate other sacraments, they are also recorded in the Baptismal Register.

Find out the names of the parishes where your family members were baptized.

Rite (p. 320)

WE RESPOND

Think about your gifts and talents. They could be things that you enjoy doing or things that you do well. How can you use your gifts and talents for the good of others? Draw one way you can shine for all the world to see.

HACIENDO DISCÍPULOS

Muestra lo que sabes

Colorea sólo las letras en los espacios donde hay un ▲. Usa esas letras para encontrar la palabra del Vocabulario que se define más abajo.

Un ________________ es una forma especial de los católicos celebrar y rezar a Dios.

● s	● x	● b	▲ r
● f	▲ i	● p	● n
● h	● d	▲ t	● c
▲ o	● y	● q	● a

Exprésalo

La Iglesia Católica es una hermosa mezcla de personas de diferentes idiomas, música y costumbres. Haz un dibujo para celebrar eso.

RETO PARA EL DISCIPULO ¿Qué costumbre se celebra en tu parroquia? Ponla en el dibujo.

Completa la oración.

Padre celestial, estamos unidos por nuestra fe en Jesucristo, tu Hijo. Ayuda a todos los miembros de tu Iglesia a

____

____.

PROJECT DISCIPLE

Show What you Know

Color only the letter spaces with ▲. Then unscramble those letters to find the Key Word defined below.

A ________________ is a special way that Catholics celebrate and pray to God.

● u	● g	▲ t	● c
▲ r	● x	● w	● f
● z	● j	● z	▲ e
● v	▲ i	● x	● o

Picture This

The Catholic Church is a wonderful mix of people with different languages, music, and customs. Draw a picture to celebrate this fact.

DISCIPLE CHALLENGE What is one custom that is celebrated in your parish? Add it to your picture.

Complete the prayer.

Heavenly Father, we are united by our belief in Jesus Christ, your Son. Help all members

of your Church to ____

____.

HACIENDO DISCIPULOS

Datos

La Iglesia Católica respeta los idiomas de sus miembros. La misa y los sacramentos son celebrados en muchos idiomas; inglés, francés, español, polaco, armenio, griego, latín, ucraniano, albanés, rumano, sirio, etiope, etc. La misa y los sacramentos son también celebrados en muchos idiomas nativos de Estados Unidos.

Escritura

Jesús dijo a sus discípulos:

"Ustedes son la luz del mundo. No puede ocultarse una ciudad situada en la cima de una montaña. Tampoco se enciende una lámpara de aceite para cubrirla con una vasija de barro; sino que se pone sobre el candelero, para que alumbre a todos los que están en la casa". (Mateo 5:14–15)

RETO PARA EL DISCIPULO ¿Cuáles son algunas formas en que tu parroquia es luz para que otros la vean?

____

____

____

Tarea

¿Cuáles son algunas costumbres de tu familia?

____

____

Conversen sobre las razones por las que cada una se hizo una costumbre en la familia. ¿Cuáles alaban y adoran a Dios?

____

____

PROJECT DISCIPLE

Fast Facts

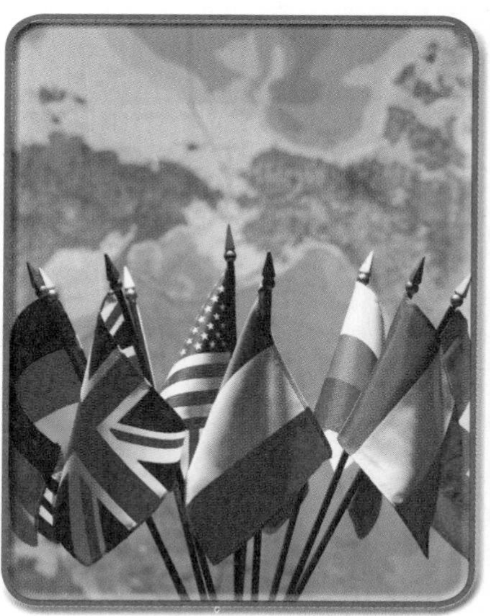

The Catholic Church shows respect for the languages of its members. The Mass and the sacraments are celebrated in many languages, such as English, French, Spanish, Polish, Armenian, Greek, Latin, Ukrainian, Albanian, Romanian, Syrian, Coptic, and Ethiopian. The Mass and the sacraments are also celebrated in many Native American languages.

What's the Word?

Jesus said to the disciples,

"You are the light of the world. A city set on a mountain cannot be hidden. Nor do they light a lamp and then put it under a bushel basket; it is set on a lampstand, where it gives light to all in the house" (Matthew 5:14–15).

DISCIPLE CHALLENGE What are some ways your parish can be a light for others to see?

____

____

____

Take Home

What are some of your family's customs?

____

____

Talk about the reasons each one became a custom in your family. Which ones praise and worship God?

____

____

Somos pueblo santo de Dios

San Pedro

NOS CONGREGAMOS

Líder: Vamos a cantar una canción a todos los santos.

Santos del Señor

Santos del Señor,
santos en el cielo,
rueguen por todos nosotros,
santos del Señor.

¿Cuáles son algunas formas en que podemos recordar y honrar a personas especiales que vivieron antes que nosotros?

CREEMOS

Pertenecemos a la comunión de los santos.

Dios es santo. El comparte su santidad con nosotros cuando somos bautizados. La palabra *santo* significa "alguien con santidad". Dios nos llama a todos a ser santos. **Santos** son seguidores de Cristo que vivieron vidas santas en la tierra y ahora comparten la vida eterna con Dios en el cielo.

Los santos son ejemplos de santidad. Aprendemos de ellos como amar a Dios y a los demás. Sus vidas nos muestran como ser verdaderos discípulos de Jesús.

Santa Isabel de Hungría

We Are God's Holy People

WE GATHER

✝ **Leader:** Let us sing a song to the saints.

♫ **Sing a Song to the Saints**

Sing a song to the saints,
the saints of God the most high.
Sing a song to the saints,
with names like yours and mine.

What are some ways we remember and honor special people who have lived before us?

WE BELIEVE

We belong to the Communion of Saints.

God is holy. He shares his holiness with us when we are baptized. The word *saint* means "one who is holy." God calls all of us to be saints. **Saints** are followers of Christ who lived lives of holiness on earth and now share in eternal life with God in Heaven.

The saints are examples of holiness. We learn from them how to love God and care for others. Their lives show us how to be true disciples of Jesus.

La Iglesia honra a todos los santos en el cielo de manera especial el 1 de noviembre. Llamamos a ese día, Día de Todos los Santos. Ese día recordamos a todos las personas santas que han muerto antes que nosotros. Les pedimos que recen siempre por nosotros.

La unión de los miembros bautizados de la Iglesia en la tierra con los que están en el cielo y en el purgatorio es llamada **comunión de los santos**. Por el Bautismo estamos unidos a Cristo y unos con otros. Estamos unidos a todos los miembros de la Iglesia que viven en la tierra y que han muerto y están en el cielo o en el purgatorio.

Rafael (1483–1570)
La Madona de la silla

Los santos son de todas partes del mundo. ¿Cuáles son algunos santos de los que sabes algo?

María es la mayor entre todos los santos.

María fue bendecida por Dios. Ella fue concebida sin pecado original. Esta creencia es llamada **inmaculada concepción**.

María fue escogida por Dios para ser la madre de su Hijo. María dijo sí: "Que Dios haga conmigo como me has dicho". (Lucas 1:38) María confió totalmente en Dios.

María amó y cuidó de Jesús. Ella escuchó sus enseñanzas y vio la forma en que él trató a los demás. Ella creyó en él cuando otros no. Ella estuvo al pie de la cruz cuando fue crucificado. Ella estuvo con los discípulos cuando el Espíritu Santo vino a ellos por primera vez.

Cuando el trabajo de María en la tierra terminó, Dios llevó su cuerpo y alma a vivir por siempre con Cristo resucitado. Esta creencia es llamada la **asunción**.

Edith Catlin Phelps (1875–1961)
Madona al borde del camino

The Church honors all the saints in Heaven in a special way on November 1. We call this day the Feast of All Saints. On this day we remember the holy people who have gone before us. We ask them to pray for us always.

The union of the baptized members of the Church on earth with those who are in Heaven and in Purgatory is called the **Communion of Saints**. Through Baptism we are united to Christ and one another. We are united with all members of the Church who are alive on earth, and all who have died and are in Heaven or Purgatory.

Saints come from all over the world. Who are some saints you know about?

____

Father John Giuliani, Hopi Virgin and Child II

Mary is the greatest of all the saints.

Mary was blessed by God. She was free from Original Sin from the very first moment of her life. This belief is called the **Immaculate Conception**.

Mary was chosen by God and asked to be the Mother of his Son. Mary said, "May it be done to me according to your word." (Luke 1:38) Mary trusted God completely.

Mary loved and cared for Jesus. She listened to his teachings and saw the ways he treated others. She believed in him when others did not. She stayed at the cross as he was dying. She was with the disciples when the Holy Spirit first came to them.

When Mary's work on earth was done, God brought her body and soul to live forever with the risen Christ. This belief is called the **Assumption**.

María fue la madre de Jesús. Ella es también la madre de toda la Iglesia. Jesús amó y honró a su madre. La Iglesia ama y honra a María. Cuando recordamos a María, recordamos a Jesús. Recordamos que Dios nos envió a su Hijo.

María es ejemplo para todos los discípulos de Jesús. María es la mayor entre todos los santos. Hacemos oraciones especiales en honor a María. El Ave María es una de esas oraciones. En el Ave María alabamos a María y le pedimos rezar por nosotros.

¿Cómo podemos seguir el ejemplo de María? Juntos recen el Ave María pp 307.

La Iglesia recuerda y honra a María.

Los católicos en todo el mundo honran a María. Recordamos como Dios la bendijo. Recordamos a María cuando celebramos la misa en sus días de fiesta.

Otra forma de honrar a María es rezando el rosario. El rosario combina muchas oraciones. Cuando rezamos el rosario, recordamos tiempos especiales en las vidas de María y Jesús. Los misterios del rosario recuerdan esos momentos especiales. Recordamos diferentes misterios al inicio de cada decena, o conjunto de diez cuentas.

Con un compañero hablen del por qué el rosario es una oración especial. Planifiquen cuando pueden rezar el rosario.

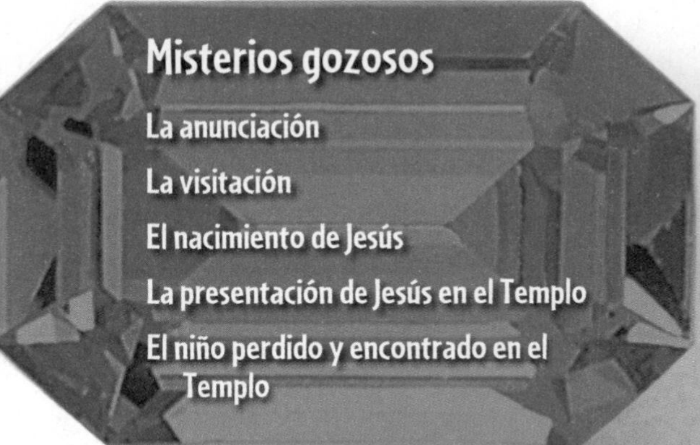

Misterios dolorosos

La agonía de Jesús en el huerto

Jesús es azotado en una columna

Jesús es coronado de espinas

Jesús carga con la cruz

La crucifixión de Jesús

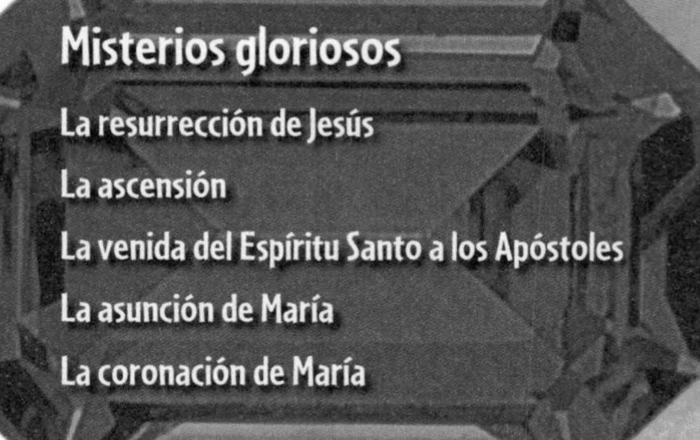

Misterios de luz

El Bautismo de Jesús en el Jordán

El milagro de las bodas de Caná

Jesús anuncia el reino de Dios

La transfiguración

La institución de la Eucaristía

Mary was Jesus' mother. She is the Mother of the Church, too. Jesus loved and honored his mother. The Church loves and honors Mary as well. When we remember Mary, we remember Jesus. We remember that God sent his Son to us.

Mary is an example for all of Jesus' disciples. Mary is the greatest of all the saints. We pray special prayers to honor Mary. The Hail Mary is one of these prayers. In the Hail Mary we praise Mary and ask her to pray for us.

How can we follow Mary's example? Pray together the Hail Mary found on page 311.

The Church remembers and honors Mary.

Catholics all over the world honor Mary. We remember how God blessed her. We remember Mary when we celebrate Mass on her feast days.

Another way to honor Mary is by praying the Rosary. The Rosary combines many prayers. When we pray the Rosary, we recall special times in the lives of Mary and Jesus. The mysteries of the Rosary recall these special times. We remember a different mystery at the beginning of each decade, or set of ten small beads.

With a partner discuss why the Rosary is a special prayer. Plan when you can pray the Rosary.

Sorrowful Mysteries

The Agony in the Garden

The Scourging at the Pillar

The Crowning with Thorns

The Carrying of the Cross

The Crucifixion and Death of Jesus

Glorious Mysteries

The Resurrection

The Ascension

The Descent of the Holy Spirit upon the Apostles

The Assumption of Mary

The Coronation of Mary as Queen of Heaven

Mysteries of Light

Jesus' Baptism in the Jordan

The Miracle at the Wedding at Cana

Jesus Announces the Kingdom of God

The Transfiguration

The Institution of the Eucharist

Dios nos llama a ser santos.

Los santos contestaron la llamada de Dios a vivir vidas santas. Hombres, mujeres y niños de todas partes del mundo han sido santos. He aquí algunos ejemplos:

- Santa Luisa de Marillac fue una esposa y madre. Después de la muerte de su esposo empezó las Hermanas de la Caridad. Ellas sirven a los necesitados.
- San Carlos Lwanga vivió en Uganda, Africa. Fue bautizado siendo adulto. Ayudó a muchas personas en Africa, incluyendo a los que servían en la corte del rey, a convertirse al cristianismo.
- Santa Juana de Arco fue un soldado en Francia. Ella trató de obedecer la voluntad de Dios.
- San Andres Nam Thuong fue síndico de un pueblo vietnamita. Enseñó a otros sobre la fe.
- Santo Domingo Savio fue un muchacho que rezó a Dios todos los días. Domingo vio a Dios en lo que pasaba en su vida diaria. El siempre estaba listo a ayudar a sus compañeros de clase.

Dios te llama a ser santo. ¿Cómo puedes llegar a ser santo? Puedes conocer y vivir tu fe todos los días. Puedes aprender todo lo que puedas sobre Jesús y la forma de tratar a otros. Puedes también aprender más sobre la vida de los santos.

Dios nos ayuda cada día a ser santos. Somos fortalecidos por la oración. Recibimos gracias en los sacramentos. También apoyo de nuestras familias y nuestra parroquia. Juntos podemos seguir a Jesús y crecer en santidad.

Como católicos...

Un santo *canonizado* es una persona que ha sido oficialmente nombrada santa por la Iglesia. La vida de esa persona ha sido examinada por los líderes de la Iglesia. Ellos han decidido que la persona vivió una vida de fe y santidad.

Cuando una persona es canonizada como santa, su nombre es registrado en una lista mundial de santos reconocidos por la Iglesia Católica. Cada santo canonizado tiene un día de fiesta especial.

¿Es tu parroquia nombrada por un santo? ¿Qué sabes de ese santo?

Vocabulario

santos (pp 317)

comunión de los santos (pp 315)

inmaculada concepción (pp 316)

asunción (pp 315)

RESPONDEMOS

Junto con un compañero hagan una lista de personas que pueden ser puestas en una sitio titulado: "Santos de nuestros tiempos".

God calls us to be saints.

The saints answered God's call to lead holy lives. Men, women, and children from every part of the world have become saints. Here are some examples:

- Saint Louise de Marillac was a wife and mother. After her husband died, she began the Daughters of Charity. They served the needs of people who were poor.
- Saint Charles Lwanga lived in Uganda, Africa. He was baptized as an adult. He helped many people in Africa, including those who served in the king's court, to become Christians.
- Saint Joan of Arc was a soldier in France. She tried her best to obey God's will.
- Saint Andrew Nam-Thuong was a mayor of a Vietnamese village. He taught others about the faith.
- Saint Dominic Savio was a boy who prayed to God everyday. Dominic saw God in the happenings of everyday life. He was always ready to help out a classmate.

A *canonized* saint is a person who has been officially named a saint by the Church. The life of this person has been examined by Church leaders. They have decided that the person has lived a life of faith and holiness.

When someone is canonized a saint, his or her name is entered into the worldwide list of saints recognized by the Catholic Church. Each canonized saint has a special feast day.

Is your parish or school named after a saint? What do you know about him or her?

God calls you to become a saint, too. How can you become a saint? You can know and live your faith everyday. You can learn as much as possible about Jesus and the way he treated others. You can also find out more about the lives of the saints.

God helps each of us to be holy. We are strengthened by prayer. We receive grace from the sacraments. We also get support from our family and our parish. Together we can follow Jesus and grow in holiness.

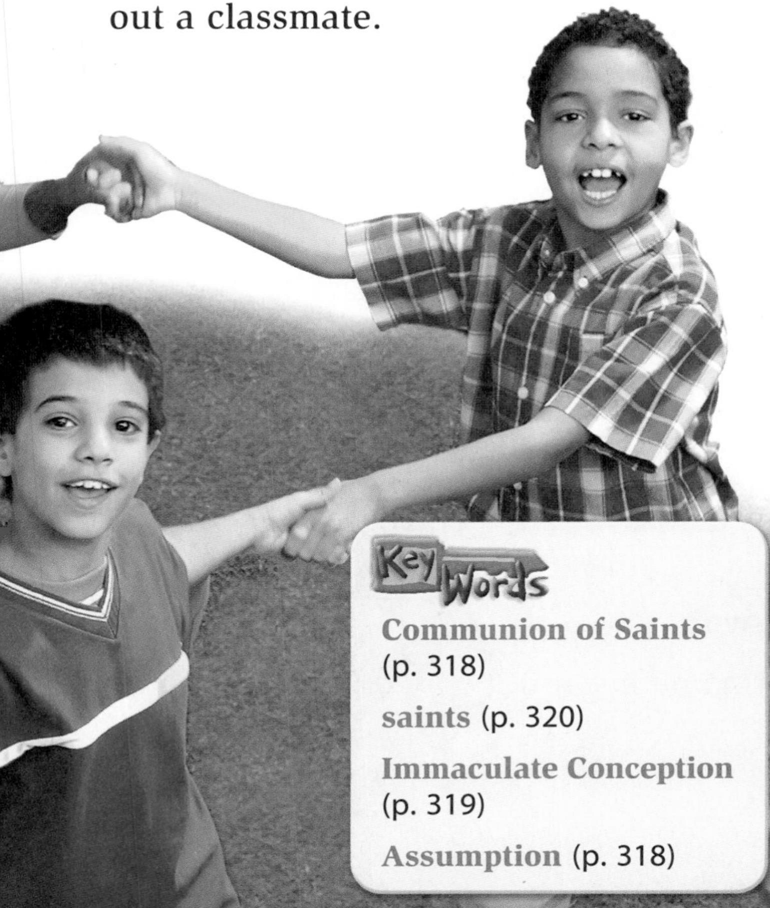

Key Words

Communion of Saints (p. 318)

saints (p. 320)

Immaculate Conception (p. 319)

Assumption (p. 318)

WE RESPOND

With a partner list people who could be on a "Saints of Our Time" Web site.

HACIENDO DISCIPULOS

Muestra lo que sabes

Escribe una letanía usando las palabras del Vocabulario. Decora el marco.

Asunción

Comunión de los santos

Inmaculada concepción

Santos

____________________, Ruega por nosotros

____________________, ____________________.

____________________, ____________________.

____________________, ____________________.

Compártelo.

Dios nos llama a ser santos. Algunas formas de llegar a ser santos incluyen:

- conocer y vivir la fe todos los días
- aprender sobre Jesús y como tratar a los demás
- aprender más sobre la vida de los santos. (visita *Vida de santos* en **www.creemosweb.com**.)

RETO PARA EL DISCIPULO ¿Cuál es una forma de llegar a ser santo?

____

PROJECT DISCIPLE

Show What you Know

Write a litany using the Key Words. Decorate the frame.

Assumption

Communion of Saints

Immaculate Conception

saints

_______________, pray for us.

_______________, _______________.

_______________, _______________.

_______________, _______________.

Now, pass it on!

Make it Happen

God calls us to be saints. Some ways you can become a saint include:

- knowing and living your faith daily
- learning about Jesus and the way he treated others
- finding out more about the lives of the saints. (Visit *Lives of the Saints* at **www.webelieveweb.com**.)

DISCIPLE CHALLENGE What is one more way to become a saint?

____

HACIENDO DISCIPULOS

Celebra

La Iglesia toma un día especial cada año para recordar a los muertos. El 2 de noviembre es el día de los difuntos. Toma un momento esta semana para rezar por los que han muerto.

Consulta

Cada título de María nos dice algo especial de ella. Pregunta a tres amigos cual es el título para María que le gusta. Escríbelos aquí.

____

____

____

Escritura

"Entonces María dijo:
Mi alma glorifica al Señor, y mi espíritu se alegra en Dios mi Salvador, porque ha mirado la humildad de su sierva. Desde ahora me llamarán dichosa todas las generaciones".
(Lucas 1:46–48)

RETO PARA EL DISCIPULO

- Subraya la frase donde María se regocija.
- Encierra en un círculo lo que describe María a través de los años.

Tarea

Invita a tu familia a rezar el Ave María todos los días esta semana. También pueden rezar juntos el rosario.

PROJECT DISCIPLE

Celebrate!

The Church sets aside a special day each year for remembering those who have died. This day is November 2, All Souls' Day. Take a moment this week to pray for those who have died.

Each title for Mary tells us something special about her. Survey three friends for their favorite titles for Mary. Write them here.

____

____

____

from *The Nativity Story*, New Line Cinema, 2006

What's *the* Word?

"And Mary said:
'My soul proclaims the greatness of the Lord;
my spirit rejoices in God my savior.
For he has looked upon his handmaid's lowliness;
behold, from now on will all ages call me
blessed.'" (Luke 1:46–48)

DISCIPLE CHALLENGE

- Underline the phrase that tells who Mary rejoices in.
- Circle the word that describes Mary throughout the ages.

Take Home

Invite your family to pray the Hail Mary together each day this week. You might also pray the Rosary together.

26 El reino de Dios sigue creciendo

NOS CONGREGAMOS

✝ **Líder:** Los discípulos de Jesús le pidieron: "Señor, enséñanos a orar". (Lucas 11:1)

También nosotros rezamos siguiendo las enseñanzas de Jesús. Vamos juntos a rezar el Padrenuestro. (pagina 307)

Nombra tu historia favorita. ¿Qué has aprendido de esa historia?

CREEMOS

Jesús usó parábolas para enseñar sobre el reino de Dios.

Jesús quiso enseñar al pueblo sobre el reino de Dios. El pueblo en tiempo de Jesús había escuchado sobre el reino de Dios. Muchos de ellos pensaban que el reino era poder y dinero. Ellos pensaron que era como cualquier otro reino.

El reino del cual Jesús enseñó no era el reino que la gente esperaba. Jesús quería que todo el mundo supiera que el reino de Dios es el poder del amor de Dios activo en el mundo. Para ayudarles a entenderlo Jesús contó parábolas al pueblo. Una **parábola** es una historia corta que lleva un mensaje.

The Kingdom of God Continues to Grow

WE GATHER

✝ **Leader:** The disciples of Jesus said to him, "Lord, teach us to pray." (Luke 11:1)

We, too, pray by following the teachings of Jesus. Let us pray the Lord's Prayer together. (page 311)

Name a favorite story. What have you learned from this story?

WE BELIEVE

Jesus used parables to teach about the Kingdom of God.

Jesus wanted to teach the people about God's Kingdom. The people of Jesus' time had heard about the Kingdom of God. Many of them thought God's Kingdom was about power and money. They thought it was like an earthly kingdom.

The kingdom that Jesus taught about was not the kingdom the people expected. Jesus wanted everyone to know that the Kingdom of God is the power of God's love active in the world. To help them understand this, Jesus told the people parables, stories that use things from everyday life. A **parable** is a short story that has a message.

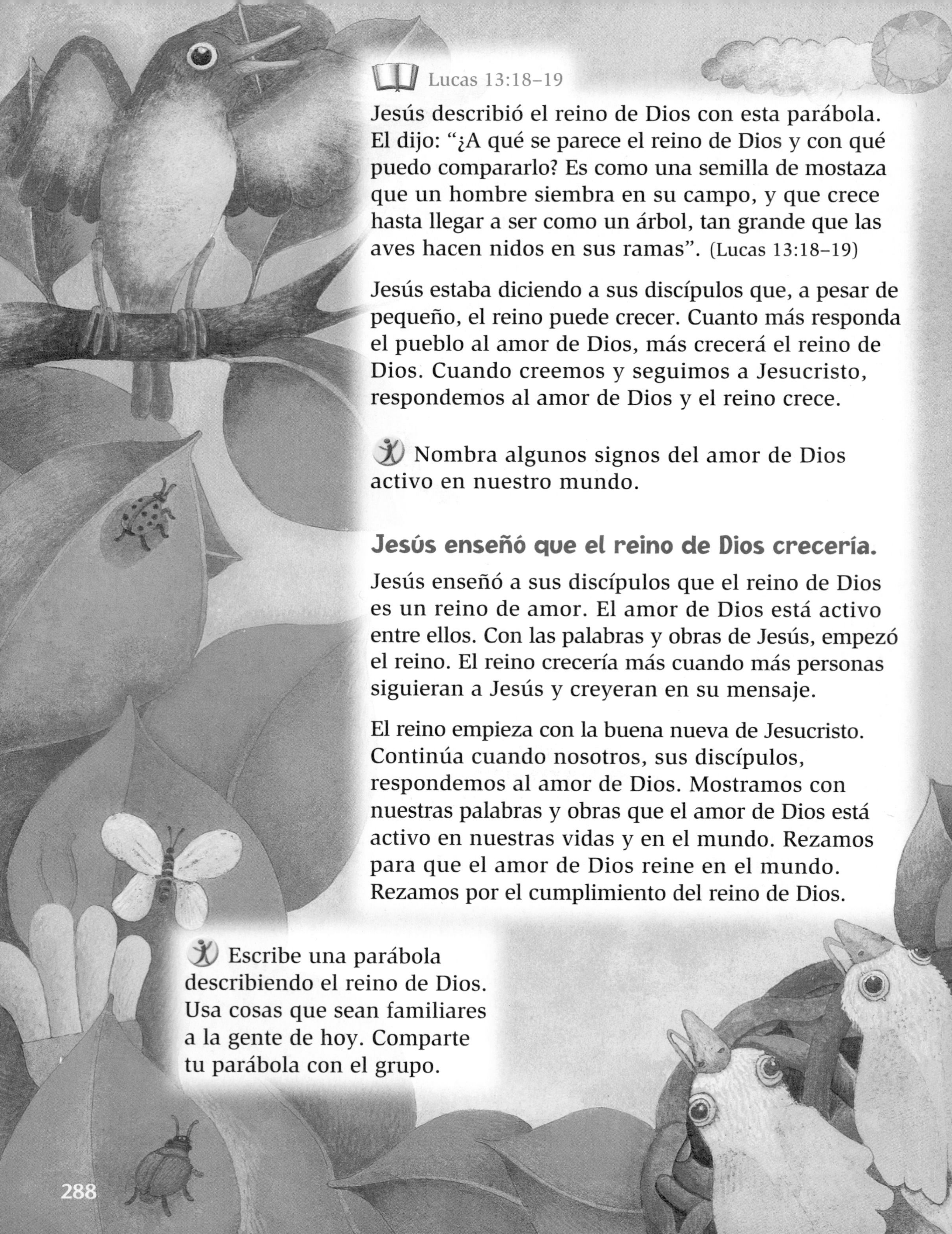

Lucas 13:18–19

Jesús describió el reino de Dios con esta parábola. El dijo: "¿A qué se parece el reino de Dios y con qué puedo compararlo? Es como una semilla de mostaza que un hombre siembra en su campo, y que crece hasta llegar a ser como un árbol, tan grande que las aves hacen nidos en sus ramas". (Lucas 13:18–19)

Jesús estaba diciendo a sus discípulos que, a pesar de pequeño, el reino puede crecer. Cuanto más responda el pueblo al amor de Dios, más crecerá el reino de Dios. Cuando creemos y seguimos a Jesucristo, respondemos al amor de Dios y el reino crece.

Nombra algunos signos del amor de Dios activo en nuestro mundo.

Jesús enseñó que el reino de Dios crecería.

Jesús enseñó a sus discípulos que el reino de Dios es un reino de amor. El amor de Dios está activo entre ellos. Con las palabras y obras de Jesús, empezó el reino. El reino crecería más cuando más personas siguieran a Jesús y creyeran en su mensaje.

El reino empieza con la buena nueva de Jesucristo. Continúa cuando nosotros, sus discípulos, respondemos al amor de Dios. Mostramos con nuestras palabras y obras que el amor de Dios está activo en nuestras vidas y en el mundo. Rezamos para que el amor de Dios reine en el mundo. Rezamos por el cumplimiento del reino de Dios.

Escribe una parábola describiendo el reino de Dios. Usa cosas que sean familiares a la gente de hoy. Comparte tu parábola con el grupo.

Luke 13:18–19

Jesus once described the Kingdom of God with this parable. He said, "What is the kingdom of God like? To what can I compare it? It is like a mustard seed that a person took and planted in the garden. When it was fully grown, it became a large bush and 'the birds of the sky dwelt in its branches.'" (Luke 13:18–19)

Jesus was telling his disciples that, although small, the Kingdom would grow. As more people respond to God's love, the Kingdom of God will grow. When we believe in and follow Jesus Christ, we respond to God's love and the Kingdom grows.

Name some signs of God's love active in our world today.

Jesus taught that the Kingdom of God will grow.

Jesus taught his disciples that the Kingdom of God is a kingdom of love. God's love was already active among them. Through Jesus' words and actions, the Kingdom had begun. The Kingdom would grow as more people followed Jesus and believed his message.

God's Kingdom begins with the Good News of Jesus Christ. It continues when we, his disciples, respond to God's love. We show by our words and actions that God's love is active in our lives and in the world. We pray for the time when God's love will rule the world. We pray for the coming of God's Kingdom in its fullness.

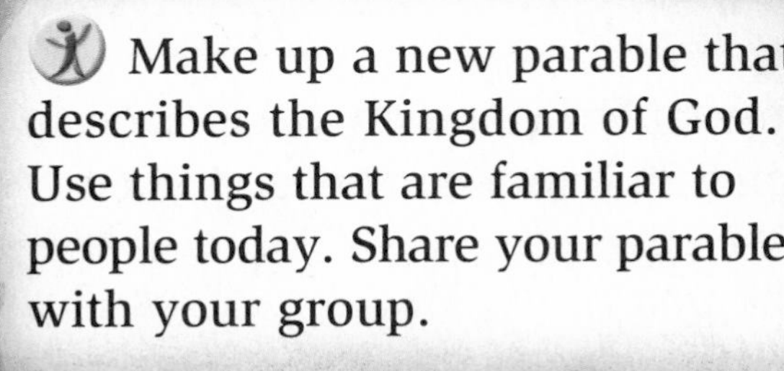

Make up a new parable that describes the Kingdom of God. Use things that are familiar to people today. Share your parable with your group.

Los milagros de Jesús fueron signos del reino de Dios.

Cristo caminando sobre las aguas, Miniatura de Armenia, S. XII–XIII

Jesús hizo cosas maravillosas que sólo Dios puede hacer. El calmó tempestades, hizo ver a los ciegos, caminó sobre las aguas y convirtió el agua en vino. Estos maravillosos eventos están más allá del poder humano. Estos son **milagros**.

Los milagros de Jesús mostraron que él era divino. Eran señales especiales de que el reino de Dios estaba presente en él. Sus milagros ayudaron a la gente a creer que él era el Hijo de Dios.

Mateo 14:22–33

Un día los discípulos de Jesús fueron en un bote al mar. Jesús se fue solo a una montaña a rezar. Al llegar la noche el bote, una millas dentro del mar, estaba siendo movido por las olas, porque el viento estaba en su contra. Jesús camina hacia ellos, camina sobre el mar. Cuando los discípulos lo vieron caminar sobre el mar se aterrorizaron. "Es un fantasma" , decían y gritaban asustados. Cuando Jesús les habló: "¡Tengan valor, soy yo, no tengan miedo!" Pedro le contestó: "Señor, si eres tú, ordena que yo vaya hasta ti sobre el agua" . El le dijo: "Ven" . Pedro salió del bote y empezó a caminar sobre las aguas hacia Jesús. Pero cuando vio lo fuerte que era el viento sintió miedo y empezó a hundirse, él gritó: "¡Sálvame Señor!" Inmediatamente Jesús extendió su mano y lo agarró. (Mateo 14:24–31)

Después Jesús y Pedro entraron al bote y el viento se calmó. "Tú eres el Hijo de Dios" . (Mateo 14:33)

Al caminar sobre las aguas Jesús fortaleció la fe de los discípulos. Los primeros discípulos conocieron a Jesús, vieron sus milagros y creyeron. Ellos hablaron a otros sobre Jesús y trataron de vivir como él les enseñó. Con sus palabras y obras, los discípulos fueron testigos de Jesús.

Los testigos hablan y actúan basados en lo que conocen y creen. Somos llamados a mostrar nuestra fe en Jesús y a ser sus testigos.

Escribe una forma en que puedes mostrar a otros que tienes fe en Jesús.

Jesus' miracles were signs of the Kingdom of God.

Jesus did amazing things that only God could do. He calmed the stormy seas, made the blind to see, walked on water, and even changed water into wine. These amazing events were beyond human power. They were **miracles**.

Jesus' miracles showed that he was divine. They were special signs that God's Kingdom was present in him. His miracles helped people to believe that he was the Son of God.

Matthew 14:22–33

One day Jesus' disciples were out in a boat on the sea. Jesus went up to a mountain to pray alone. As night approached "the boat, already a few miles offshore, was being tossed about by the waves, for the wind was against it. During the fourth watch of the night, he came toward them, walking on the sea. When the disciples saw him walking on the sea they were terrified. 'It is a ghost,' they said, and they cried out in fear. At once [Jesus] spoke to them, 'Take courage, it is I; do not be afraid.' Peter said to him in reply, 'Lord, if it is you, command me to come to you on the water.' He said, 'Come.' Peter got out of the boat and began to walk on the water toward Jesus. But when he saw how [strong] the wind was he became frightened; and, beginning to sink, he cried out, 'Lord, save me!' Immediately Jesus stretched out his hand and caught him." (Matthew 14:24–31)

After Jesus and Peter got into the boat the wind stopped. The disciples who were in the boat said, "Truly, you are the Son of God." (Matthew 14:33)

Jesus' walking on water strengthened the faith of his disciples. The first disciples knew Jesus, saw his miracles, and believed. They told others about Jesus and tried to live as he taught them. By their words and actions, the disciples were witnesses to Jesus.

Witnesses speak and act based upon what they know and believe. We are called to show our faith in Jesus and to be his witnesses.

Write one way you can show others that you have faith in Jesus.

____

El reino de Dios crece.

Durante los últimos dos siglos, miembros de la Iglesia se han ayudado unos a otros a ser testigos de Jesucristo. También nosotros podemos ser testigos:

- tratando a los demás con amabilidad y respeto
- viviendo en paz con todos
- siendo justos con todos
- haciendo lo correcto aun cuando sea difícil
- siendo miembros fieles de la Iglesia
- trabajando juntos por la justicia y la paz.

En el Padrenuestro rezamos por el cumplimiento del reino de Dios que tendrá lugar en la segunda venida de Jesús en gloria. La venida de Jesús al final de los tiempos será un evento de gozo. Traerá el cumplimiento del reino de Dios.

La Iglesia no sólo reza por la venida del reino de Dios. También pedimos a Dios Padre nos ayude a predicar su reino en nuestras familias, escuelas y vecindarios. Todos en la Iglesia trabajan juntos para que el amor de Dios pueda estar activo y presente en el mundo.

RESPONDEMOS

¿Qué pondrías en una cápsula de tiempo para mostrar como la Iglesia ha expandido el reino de Dios? ¿Por qué?

____

____

____

____

Como católicos...

Santa Isabel de Hungría es un ejemplo de alguien que creyó en Jesús y trabajó para expandir el reino de Dios. En el siglo XIII, Isabel fue una princesa en Hungría. Ella era casada y tenía tres hijos. Vivió en un castillo y tenía más cosas de las que podía necesitar. Pasó su vida ayudando a los enfermos y los pobres. Ella construyó un hospital y dio comida a los que tenían hambre.

Después que murió su esposo, Isabel usó su dinero para construir refugios para los desamparados, los enfermos y los ancianos.

Investiga cuando la Iglesia celebra la fiesta de Santa Isabel de Hungría.

parábola (pp 316)

milagros (pp 316)

The Kingdom of God grows.

For the past two thousand years, members of the Church have helped one another to be witnesses to Jesus Christ. We can be witnesses by:

- treating people with kindness and respect
- living peacefully with one another
- being fair with all those we meet
- doing what is right even when it is hard
- being faithful members of the Church
- working together for justice and peace.

In the Lord's Prayer we pray for the final coming of God's Kingdom that will take place when Jesus returns in glory. Jesus' coming at the end of time will be a joyful event. It will bring about the fullness of God's Kingdom.

Key Words

parable (p. 319)
miracles (p. 319)

The Church does not pray only for the coming of God's Kingdom. We also ask God the Father to help us to spread God's Kingdom in our families, schools, and neighborhoods. Everyone in the Church works together so that God's love may be active and present throughout the world.

As Catholics...

Saint Elizabeth of Hungary is an example of someone who believed in Jesus and worked to spread God's Kingdom. In the thirteenth century, Elizabeth was a princess in the country of Hungary. She was married and had three children. She lived in a castle and had more things than she would ever need. Yet she spent her life helping those who were sick and poor. She built a hospital and gave food to those who were hungry.

After her husband died, Elizabeth used all of her money to build shelters for those who were homeless, sick, and elderly.

Find out when the Church celebrates the feast day of Saint Elizabeth of Hungary.

WE RESPOND

What would you put in a time capsule to show how the Church has spread God's Kingdom? Why?

____

____

____

____

HACIENDO DISCIPULOS

Muestra lo que sabes

Escribe un corto párrafo usando las palabras del Vocabulario.

parábola
milagros

____
____
____
____
____
____
____

¿Qué harás?

El buen suelo ayuda a las plantas a crecer. ¿Cómo puedes ser rico suelo en el que crezca el reino de Dios?

____
____
____

PROJECT DISCIPLE

Show What you Know

Write a short paragraph using each of the Key Words.

parable

miracles

___

___

___

___

___

___

___

What Would you do?

Good, rich soil helps things to grow. How can you be the good, rich soil in which God's Kingdom can grow?

___

___

___

HACIENDO DISCÍPULOS

Realidad

Tu misión como discípulo de Jesús es ayudar a predicar el reino de Dios. Chequea las formas en que lo harás.

- ❏ tratar a mis amigos con bondad y respeto
- ❏ vivir en paz con mi familia y amigos
- ❏ ser justo en el trabajo y cuando juego
- ❏ hacer lo correcto, aun cuando sea difícil
- ❏ rezar en las mañanas, durante las comidas y en la noche
- ❏ participar en la misa
- ❏ otro ______________________________

Reza

Reza el Padrenuestro. Pide a Dios Padre te ayude a trabajar para mantener su amor vivo en el mundo.

Exprésalo

¿Qué crees que harás dentro de diez años? Haz un dibujo que muestre una forma en que vivirás tu discipulado.

Tarea

Jesús contó muchas parábolas sobre el reino de Dios. Juntos en familia lean algunas de estas parábolas que se encuentran en Mateo 13:33–50. ¿Con qué comparó Jesús el reino de Dios?

PROJECT DISCIPLE

Reality Check

Your mission as a disciple of Jesus is to help spread the Kingdom of God. Check the ways you can do this.

- ❏ treat my friends with kindness and respect
- ❏ live peacefully with family and friends
- ❏ be fair at work and play
- ❏ do what is right, even when it is hard
- ❏ pray in the morning, at meals, in the evening
- ❏ participate at Mass each week
- ❏ other ______________________________

Pray Today

Pray the Lord's Prayer. Ask God the Father to help you to work to keep his love alive throughout the world.

Picture This

What do you think you will be doing ten years from today? Draw a picture to show a way you will be living out your discipleship.

Take Home

Jesus told many parables about the Kingdom of God. As a family, read some of these parables found in Matthew 13:33–50. To what did Jesus compare the Kingdom of God?

Tiempo de Pascua

En el Tiempo de Pascua, celebramos la resurrección de Jesús.

NOS CONGREGAMOS

Nombra tres cosas que crees acerca de Dios.

CREEMOS

Jesús ha resucitado. En el Tiempo de Pascua celebramos la resurrección de Jesús durante cincuenta días. Este tiempo se inicia el Domingo de Pascua y termina cincuenta días después, el Domingo de Pentecostés.

El color usado es el blanco, símbolo de luz y gozo. El sacerdote usa vestimentas blancas durante el Tiempo de Pascua. El mantel que cubre el altar es también blanco. Todo el Tiempo de Pascua es una gran celebración de luz, vida y gozo por la resurrección de Jesús. Este tiempo fortalece nuestra fe en cristo resucitado.

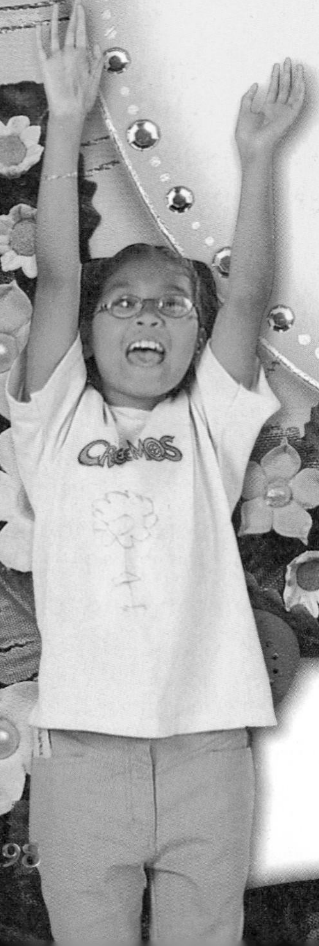

"¡Dichosos los que creen sin haber visto!" (Juan 20:29)

In the Easter season, we celebrate the Resurrection of Jesus.

WE GATHER

Name three things that you believe about God.

WE BELIEVE

Jesus has risen from the dead! During the Easter season, we celebrate the Resurrection of Jesus, for fifty days! We begin the Easter season on Easter Sunday. It ends fifty days later, on Pentecost Sunday.

The color white is a symbol of light and joy. The priest wears white vestments all during the Easter season. The coverings on the altar are white, also. The entire Easter season is a great celebration of the light, life, and joy of the risen Jesus. This season strengthens our faith and shows our belief in the risen Jesus.

"Blessed are those who have not seen and have believed." (John 20:29)

Juan 20:19–29

La noche de su resurrección, los discípulos de Jesús estaban escondidos en un cuarto. El Señor resucitado apareció de repente deseándoles paz.

El apóstol, Tomás no estaba ahí. Los demás le contaron sobre Jesús. El no les creyó. Tomás quería ver a Jesús con sus propios ojos. Quería tocarlo con sus propias manos.

Una semana más tarde los discípulos estaban reunidos de nuevo. Esta vez Tomás estaba con ellos. De repente Jesús apareció. Jesús les dijo: "¡Paz a ustedes!" Luego le dijo a Tomás: Mete aquí tu dedo, y mira mis manos; y trae tu mano y métela en mi costado. No seas incrédulo; ¡cree! Tomás entonces exclamó: ¡Mi Señor y mi Dios! Jesús le dijo: ¡Dichosos los que creen sin haber visto! (Juan 20:26–29)

Creemos en Jesucristo. Creemos en su vida, muerte y resurrección. Creemos que Jesús nos da nueva vida ahora y siempre.

¿Cuáles son algunas maneras en que mostramos nuestra fe en Jesucristo?

____

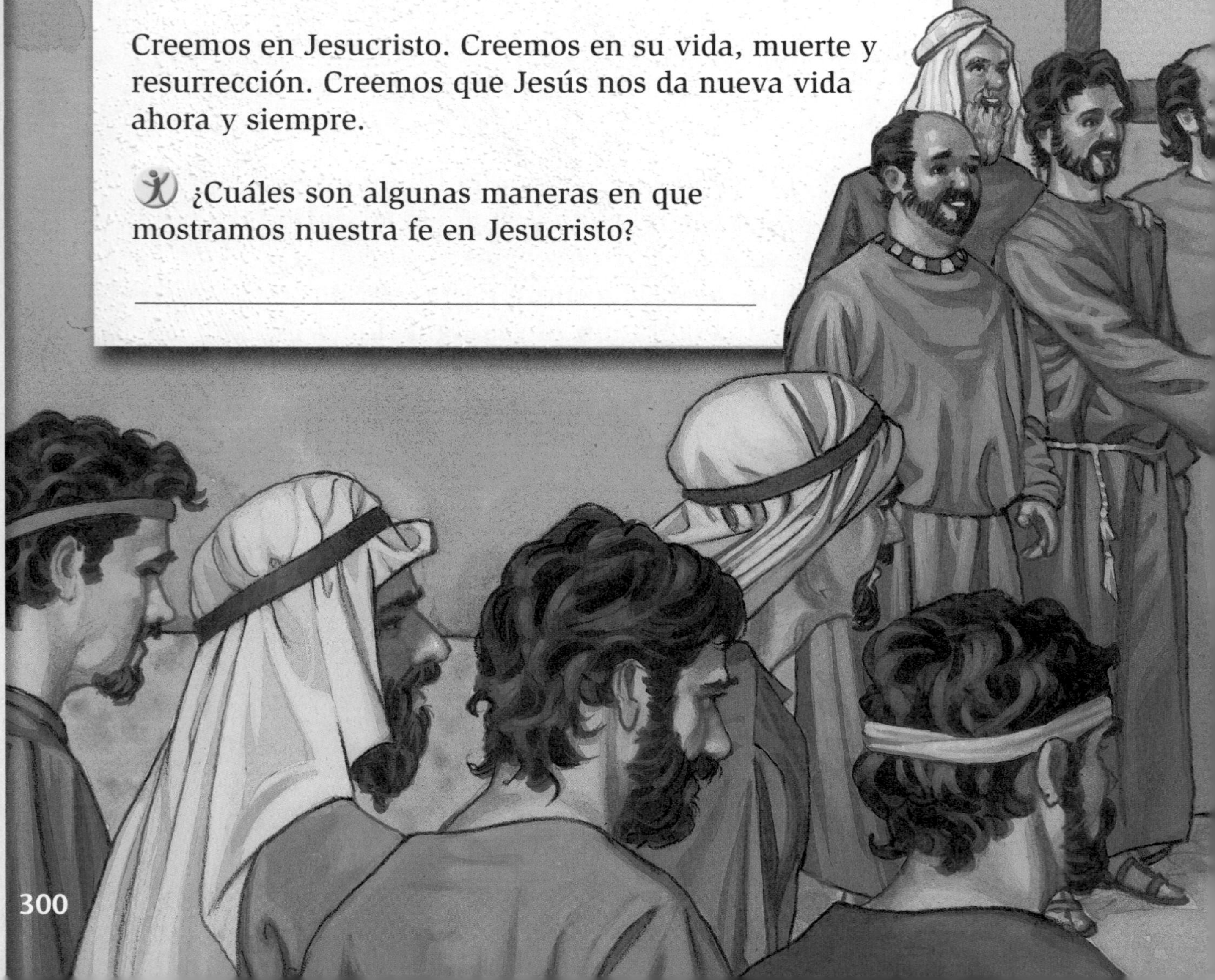

John 20:19–29

On the night of his Resurrection, Jesus' disciples were hiding in a room. The doors were locked. The risen Jesus suddenly appeared and wished them peace.

One of the Apostles, Thomas, was not there that night. The other disciples told him about Jesus. Thomas did not believe them. Thomas wanted to see Jesus for himself. He not only wanted to see Jesus. He wanted to touch Jesus with his own hands!

A week later, the disciples were together again in the locked room. This time Thomas was with them. Suddenly Jesus was there among them. Jesus said to them, "Peace be with you." (John 20:26)

"Then he said to Thomas, 'Put your finger here and see my hands, and bring your hand and put it into my side, and do not be unbelieving, but believe.'" (John 20:27)

Thomas fell on his knees before Jesus and said, "My Lord and my God!" (John 20:28)

And Jesus said to him, "Blessed are those who have not seen and have believed." (John 20:29)

We believe in Jesus Christ. We believe in his life, Death, and Resurrection. We believe that Jesus brings us new life, now and forever.

What are some ways we show our belief in Jesus Christ?

____

Respondemos

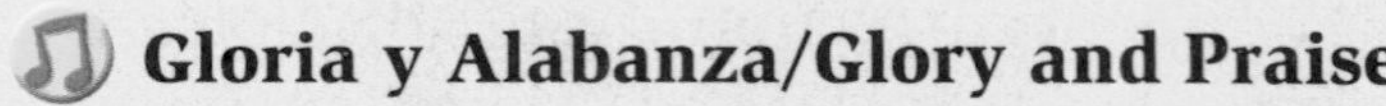

Gloria y Alabanza/Glory and Praise

Gloria y alabanza a ti, Señor Jesús.
Gloria y alabanza a ti, Señor.

Glory and praise to you, O Lord Jesus Christ.
Glory and praise to you, Lord Jesus Christ.

✝ Respondemos en oración

Líder: Señor, creemos, aumenta nuestra fe.

Todos: Señor, creemos, aumenta nuestra fe.

Líder: En esta Pascua nos regocijamos en la Resurrección. Te pedimos bendecirnos y fortalecer nuestra fe.

Lector: Para que podamos vivir como tu Hijo, Jesús nos pide.

Todos: Señor, aumenta nuestra fe.

Lector: Para que podamos compartir la buena nueva de Jesucristo con todo el que encontremos.

Todos: Señor, aumenta nuestra fe.

Lector: Para que podamos aumentar nuestro amor por ti.

Todos: Señor, aumenta nuestra fe.

WE RESPOND

 **Glory and Praise to Our God**

Glory and praise to our God,
who alone gives light to our days.
Many are the blessings he bears
to those who trust in his ways.

God has watered our barren land
and spent his merciful rain.
Now the rivers of life
run full for anyone to drink.

✝ We Respond in Prayer

Leader: Lord, we believe, increase our faith.

All: Lord, we believe, increase our faith.

Leader: In this Easter season we rejoice in the Resurrection. We ask God to bless us and strengthen our belief.

Reader: So that we can live as your Son, Jesus, calls us to live.

All: Lord, increase our faith.

Reader: So that we can share the Good News of Jesus Christ with all we meet.

All: Lord, increase our faith.

Reader: So that we can grow in our love for you.

All: Lord, increase our faith.

HACIENDO DISCÍPULOS

Muestra lo que sabes

Las palabras en el cuadro son de la historia sobre Tomás. Encuentra y encierra en un círculo las palabras en el cuadro. Recuenta la historia.

- creyente
- paz
- pascua
- bendito
- resurrección
- Tomás
- discípulos
- Jesús

B	J	P	A	Z	L	K	D	J	E	R	N
E	K	A	J	K	I	L	K	L	M	O	S
N	J	S	K	J	R	K	L	K	I	R	U
D	S	C	J	C	K	J	A	C	E	L	S
I	N	U	B	J	R	J	C	F	G	R	E
T	N	A	E	R	R	E	C	F	L	V	J
O	V	T	R	T	R	I	Y	G	H	A	B
R	X	E	R	R	T	F	V	E	H	B	H
T	R	F	U	G	F	V	G	B	N	B	H
Y	T	S	A	M	O	T	K	B	N	T	J
J	E	U	Y	G	T	F	C	E	S	T	E
R	X	D	I	S	C	P	U	L	O	S	H

RETO PARA EL DISCIPULO ¿Por qué esta es una historia buena para el Tiempo de Pascua?

____

____

Reza

Aleluya, Señor Jesús. Gracias por la nueva vida que nos ha dado con tu resurrección.

Tarea

Dé a cada miembro de la familia un huevo hervido duro. Túrnense para topar sus huevos. Si un extremo se craquea trate el otro. Si ambos se craquean usted sale del juego. El huevo que no se craquea o que sólo se craquea en un extremo, es el huevo aleluya.

PROJECT DISCIPLE

Show What you Know

The words in the box are from the story about Thomas. Find and circle the words in the grid. Then retell the story.

- believe
- peace
- Easter
- blessed
- Resurrection
- Thomas
- disciples
- Jesus

B	F	E	T	D	I	P	E	K	G	I	N
L	E	W	C	V	F	A	W	F	A	O	S
E	H	L	Y	A	S	I	C	C	I	P	U
S	L	Q	I	T	E	A	K	T	O	Y	S
S	F	T	E	E	X	P	C	T	N	W	E
E	P	R	B	Z	V	E	P	M	J	E	J
D	U	R	Z	I	R	E	U	P	Q	D	E
A	N	G	Y	R	S	A	M	O	H	T	W
G	U	K	U	I	J	F	D	M	Y	I	L
Z	N	S	D	I	S	C	I	P	L	E	S
R	E	M	X	D	D	M	Y	V	Q	K	C
R	F	L	L	Z	K	E	J	F	F	R	L

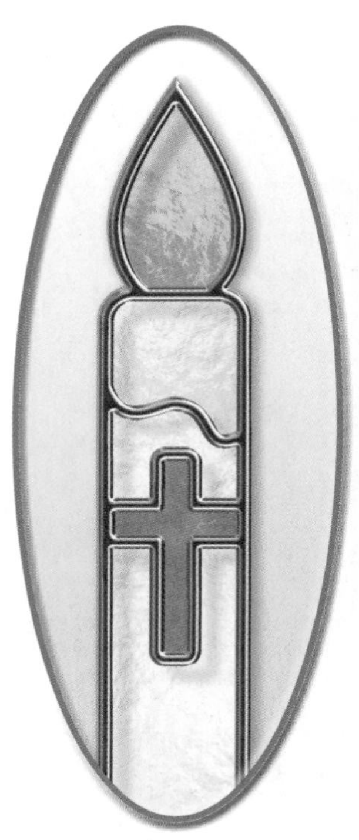

DISCIPLE CHALLENGE Why is this a good story for the Easter season?

____

____

Alleluia, Lord Jesus! Thank you for the new life you have given us in the Resurrection.

Take Home

Give each family member a dyed hard boiled egg. Take turns lightly tapping the ends of your eggs together. If one end cracks, try the other end. If both ends crack, you are out of the game. The egg that stays whole or only cracks on one end is the Alleluia egg!

Vía crucis

En el vía crucis seguimos los pasos de Jesús durante su pasión y muerte en la cruz.

Stations of the Cross

In the Stations of the Cross we follow in the footsteps of Jesus during his Passion and Death on the cross.

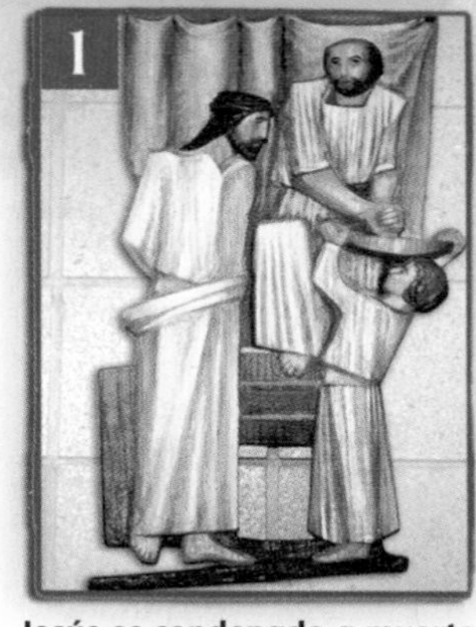

Jesús es condenado a muerte.
Jesus is condemned to die.

Jesús carga con la cruz.
Jesus takes up his cross.

Jesús cae por primera vez.
Jesus falls the first time.

Jesús encuentra a su madre.
Jesus meets his mother.

Simón ayuda a Jesús a cargar la cruz.
Simon helps Jesus carry his cross.

Verónica enjuga el rostro de Jesús.
Veronica wipes the face of Jesus.

Jesús cae por segunda vez.
Jesus falls the second time.

Jesús encuentra a las mujeres de Jerusalén.
Jesus meets the women of Jerusalem.

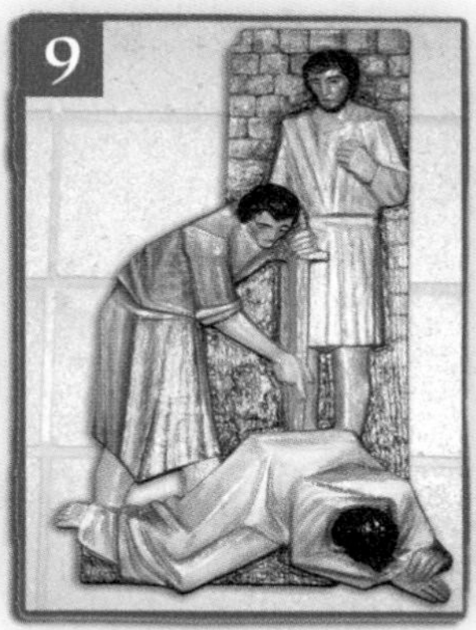

Jesús cae por tercera vez.
Jesus falls the third time.

Jesús es despojado de sus vestiduras.
Jesus is stripped of his garments.

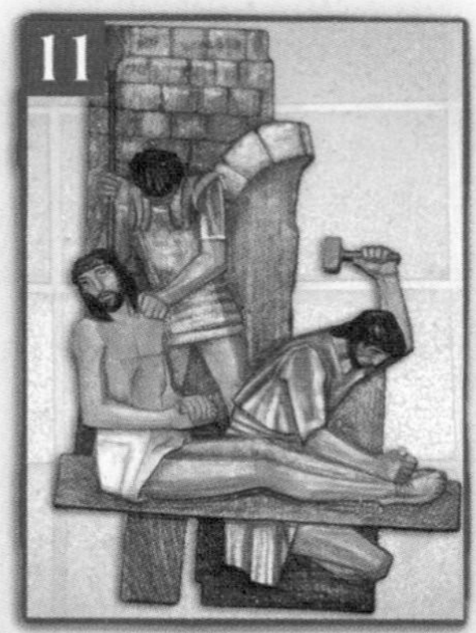

Jesús es clavado en la cruz.
Jesus is nailed to the cross.

Jesús muere en la cruz.
Jesus dies on the cross.

Jesús es bajado de la cruz.
Jesus is taken down from the cross.

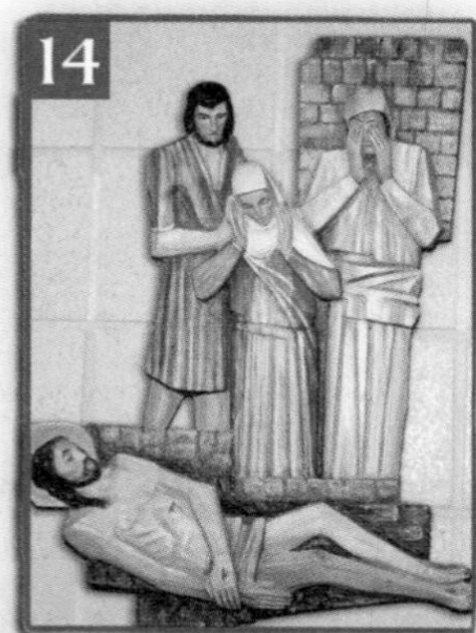

Jesús es dejado en un sepulcro.
Jesus is laid in the tomb.

Oraciones y Devociones

Señal de la Cruz

En el nombre del Padre, y del Hijo, y del Espíritu Santo. Amén.

Gloria

Gloria al Padre y al Hijo y al Espíritu Santo.
Como era en el principio, ahora y siempre,
y por los siglos de los siglos. Amén.

Padrenuestro

Padre nuestro, que estás en el cielo,
santificado sea tu Nombre;
venga a nosotros tu reino;
hágase tu voluntad en la tierra
como en el cielo.
Danos hoy nuestro pan de cada día;
perdona nuestras ofensas,
como también nosotros perdonamos
a los que nos ofenden;
no nos dejes caer en la tentación,
y líbranos del mal.

Ave María

Dios te salve María, llena eres de gracia;
el Señor es contigo;
bendita tú eres entre todas las mujeres,
y bendito es el fruto de tu vientre, Jesús.
Santa María, Madre de Dios,
ruega por nosotros pecadores, ahora y en
la hora de nuestra muerte. Amén.

Acto de Contrición

Dios mío,
con todo mi corazón me arrepiento
de todo el mal que he hecho
y de todo lo bueno que he dejado de hacer.
Al pecar, te he ofendido a ti,
que eres el supremo bien
y digno de ser amado sobre todas las cosas.
Propongo firmemente, con la ayuda
de tu gracia,
hacer penitencia, no volver a pecar
y huir de las ocasiones de pecado.
Señor, por los méritos de la pasión
de nuestro Salvador Jesucristo,
apiádate de mí. Amén.

Credo de los apóstoles

Creo en Dios, Padre todopoderoso,
creador del cielo y de la tierra.

Creo en Jesucristo, su único Hijo,
nuestro Señor,
que fue concebido por obra y
gracia del Espíritu Santo,
nació de santa María Virgen,
padeció bajo el poder de Poncio Pilato,
fue crucificado, muerto y sepultado,
descendió a los infiernos,
al tercer día recitó de entre los muertos,
subió a los cielos
y está sentado a la derecha de Dios,
Padre todopoderoso.
Desde allí ha de venir a juzgar
a vivos y muertos.

Creo en el Espíritu Santo,
la santa Iglesia católica,
la comunión de los santos,
el perdón de los pecados,
la resurrección de la carne
y la vida eterna. Amén.

Visita al Santísimo Sacramento

Antes de la misa los domingos, o durante otros momentos especiales, toma unos minutos para visitar a Jesús presente en el Santísimo Sacramento. Después de decidir donde sentarte, arrodíllate y en silencio habla con Jesús sobre tus necesidades y tus esperanzas. Agradécele su gran amor. Recuerda rezar por tu familia y tu parroquia, especialmente por los enfermos y necesitados.

Oración ante el Santísimo Sacramento

Jesús,
eres Dios con nosotros,
especialmente en este sacramento
de la Eucaristía.
Me amas tal como soy y me
ayudas a crecer.

Ven a estar conmigo
En todos mis gozos y penas.
Ayúdame a compartir tu paz y amor con
todo aquel que encuentre en mi camino.
Te lo pido en tu nombre. Amén.

El rosario

El rosario está compuesto de grupos de cuentas atadas en un círculo. Empieza con una cruz seguida de una cuenta grande y tres pequeñas. Hay otra cuenta grande, antes de la medalla, que da inicio a la primera "decena". Cada decena consiste en una cuenta grande y diez pequeñas.

Se empieza el rosario con la señal de la cruz. Después se recita el Credo de los apóstoles, un Padrenuestro, tres Ave Marías y un Gloria.

Para rezar cada decena se dice un Padrenuestro en la cuenta grande y un Avemaría en cada una de las diez cuentas pequeñas que siguen. Después de cada decena se reza un Gloria. Se reza una Salve al final del rosario.

Los misterios del rosario son eventos especiales en las vidas de Jesús y María. Al rezar cada decena se piensa en el misterio apropiado, gozoso, doloroso, glorioso o de luz.

Misterios gozosos

1. La anunciación
2. La visitación
3. El nacimiento de Jesús
4. La presentación de Jesús en el Templo
5. El niño Jesús es encontrado en el Templo

Misterios dolorosos

1. La agonía de Jesús en el Jardín
2. Jesús es azotado en una columna
3. Jesús es coronado de espinas
4. Jesús carga con la cruz
5. La crucifixión y muerte de Jesús

Misterios gloriosos

1. La resurrección
2. La ascensión
3. La venida del Espíritu Santo
4. La asunción de María al cielo
5. La coronación de María

Misterios de luz

1. El bautismo de Jesús en el Jordán
2. El milagro de las bodas de Caná
3. Jesús anuncia el reino de Dios
4. La transfiguración de Jesús
5. La institución de la Eucaristía

Los sacramentos

Sacramentos de iniciación

Bautismo

Confirmación

Eucaristía

Sacramentos de sanación

Penitencia y Reconciliación

Unción de los enfermos

Sacramentos de servicio y comunión

Orden Sagrado

Matrimonio

Los Diez Mandamientos

1. Yo soy el Señor, tu Dios. No tendrás otros dioses fuera de mí.
2. No tomarás en vano el nombre del Señor, tu Dios.
3. Guardarás el día del Señor para santificarlo.
4. Honra a tu padre y a tu madre.
5. No matarás.
6. No cometerás adulterio.
7. No robarás.
8. No darás testimonio falso contra tu prójimo.
9. No desearás la mujer de tu prójimo.
10. No codiciarás los bienes de tu prójimo.

Prayers and Practices

Sign of the Cross

In the name of the Father, and of the Son, and of the Holy Spirit. Amen.

Glory Be to the Father

Glory be to the Father and to the Son
and to the Holy Spirit,
as it was in the beginning
is now, and will be for ever. Amen.

Our Father

Our Father, who art in heaven,
hallowed be thy name;
thy kingdom come;
thy will be done on earth
as it is in heaven.
Give us this day our daily bread;
and forgive us our trespasses
as we forgive those
who trespass against us;
and lead us not into temptation,
but deliver us from evil. Amen.

Hail Mary

Hail Mary, full of grace,
the Lord is with you!
Blessed are you among women,
and blessed is the fruit
of your womb, Jesus.
Holy Mary, mother of God,
pray for us sinners,
now and at the hour of our death.
Amen.

Act of Contrition

My God,
I am sorry for my sins with all my heart.
In choosing to do wrong
and failing to do good,
I have sinned against you
whom I should love above all things.
I firmly intend, with your help,
to do penance,
to sin no more,
and to avoid whatever leads me to sin.
Our Savior Jesus Christ
suffered and died for us.
In his name, my God, have mercy.

Apostles' Creed

I believe in God, the Father almighty,
Creator of heaven and earth,
and in Jesus Christ,
his only Son, our Lord,
who was conceived by
the Holy Spirit,
born of the Virgin Mary,
suffered under Pontius Pilate,
was crucified, died and was buried;
he descended into hell;
on the third day he rose again
from the dead;
he ascended into heaven,
and is seated at the right hand
of God the Father almighty;
from there he will come to judge
the living and the dead.

I believe in the Holy Spirit,
the holy Catholic Church,
the communion of saints,
the forgiveness of sins,
the resurrection of the body,
and life everlasting. Amen.

Visits to the Blessed Sacrament

Before Mass on Sundays or at other special times, take a few minutes to visit Jesus, present in the Blessed Sacrament. After you have taken your place in church, kneel or sit quietly. Be very still. Talk to Jesus about your needs and your hopes. Thank Jesus for his great love. Remember to pray for your family and your parish, especially anyone who is sick or in need.

Prayer Before the Blessed Sacrament

Jesus,
you are God-with-us,
especially in this sacrament
of the Eucharist.
You love me as I am
and help me grow.

Come and be with me
in all my joys and sorrows.
Help me share your peace and love
with everyone I meet.
I ask in your name. Amen.

The Rosary

A rosary is made up of groups of beads arranged in a circle. It begins with a cross, followed by one large bead and three small ones. The next large bead (just before the medal) begins the first "decade." Each decade consists of one large bead followed by ten smaller beads.

Begin to pray the Rosary with the Sign of the Cross. Recite the Apostles' Creed. Then pray one Our Father, three Hail Marys, and one Glory Be to the Father.

To pray each decade, say an Our Father on the large bead and a Hail Mary on each of the ten smaller beads. Close each decade by praying the Glory Be to the Father. Pray the Hail, Holy Queen as the last prayer of the Rosary.

The mysteries of the Rosary are special events in the lives of Jesus and Mary. As you pray each decade, think of the appropriate Joyful Mystery, Sorrowful Mystery, Glorious Mystery, or Mystery of Light.

The Five Joyful Mysteries

1. The Annunciation
2. The Visitation
3. The Birth of Jesus
4. The Presentation of Jesus in the Temple
5. The Finding of Jesus in the Temple

The Five Sorrowful Mysteries

1. The Agony in the Garden
2. The Scourging at the Pillar
3. The Crowning with Thorns
4. The Carrying of the Cross
5. The Crucifixion and Death of Jesus

The Five Glorious Mysteries

1. The Resurrection
2. The Ascension
3. The Descent of the Holy Spirit upon the Apostles
4. The Assumption of Mary into Heaven
5. The Coronation of Mary as Queen of Heaven

The Five Mysteries of Light

1. Jesus' Baptism in the Jordan
2. The Miracle at the Wedding at Cana
3. Jesus Announces the Kingdom of God
4. The Transfiguration
5. The Institution of the Eucharist

The Sacraments

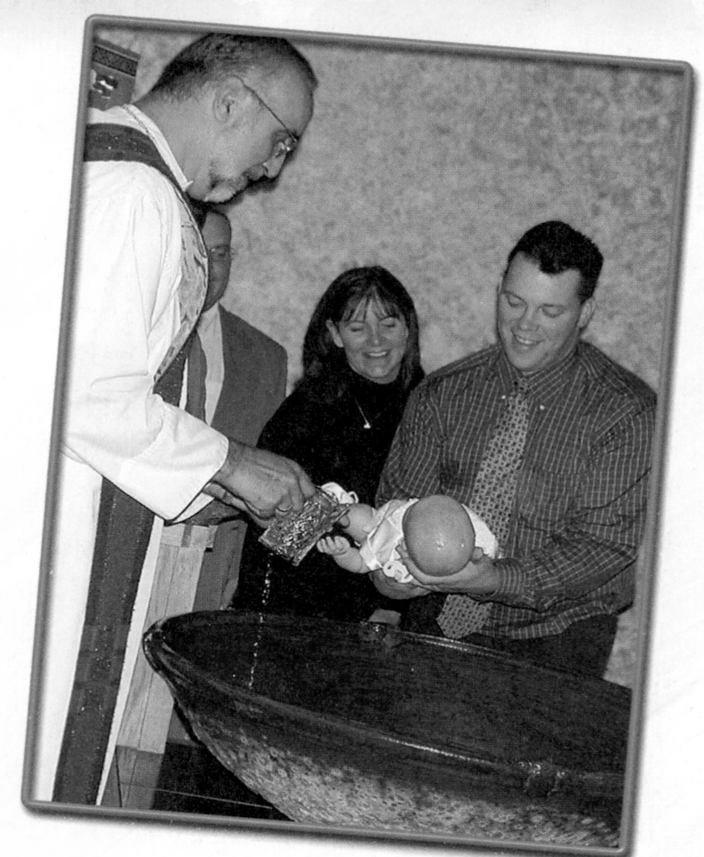

The Sacraments of Christian Initiation

Baptism

Confirmation

Eucharist

The Sacraments of Healing

Penance and Reconciliation

Anointing of the Sick

The Sacraments at the Service of Communion

Holy Orders

Matrimony

The Ten Commandments

1. I am the LORD your God: you shall not have strange gods before me.
2. You shall not take the name of the LORD your God in vain.
3. Remember to keep holy the LORD's Day.
4. Honor your father and your mother.
5. You shall not kill.
6. You shall not commit adultery.
7. You shall not steal.
8. You shall not bear false witness against your neighbor.
9. You shall not covet your neighbor's wife.
10. You shall not covet your neighbor's goods.

Glosario

alianza (pp 252)
acuerdo entre Dios y su pueblo

apóstol (pp 16)
alguien que es enviado

arrepentirse (pp 14)
alejarse del pecado y pedir yuda a Dios para ser mejor

asamblea (pp 178)
reunión del pueblo para rendir culto en nombre de Jesucristo

ascensión (pp 48)
regreso de Jesús a su Padre en el cielo

asunción (pp 276)
la creencia de que, cuando María terminó su trabajo aquí en la tierra, Dios la llevó en cuerpo y alma a vivir para siempre con Cristo resucitado

Biblia (pp 22)
Libro en el que está escrita la palabra de Dios

características de la Iglesia (pp 90)
cuatro características que describen a la Iglesia: la Iglesia es una, santa, católica y apostólica

cielo (pp 38)
la vida eterna con Dios

comunión de los santos (pp 276)
la unión de los miembros bautizados de la Iglesia en la tierra con los que están en el cielo y en el purgatorio

conciencia (pp 202)
don de Dios que nos ayuda a saber lo que está bien y lo que está mal

Credo de los apóstoles (pp 100)
afirmaciones de las creencias cristianas basadas en las enseñanzas de Jesucristo y la fe de los apóstoles

cristianos (pp 50)
todos los bautizados que siguen a Cristo

crucificado (pp 28) clavado en una cruz

diácono (pp 126)
un hombre que no es sacerdote pero ha recibido el sacramento del Orden, y que sirve a la Iglesia predicando, bautizando y ayudando a los obispos y a los sacerdotes

diócesis (pp 88)
áreas locales de la Iglesia dirigidas por obispos

discípulos (pp 16)
los que siguen a Jesús

ecumenismo (pp 256)
trabajo por la unidad cristiana

encarnación (pp 10)
la verdad de que el Hijo de Dios se hizo hombre

eucaristía (pp 176)
el sacramento del Cuerpo y la Sangre de Jesús

evangelio (pp 60)
la buena nueva de que somos salvos por Jesucristo, el Hijo de Dios

fe (pp 26)
don de Dios que nos ayuda a creer y a confiar en él

gracia (pp 164)
compartir la vida y el amor de Dios

Hechos de los apóstoles (pp 58)
libro en la Biblia que nos cuenta la historia del trabajo de los apóstoles al inicio de la Iglesia

Iglesia (pp 50)
comunidad de personas bautizadas que siguen a Jesucristo

inmaculada concepción (pp 276)
creencia de que María fue concebida sin pecado original

juicio final (pp 40)
la venida de Jesucristo al final de los tiempos para juzgar a todos

justicia (pp 104)
tratar a todo el mundo justamente y con respeto

laico (pp 136)
miembro bautizado de la Iglesia que comparte la misión de llevar la buena nueva de Cristo al mundo

liturgia (pp 112)
oración pública oficial de la Iglesia

Liturgia de la Eucaristía (pp 190)
parte de la misa donde el pan y el vino se convierten en el Cuerpo y la Sangre de Cristo y que recibimos en la comunión

Liturgia de la Palabra (pp 188)
la parte de la misa en que escuchamos y respondemos a la palabra de Dios

mártires (pp 62)
los que han muerto por la fe

milagros (pp 290)
eventos que están más allá del poder humano

misa (pp 176)
celebración de la Eucaristía

misa de difuntos (pp 216)
misa especial en la que damos gracias a Dios por la vida de una persona que ha muerto

misión (pp 48)
trabajo especial para hacer discipulos en todo el mundo

obispos (pp 88)
los sucesores de los apóstoles quienes dirigen la Iglesia

oleo de los enfermos (pp 214)
aceite que ha sido bendecido por un obispo para ser usado en la Unción a los Enfermos

orar (pp 110)
escuchar y hablar con Dios

papa (pp 88)
el obispo de Roma y líder de toda la Iglesia Católica

parábola (pp 286)
historia corta que lleva un mensaje

párroco (pp 126)
sacerdote que dirige una parroquia en oración, adoración y enseñanza

parroquia (pp 122)
comunidad de creyentes que adoran y trabajan juntos

pascua (pp 174)
la fiesta judía que celebra su libertad de la esclavitud de Egipto

pecado (pp 198)
pensamiento, palabra o acción en contra de la ley de Dios

pecado original (pp 164)
el primer pecado cometido por los primeros humanos

Pentecostés (pp 50)
el día en que el Espíritu Santo vino a los apóstoles

peregrinación (pp 116)
viajes a lugares santos para orar

profeta (pp 14)
alguien llamado por Dios para hablar al pueblo

reino de Dios (pp 24)
el poder del amor de Dios activo en el mundo

resurrección (pp 28)
Jesús volvió a la vida después de la muerte

rito (pp 264)
formas especiales de los católicos celebrar y rezar a Dios

Rito de Conclusión (pp 192)
la última parte de la misa que nos recuerda seguir alabando y sirviendo a Dios cada día

Ritos Iniciales (pp 186)
la primera parte de la misa en la que nos unimos para prepararnos para escuchar la palabra de Dios y celebrar la Eucaristía

sacramento (pp 164)
signo especial dado por Jesús por medio del cual compartimos la vida y el amor de Dios

sacramentos de iniciación cristiana (pp 164)
Bautismo, Confirmación y Eucaristía

sacrificio (pp 176)
ofrenda a Dios por un sacerdote en nombre del pueblo

Santísima Trinidad (pp 10)
Tres personas en un Dios: Dios Padre, Dios Hijo y Dios Espíritu Santo

santos (pp 274)
seguidores de Cristo que vivieron vidas santas en la tierra y ahora comparten la vida eterna con Dios en el cielo

segunda venida (pp 38)
la venida de Jesús al final de los tiempos

sinagoga (pp 110)
lugar donde los judíos rezan y aprenden sobre Dios

vida eterna (pp 214)
vivir feliz por siempre con Dios en el cielo

vida pública (pp 14)
el trabajo que Jesús hizo con el pueblo

vocación (pp 136)
la llamada de Dios a servirle de manera especial

votos (pp 140)
promesas a Dios

Glossary

Acts of the Apostles (page 59)
book in the Bible that tells the story of the work of the Apostles in the early Church

Apostle (page 17)
one who is sent

Apostles' Creed (page 101)
Christian statement of beliefs based on the teachings of Jesus Christ and the faith of the Apostles

Ascension (page 49)
Jesus' returning to the Father in Heaven

assembly (page 179)
people gathered to worship in the name of Jesus Christ

Assumption (page 277)
the belief that, when Mary's work on earth was done, God brought her body and soul to live forever with the risen Christ

Bible (page 23)
the book in which God's Word is written

bishops (page 89)
the successors of the Apostles who lead the Church

Blessed Trinity (page 11)
The Three Persons in One God: God the Father, God the Son, and God the Holy Spirit

Christians (page 51)
baptized people, followers of Jesus Christ

Church (page 51)
community of people who are baptized and follow Jesus Christ

Communion of Saints (page 277)
The union of the baptized members of the Church on earth with those who are in Heaven and in Purgatory

Concluding Rites (page 193)
the last part of the Mass that reminds us to continue praising and serving God each day

conscience (page 203)
God's gift that helps us know right from wrong

covenant (page 253)
an agreement between God and his people

crucified (page 29)
nailed to a cross

deacon (page 127)
a man who is not a priest but has received the Sacrament of Holy Orders and serves the Church by preaching, baptizing, and assisting the bishop and priests

dioceses (page 89)
local areas of the Church led by bishops

disciples (page 17)
those who follow Jesus

ecumenism (page 257)
work toward Christian unity

eternal life (page 215)
living forever with God in the happiness of Heaven

Eucharist (page 177)
the sacrament of Jesus' Body and Blood

faith (page 27)
a gift from God that helps us to believe and trust in him

funeral Mass (page 217)
a special Mass at which we thank God for the life of a person who has died

Gospel (page 61)
Good News that we are saved by Jesus Christ, the Son of God

grace (page 165)
our share in God's life and love

Heaven (page 39)
life with God forever

Immaculate Conception (page 277)
the belief that Mary was free from Original Sin from the very first moment of her life

Incarnation (page 11)
the truth that God the Son became man

Introductory Rites (page 187)
the first part of the Mass in which we become one as we prepare to listen to God's Word and to celebrate the Eucharist

justice (page 105)
treating everyone fairly and with respect

Kingdom of God (page 25)
The power of God's love active in the world

Last Judgment (page 41)
Jesus Christ coming at the end of time to judge all people

laypeople (page 137)
baptized members of the Church who share in the mission to bring the Good News of Christ to the world

liturgy (page 113)
the official public prayer of the Church

Liturgy of the Eucharist (page 191)
the part of the Mass when the bread and wine become the Body and Blood of Christ, which we receive in Holy Communion

Liturgy of the Word (page 189)
the part of the Mass when we listen and respond to God's Word

marks of the Church (page 91)
four characteristics that describe the Church: the Church is one, holy, catholic, and apostolic.

martyrs (page 63)
people who die for their faith

Mass (page 177)
celebration of the Eucharist

miracles (page 291)
amazing events that are beyond human power

mission (page 49)
special job

oil of the sick (page 215)
holy oil that has been blessed by a bishop for use in the Anointing of the Sick

Original Sin (page 165)
the first sin committed by the first human beings

parable (page 287)
a short story that has a message

parish (page 123)
community of believers who worship and work together

5)
st celebrating freedom from
gypt

pastor (page 127)
the priest who leads the parish in worship, prayer, and teaching

Pentecost (page 51)
the day the Holy Spirit came upon the Apostles

pilgrimages (page 117)
prayer-journeys to holy places

pope (page 89)
the Bishop of Rome, who leads the whole Catholic Church

prayer (page 111)
listening and talking to God

prophet (page 15)
someone called by God to speak to the people

public ministry (page 15)
Jesus' work among the people

repent (page 15)
to turn away from sin and to ask God for help to live a good life

Resurrection (page 29)
Jesus' being raised from the dead

Rite (page 265)
a special way that Catholics celebrate and pray to God

sacrament (page 165)
special sign given to us by Jesus through which we share in God's life and love

Sacraments of Christian Initiation (page 165)
the Sacraments of Baptism, Confirmation, and Eucharist

sacrifice (page 177)
a gift offered to God by a priest in the name of all the people

saints (page 275)
followers of Christ who lived lives of holiness on earth and now share in eternal life with God in Heaven

second coming (page 37)
Jesus' coming at the end of time

sin (page 199)
a thought, word, or action that is against God's law

synagogue (page 111)
the gathering place where Jewish People pray and learn about God

vocation (page 137)
God's call to serve him in a certain way

vows (page 141)
promises to God